U0599376

公共行政与公共政策研究学术论丛

总主编 丁煌

改革开放以来我国住房政策的变迁：轨迹与动力分析

——基于政策变迁理论的研究

柏必成 著

WUHAN UNIVERSITY PRESS
武汉大学出版社

图书在版编目(CIP)数据

改革开放以来我国住房政策的变迁:轨迹与动力分析:基于政策变迁理论的研究/柏必成著.—武汉:武汉大学出版社,2016.7
公共行政与公共政策研究学术论丛
ISBN 978-7-307-17849-6

Ⅰ.改… Ⅱ.柏… Ⅲ.住房政策—研究—中国 Ⅳ.F299.233.1

中国版本图书馆 CIP 数据核字(2016)第 103588 号

责任编辑:詹 蜜 责任校对:李孟潇 版式设计:马 佳

出版发行:**武汉大学出版社** (430072 武昌 珞珈山)
(电子邮件:cbs22@whu.edu.cn 网址:www.wdp.whu.edu.cn)
印刷:虎彩印艺股份有限公司
开本:720×1000 1/16 印张:17.75 字数:254 千字 插页:2
版次:2016 年 7 月第 1 版 2016 年 7 月第 1 次印刷
ISBN 978-7-307-17849-6 定价:40.00 元

总主编简介

　　丁煌，教育部新世纪优秀人才支持计划入选者、马克思主义理论研究和建设工程项目首席专家、哲学社会科学研究重大课题攻关项目首席专家、国家精品课程暨国家精品资源共享课程负责人，长期从事公共管理与公共政策的研究，现任武汉大学"珞珈学者"特聘教授、二级教授、政治与公共管理学院院长、公共管理硕士（MPA）教育中心主任、国家治理与公共政策研究中心主任；兼任国务院学位委员会学科评议组成员、全国公共管理专业学位研究生教育指导委员会委员、教育部高等学校公共管理类专业教学指导委员会委员、国家人力资源与社会保障部国际行政科学专家委员会委员、全国政策科学研究会副会长。出版《西方行政学说史》和《政策执行阻滞机制及其防治对策———项基于行为和制度的分析》等专著6部，《新公共服务》、《新公共行政》等译著6部，以及《极地国家政策研究报告》（系列），主编"公共行政与公共政策研究学术论丛"丛书和"公共行政与公共管理经典译丛"之"学术经典系列"。主持承担国家重大专项研究课题、国家社会科学基金重点项目、教育部哲学社会科学研究重大课题攻关项目以及国家自然科学基金项目、国家留学基金资助项目和国际合作项目等省部级以上研究课题多项。

本书作者简介

　　柏必成，1982年出生，河南漯河人，2009年毕业于武汉大学行政管理专业，获管理学博士学位。现供职于河南省委党校（河南行政学院），从事公共管理和公共政策领域的教学、科研工作。主持国家社会科学基金青年项目1项，在《公共管理学报》等刊物发表学术论文多篇。

总　　序

　　"公共行政"是英文"Public Administration"一词的汉译，在我国大陆地区，为了避免不必要的意识形态上的联想以及对"管理"问题的重视，人们在传统上也习惯于将其称为"行政管理"或"公共行政管理"，自 20 世纪 90 年代末以来，随着我国国务院学位委员会新颁布的《授予博士、硕士学位和培养研究生的学科、专业目录》中公共管理一级学科的增设，尤其是公共管理硕士（MPA）专业学位项目在中国的设立和发展，也有人将其译为"公共管理"。

　　作为一种专门以社会公共事务为管理对象的社会管理活动，公共行政具有十分悠久的历史，无论是在东方国家，还是在西方世界，自古都不乏公共行政的思想。然而，这些早期的公共行政思想因缺乏系统化和理论化而尚未成为一种专门的学科，公共行政真正形成一个相对完整的理论体系，成为一门独立的学科，则是在特定的社会历史背景下于 19 世纪末 20 世纪初首先在美国产生，然后迅速扩及西方各国的，其产生的公认标志便是曾任普林斯顿大学校长的美国第 28 届总统伍德罗·威尔逊于 1887 年发表在《政治学季刊》上公开主张政治与行政分离，第一次明确提出应该把公共行政当作一门独立的学科来进行研究的《行政学研究》一文。在之后的一百多年里，公共行政学在西方历经初创、演进、深化、拓展等主要阶段的发展历程，日渐成熟，迄今已经成为一门既具有丰富的理论内涵，又不乏重要的实践价值的综合性学科。

在中国，现代意义上的公共行政学起步相对较晚，作为一门独立学科的公共行政学从根本上来说实属"舶来品"，而且，公共行政学在我国的大陆和港台地区的发展情况也有很大的差异。在我国的香港和台湾地区，由于众所周知的原因，它们的地方政府管理体制、高等教育体制以及学术研究体制更多地是受到英国和美国的影响，它们高等学校公共行政学专业的人才培养体系基本上是对英美相应专业人才培养体系的沿袭和移植，尤其是它们的专业师资队伍和学术研究队伍大多要求在英美等西方发达国家受过系统的专业学习和训练，他们基本上可以及时地了解英美等西方发达国家公共行政学发展的最新研究成果，客观地讲，我国香港和台湾地区的公共行政学一直都处在对英美公共行政学的跟踪发展过程之中，其公共行政学的发展水平与英美等西方发达国家相差不是很大。

在我国大陆，尽管新中国成立以后中国共产党及其领导的人民政府从我国国情和不同阶段的不同任务出发，对改善我国的行政管理状况作出了巨大的艰苦努力并且积累了一定的行政管理的历史经验和教训，但是，由于众所周知的原因，作为一门学科的公共行政学却在1952年我国高校院系调整时与某些学科一样被撤销了。实事求是地讲，这在相当程度上影响了我国政府行政管理科学化的进程，也影响了我国公共行政学的历史积累和发展，更影响了我国公共行政理论与实践的有效结合。

客观地说，在我国大陆，关于公共行政的学科研究是改革开放的产物，公共行政学也是伴随着中国改革开放的进程而勃兴的。1979年3月30日，邓小平在理论务虚会上谈到了至今中国政治和行政学界依旧难忘的一段话："政治学、法学、社会学以及世界政治的研究，我们过去多年忽视了，现在需要赶快补课。"〔邓小平：《邓小平文选》（第2卷），人民出版社1994年版，第180~181页〕中共十一届三中全会以来，经过拨乱反正，纠正"左"的错误，为政治学、法学、社会学以及行政学等社会科学的恢复和繁荣发展创造了良好的政治条件。1980 年 12 月中国政治学学会的成立，酝酿了恢复和发展公共行政学的氛围，一些研究者开始公开撰文呼吁和讨论有关公共行政学的问题。1982—1984 年我国行政改革过程中暴露出来的缺乏系统的科学行政管理理论指导的缺陷，则对恢复和发展公共行政学提出了现实要求。这就从理论和实践两个方面为恢复和发展公共行政学创造了充分的条件。自此，公共行政学这门学科得到了非常迅速的发展，受到了党和国家领导同志的高度重视。1984 年 8 月，国务院办公厅和当时的劳动人事部在吉林联合召开了行政管理学研讨会，发表了《行政管理学研讨会纪要》。9 月，国务院办公厅正式发文，号召各省、市、自治区政府高度重视公共行政学的研究，并于该年年底成立了中国行政管理学会筹备组，进而开创了公共行政学研究的新局面。1985 年，当时的国家教育委员会决定在我国的高等教育体系中设置行政管理本科专业并且选定武汉大学和郑州大学作为试点高校，并于 1986 年正式招生。随后，在全国范围内很快掀起了一股学习和研究行政管理学的热潮，不少大学和研究单位也相继设置了行政管理学专业或开设了行政管理学课程，同时成立了一批行政管理干部学院，行政管理学甚至被视为我国几千万党政干部的必修课程。1988 年 10 月 13 日，中国行政管理学会正式成立，并且发行了会刊《中国行政管理》，标志着公共行政学作为一个独立学科已获得公认并明确肯定下来，也标志着中国公共行政学的恢复和重建工作初战告捷。进入 20 世纪 90 年代以来，特别是伴随着社会主义市场经济体制的建立和经济全球化进程的加快，我国的公共行政学研究以加速度的节律迅速发展，表现为学科体系、学科分化、应用研究不断扩大和深入，尤其是研究领域开始触及世界公共行政研究的某些前沿问题。可以这么说，改革开放每前进一步都对公共行政学理论提出了新的要求，更推动了中国公共行政学的理论创新和学科发展。

回眸中国公共行政学近三十年的发展历程，我们不难发现，中国的公共行政学从无到有、逐步完善，无论是对西方公共行政学研究成果的引介，还是对中国行政管理学理论体系的探索，无论是对学科基础理论的建设，还是对现实行政管理问题的研究，都取得了可喜的成绩，迄今为止，不仅基本上确立了行政管理学的理论框架，取得了斐然的科研成果，而且还形成了从专科、本科、硕士研究生和博士研究生以及博士后研究等多层次的相对完备的专业人才培养体系，为我国的社会主义现代化建设作出了重要贡献。

鉴于公共行政学在西方起步较早且有长期的理论积累，而且，在对社会公共事务进行管理的公共行政过程中，公共政策愈来愈发挥着重要作用，它通过改变社会公众的预期而激励、约束、引导着其行为；通过制定和实施特定的行为准则而改变、调整和规范社会公众之间的利益关系；通过解决公共问题而维护、增进和分配社会公共利益。正是通过公共政策的有效运作，社会公共生活才能保持稳定和谐的发展局面。不管是在哪种政治体制和政治文化背景下，不仅公共政策是政府实施公共行政的主要手段和方法，而且公共政策的制定和实施都是公共行政管理活动必不可少的组成部分。因此，作为我国最早开办行政管理专业的高校之一，我所在的武汉大学较早地在其行政管理专业的研究生教育中设置了比较公共行政和公共政策的研究方向，尤其是在博士研究生培养层次上，为了拓展行政管理专业博士研究生的"国际视野"和坚持行政管理学科研究的"政策导向"，我本人多年来一直在"比较公共行政管理"和"公共政策的理论与实践"这两个研究方向招收和培养博士研究生，在业已毕业的博士研究生中，有不少学生已经成长为公共行政实务部门的中坚力量和行政管理专业教学与研究机构的学术骨干，本学术论丛所结集出版的研究成果便是我培养的部分博士研究生的博士学位论文。

改革开放以来，伴随着中央向地方以及政府向社会的分权和放权，特别是市场经济体制带来的利益多元化格局的形成，诸如"上有政策、下有对策"，"政策走样"等公共政策过程中的执行问题在我国现阶段已经引起了政界和学界的广泛关注。**定明捷博士的《转型期政策执行治理结构选择的交易成本分析》**一书以"政策执行鸿沟"为对象，以理论分析为起点，以实证研究为支撑，以交易成本理论为分析工具，以乡镇煤矿管制政策为研究案例，借鉴和吸收委托代理、资源依赖等理论观点，详细分析了"政策执行鸿沟"产生的内在机制，从中央政府的角度分析了中央政府是如何选择不同的治理结构来消解"政策执行鸿沟"现象的，着重阐释了中央政府选择治理结构的理论依据及其效果。该书的研究表明，虽然转型期频频出现"政策执行鸿沟"现象，中央政府仍然有能力应对地方政府选择性执行中央政策的行为，尤其是那些被中央政府优先考虑的政策领域。而且，作者在书中在对中央政府在政策执行治理结构调整方面的不完善之处进行深入剖析的基础上提出了颇具参考价值的政策建议。

协调是组织高效运行的必要前提，政府组织更不例外，协调的缺失不仅会导致政府组织产生功能和权力及资源等碎片化，而且更会产生信息不对称、条块分割、各自为政、孤岛现象及信任危机等阻碍政府组织整体性运作和绩效提升的棘手问题。**曾凡军博士的《基于整体性治理的政府组织协调机制研究》**一书在广泛吸收和借鉴学界相关研究成果的基础上，恰当地运用当代公共行政与公共政策研究领域的最新成果——整体性治理及其相关理论为分析工具，基于对政府组织协调困境之表象和生成机理的阐释和对政府组织协调困境之救治策略的勾勒，建构起由整体性结构协调机制、整体性制度协调机制和整体性人际关系协调机制组成的整体性政府组织协调机制。

新疆生产建设兵团是我国在特定的社会历史背景下产生的一种特殊的行政管理体制，改革开放以来，随着我国经济社会体制的转型，传统意义上的兵团体制愈来愈面临着新的挑战。**顾光海博士的《现代组织理论视阈下兵团体制转型研究》**一书以理论分析为起点，以实证研究为支撑，以新制度主义组织理论为基础，借鉴和吸收自然选择理论、资源依赖理论的观点，以组织同构理论为基本分析工具，对新疆生产建设兵团体制的发生机制、成长机制以及转型路径进行了系统的分析和深入的研究。作者在广泛的实证调查和深入的理论分析基础上认为，作为党、政、军、企合一的特殊性组织，新疆生产建设兵团是履行屯垦戍边使命的有效载体，尽管兵团的特殊体制会伴随着其屯垦戍边的历史使命而继续存在和发展下去，但是这种体制需要调整和改革，以适应环境的变化；兵团体制的转型要在保持兵团基本体制大框架不变的原则下进行，兵团体制应从宪政制度、功能重心、组织管理结构和运行机制等方面进行调整和改造；特别建制地方政府模式可以成为兵团体制转型的方向选择。

湖泊水污染防治是一个世界性难题，更是一个典型的跨域公共治理问题。**叶汉雄博士的《基于跨域治理的梁子湖水污染防治研究》**一书以位于武汉城市圈腹地的全国十大淡水湖之一——湖北省梁子湖水污染防治为例，对当今世界日益增多且错综复杂的跨区域、跨领域、跨部门社会公共事务管理问题进行了颇具价值的探讨。作者基于对跨域治理理论的系统梳理，客观地描述了梁子湖水污染防治的现实状况，深入地剖析了梁子湖水污染防治困难的根本原因，正确地借鉴了国内外湖泊水污染防治的成功经验，系统地探讨了梁子湖水污染跨域治理的对策建议。作者沿着"现状—原因—对策"的逻辑主线，通过对梁子湖水污染防治的实证研究，全面地阐释了跨域公共事务在治理主体、治理信任度、治理合作等方面存在的问题及原因，有针对性地提出了解决跨域公共治理问题的路径选择。

当前，我国各类安全事故此起彼伏，人员伤亡极其惨重，这一严峻的职业安全与健康形势不仅引起了政界的高度关注，而且形成了学界的研究热潮。**郑雪峰博士的《我国职业安全与健康监管体制创新研究》**一书以我国现阶段严峻的职业安全与健康形势为背景，以制度变迁理论为分析工具，从组织结构设置、职能划分、权力配置和行政运行机制四个维度，全面梳理了我国职业安全与健康监管体制从计划经济时代到市场经济时代的变迁历程，客观描述了现阶段我国职业安全与健康监管体制存在的主要问题，并在此基础上恰当地运用由戴维·菲尼总结的制度安排的需求和供给分析框架，系统地分析了影响我国职业安全与健康监管体制创新的制度需求因素和制度供给因素以及我国职业安全与健康监管体制由非均衡状态向均衡状态变迁的内在动力、变迁主体、变迁方式及变迁过程，进而科学地提出了我国职业安全与健康监管新体制的制度设计框架及其具体实现路径。

当下，中国的城市化已进入加速期，工业化创造供给，城市化创造需求，城市化有助于解决中国经济长期以来依赖出口、内需不振的问题。**洪隽博士的《城市化进程中的公共产品价格管制研究》**一书基于对城市与城市化概念的内涵界定和对工业化与城市化之间的关系阐释，得出了城市化是经济社会发展的必然趋势，总结了中国城市化出现的环境污染、交通拥挤等主要问题，进而引申出价格管制政策在城市化进程中的重要作用。作者认为，随着广大市民对公共产品的需求持续上升，政府可以通过科学的价格管制来保证公共产品的有效提供及服务质量的改善，科学的价格管制能够有效增加公共产品供给，运用差别价格政策可控制和平衡有效需求。在作者看来，价格管制属于政府经济性管制的一种重要形式，它的理论基础主要是公共产品理论、政府管制理论、博弈论以及激励性管制理论等，用者付费则把价格机制引入公共服务中。作者力图从公共管理而不是经济学的角度去研究价格管制问题，他不仅提出了解决城市化过程中出现的环境污染、交通拥挤等问题需要双向思维——增加公共产品的供给和减少有效需求等创新观点，而且强调指出，只有发挥价格机制在城市基础设施、公交优先、环境保护方面的积极作用，引入竞争和激励机制，促进企业加强成本约束，才能推进城市的可持续发展。

社区是社会的细胞，是建设和谐社会的基础。随着经济社会的发展和城市化进程的加快，城市的范围在不断扩大，"村改居"社区数量也在不断增加。"村改居"社区如何治理，不仅成为新形势下社区管理工作者必须解决的难题，更是我国现阶段社会管理体制创新的重要内核。**黄立敏博士的《社会资本视阈下的"村改居"社区治理研究》**一书是运用当代公共行政与公共政策研究领域流行的社会资本理论探讨"村改居"社区治理的一项实证研究。作者认为，社会资本是一个具有概括力和解释力的概念，尤其是对于以"差序格局"和熟人关系网络为特征的"村改居"社区具有天然的契合，社会资本是"村改居"社区中最重要的传统因素，它在"村改居"社区治理中发挥着重要作用。在本书中，作者通过对深圳市宝安区的"村改居"社区在其社区治理体制变革前后变化的实证研究，系统地考察了在"村改居"社区治理过程中，社会资本如何发生影响和作用，"居站分设"模式下社会资本出现怎样的变化，这些变化带来哪些影响，进而揭示过渡型的社区——"村改居"社区治理中社会资本的重要性，最后得出结论：保持"村改居"社区社会网络，借助"村改居"的社会资本，加大对"村改居"社区建设的投入，实行以党组织为核心的多组织共治，是"村改居"社区推进公众参与和节约政府管理成本，实现社区善治的共赢途径。

伴随着具有中国特色的社会主义现代化建设事业向纵深推进，特别是体制的改革和社会的转型，我国正迈入社会矛盾和冲突的高发期，公共危机日渐显现出常态化的特征，常态化的公共危机不仅对中国社会的稳健发展造成了严重的威胁，而且对中国政府的公共治理能力提出了严峻的挑战。**钱正荣博士的《政策能力视域下的公共危机治理研究》**一书从公共危机常态化的现实动因入手，以深入分析当前我国研究公共危机治理需要把握的社会时代背景为前提，在凸显政府之于公共危机治理的核心角色和责任并揭示公共政策与公共危机之间内在逻辑关联的基础上，尝试着从公共政策的视角透视公共危机治理过程中的政策能力缺失并力图从社会转型带来的风险治理、难以预测的突发公共事件的应急治理以及当代公共管理的共同面向即风险社会的政策能力建设三个层面来建构公共危机治理的整体性框架，进而探索公共危机治理的政策能力重构路径。

食品安全是人类发展的一个根本性问题。人类社会最初出于本能的食品安全保障措施和行动，可以说是人类最早的食品安全政策及其执行。从被动的保障到主动保障，从临时的措施到系统的措施，从宗教化的禁忌到科学的制度体系，正是人类食品安全政策执行力的发展历史背景。**孙文博士的《社会转型期公共政策执行力的系统分析——基于我国食品安全政策的实证研究》**一书基于作者长期从事产品质量和食品安全监管工作的实践经验，紧扣社会转型期的时代特征，恰当地运用现代公共政策与公共管理的理论与方法，以我国食品安全政策为例，对社会转型期的公共政策执行力问题进行了颇具特色的系统分析。作者认为，作为政策结构与机制中的一个重要变量，政策执行力反映的是政策执行过程中效果与预期的契合程度。而社会转型期本身所固有的特定社会关系和社会矛盾，为食品安全公共政策执行力研究提供了更有针对性和限制性的平台，使得相关的研究和讨论可以更加的集中和聚焦。有鉴于此，作者分别通过食品安全保障历史进程的分析、食品安全政策及其执行的历史分析、监管体制对食品安全政策执行力的影响分析、制度设计对政策执行力的影响分析以及食品安全政策执行在操作层面的因素分析对公共政策执行力及其限度、体制基础、逻辑载体和兑现形式进行了深入系统的探讨，进而从公共政策执行力提升对策的视角明确主张，必须在尊重历史发展和社会治理基本规律的基础上，以理性和科学的态度主导相关食品安全政策的制定与执行，同时要把客体导向原则引入政策制度与执行之中，充分体现以权力分享为特征的现代治理理论对于食品安全政策及其政策执行力的影响，给予食品生产经营企业更多的利益表达、权益维护、发展选择等方面的主导权，重塑社会道德体制（包括市场诚信体系）、建立统一并且平衡的法制环境以及渐进式的行政体制调整，将是我国食品安全体系建设的必由之路。

伴随着我国国家治理体系和治理能力现代化进程的日益加快，特别是海洋强国战略的全面实施，中国海上交通运输进入了一个新的快速发展阶段，海上搜救工作面临极其严峻的挑战，在海上搜救工作中具有核心和统率作用的海上搜救管理体制必须作出适应性的改革创新，以促进海上搜救能力和水平的提高。**黄志球博士的《中国海上搜救管理体制创新研究——基于治理理论的视角》**一书基于作者长期从事海事管理工作的实践经验，以现代公共治理理论为方法论指导，在全面回溯中国海上搜救管理体制演变历程的基础上，分别从组织结构、权责关系、管理机制、制度体系等方面对中国现行海上搜救管理体制存在的突出问题及其产生的根源进行了深入剖析，并广泛借鉴美、英、法、澳、日等世界上主要海洋国家和海运大国的有益经验，有针对性地提出了对中国海上搜救管理体制进行重塑与再造，实现海上搜救从一元管理到多元治理的转变，以更好地调动政府、市场、社会等方面的力量共同参与海上搜救工作，从而最大限度地实现、维护、增进公共利益等颇具创新意义和实践价值的理论观点和政策建议。

公共政策不仅在空间上不是孤立的，而且在时间上也不是孤立的，任何一项政策都有其来龙去脉，住房政策也不例外。改革开放以来我国住房政策已经过了数十年的发展演变历程，这使得我们通过一个历史的视角来研究改革开放以来我国的住房政策不仅成为必要而且成为可能。**柏必成博士的《改革开放以来我国住房政策的变迁：轨迹与动力分析》**一书立足于公共管理的学科定位，以政策变迁理论作为研究的理论基础，综合借鉴历史学、经济学、社会学的学科知识，运用规范分析与实证研究相结合的方法，对改革开放以来我国住房政策变迁的轨迹进行了描述性分析，对改革开放以来我国住房政策变迁的动力进行了解释性分析。该书不仅通过描述性分析明确了改革开放以来我国住房政策变迁中具有关键意义的时间节点，指出了不同时期我国住房政策的变迁方向与目标定位，揭示了改革开放以来我国住房政策变迁的阶段性推进特征和"间断均衡"特征，并对我国住房政策的发展趋势作出了预期；而且通过解释性分析将所构建的政策变迁动力分析框架与改革开放以来我国住房政策变迁的实际经验进行反复对接，进而明确了影响改革开放以来我国住房政策变迁的 10 种关键因素（其中包括 6 种内部动力因素和 4 种外部动力因素）及其相互关系，同时也对所构建的政策变迁动力分析框架进行了检验和完善，力图对实现政策变迁理论的"本土化"和"中国化"有所贡献。

在此需要强调指出的是，作为这套学术论丛中各位作者的博士指导教师，一方面，我为他们顺利地完成博士研究生学业、通过博士学位论文答辩并获得博士学位，尤其是能够在博士论文基础上出版专著，由衷地感到欣慰和自豪；另一方面，我所能给予他们的更多的是基于我职业经验的"两方"指导，即"研究方向"和"研究方法"方面的指导，至于每一篇博士论文的主题研究领域，具有专门研究的各位作者才是真正拥有"话语权"的"专家"，我衷心地祝愿各位作者继续在各自的专长领域不懈努力，取得更多、更辉煌的成就！

　　最后，作为这套学术论丛的总主编，我非常感谢武汉大学出版社领导王雅红女士以及胡国民先生等各位编辑为本套丛书的编辑和出版所付出的宝贵心血；我还真诚地希望读者能够给我们提供宝贵的批评意见，以推动我们在人才培养和科学研究方面有新的突破；作为公共行政与公共政策研究领域的一名学者，我坚信，伴随着我国改革开放和社会主义现代化建设事业的进一步发展尤其是国家治理体系和治理能力现代化进程的日益加快，作为一门方兴未艾的学科，公共行政学必将在理论研究、学科发展、人才培养、为党和政府提供决策咨询和智力支持等方面继续焕发出勃勃生机，显现出更为强大的生命力，发挥出更加重要的"智库"作用！

丁　煌

于珞珈山

目　录

第 一 章
绪　论

一、问题的提出

从计划经济时期的福利住房制度到现在市场化住房制度①的日益完善，城市人均住房建筑面积从 1978 年的 6.7 平方米②到现在的 30 平方米以上③，这些巨大变化是在改革开放以来我国前前后

---

① 也有学者将这种住房制度称为"以产权私有为主的制度"。参见：天则经济研究所. 建立我国住房保障制度的政策研究[EB/OL]. [2011-10-19]. http://www.unirule.org.cn/xiazai/2011/2011103101.pdf.

② 中华人民共和国国家统计局. 中国统计年鉴 2008[Z]. 北京：中国统计出版社，2008：352.

③ 李克强. 大规模实施保障性安居工程，逐步完善住房政策和供应体系[J]. 求是，2011(8)：3-8. 这一面积比停止住房实物分配、实施住房分配货币化改革之前的 1997 年也增长了近 1 倍(参见：中共中央宣传部理论局. 辩证看，务实办：理论热点面对面·2012[M]. 北京：学习出版社，人民出版社，2012：24)。

后一系列住房政策①的作用之下而得以发生的。那么，改革开放以来我国的住房政策经历了一个怎样的变迁过程？显现出了一个怎样的变迁轨迹？改革开放以来我国住房政策变迁的原因是什么？是什么力量在推动着改革开放以来我国住房政策的变迁？

以上问题决定了本书的研究主要是描述性的分析和解释性的分析，描述性分析的目的在于"知其然"，解释性分析的目的则在于"知其所以然"。

研究改革开放以来我国住房政策变迁的轨迹，有助于我们明确不同住房政策之间的区别与联系，有助于我们把握不同住房政策在改革开放以来我国住房政策变迁历程中的地位与作用，从而有助于我们对改革开放以来我国所制定的各种住房政策及改革开放以来我国住房政策的整个变迁历程得出更为清晰的认识。

而研究改革开放以来我国住房政策变迁的动力，则有助于我们明确那些影响改革开放以来我国住房政策变迁的关键因素，有助于我们明确改革开放以来我国住房政策变迁发生的内在机理与因果逻辑，从而有助于我们更好地对改革开放以来我国住房政策的变迁作出解释。

不论是关于改革开放以来我国住房政策变迁的轨迹，还是关于改革开放以来我国住房政策变迁的动力，这些都属于典型的实际问题。然而，对实际问题的分析有必要借助于一定的理论工具，因为有效的理论分析工具能够使我们的认识得以深化、条理化与系统化。于是，另外一个问题便摆在了我们面前，即：当前具有较强影响力和处于主流地位的政策变迁理论（如倡导联盟理论、多源流理论和间断均衡理论等）是否适合直接用于分析改革开放以来我国住房政策变迁的轨迹与动力？如果这一问题的答案是否定的，那么我们是否可以在借鉴这些政策变迁理论的基础上形成自己的理论认识（如对政策变迁的类型进行划分、对政策变迁轨迹的构成要素进行分析，以及提出政策变迁动力的分析框架等），并用这种认识来指导改革开放以来我国住房政策变迁轨迹与动力的分析？这些问题主

---

① 本书所指的住房政策是城市住房政策。

要是理论问题，对这些问题的回答当然是服务于对改革开放以来我国住房政策变迁的研究①。

二、研究现状

（一）关于住房政策

相对于其他的政策领域，住房政策可以说是一个广受人们关注的领域。公众关注住房政策，是因为住房政策与自身的生活密切相关；研究者关注住房政策，是因为住房政策的研究具有重要的现实意义和理论价值。我们根据我国住房制度的变化情况，将关于我国住房政策的研究划分为两个大的方面：

1. 关于我国住房制度改革政策的研究

严格来讲，我国的住房制度改革从 1978 年开始一直持续到现在，它不仅意味着市场化住房制度的确立，而且意味着市场化住房制度的完善。不过，在这里，住房制度改革主要是指对福利化住房制度的改革和市场化住房制度的确立，相应的住房制度改革政策（简称房改政策）也是指从住房制度改革的开始到市场化住房制度的确立之间我国所制定和实施的住房政策。

就国外的文献来看，不少学者研究了我国市场化的住房制度确立之前某个时期的房改政策。比如，Gu（顾昕）简要评述了从改革开放之初到 1998 年我国的房改政策②，并重点分析了推动与阻碍我国住房制度由福利化向市场化转变的制度因素。他认为，那些起到推动作用的制度因素有：①住房制度改革是政府加强自身合法性的需要，因为政权的合法性建立在经济绩效的提高和人们生活的改善的基础上，而福利化的住房制度既无助于改善经济绩效，又无助于改善人们的居住条件；②住房制度改革与地方政府和单位③自主

---

① 理论问题与实际问题是紧密相连的，因为理论与实际本来就是密不可分的，要解答实际问题，离不开一定的理论指导；而理论又来源于实际，要建立、检验和完善理论，必须密切结合实际。

② Gu, E. X. The State Socialist Welfare System and the Political Economy[J]. The Review of Policy Research, 2002, 19(2)：181-207.

③ 对于"单位"的概念，我们将在第四章具体讨论。

权的扩大密切相关，地方政府和单位自主权的扩大促使了住房投资体制的改变(表现为住房投资主体的多元化和住房投资来源的多样化)。那些起到阻碍作用的制度因素包括：①一些地方政府为了避免住房制度改革所引起的利益调整以及由此产生的社会不满，对住房制度改革采取消极应付的态度，并利用自身的信息优势与中央政府讨价还价；②单位的职工希望能继续享受福利分房的待遇，并由此向单位的管理者施加压力，而单位的管理者也是福利分房制度的受益者，因而单位内住房制度的福利化色彩不容易得到实质性的改观。

Shaw 简要分析了 1978 年到 20 世纪 90 年代中期我国的房改政策①，并探讨了我国住房制度改革所受到的制度约束：①住房制度改革要受到政治、经济、社会等宏观环境的制约；②房改要求单位和地方政府支付一定的改革成本，而单位和地方政府在资金紧张的情况下并不情愿支付这样的成本；③中国省份众多，各地的实际情况差别很大(比如各地在公有住房存量、私有住房比例、住房造价等方面的差别)，中央的房改政策难以适合所有地方的具体情况；④房改政策的制定涉及建设、土地、财政、税收、价格等多个部门，而这些部门由于看问题的角度各不相同，协调起来就比较困难。

Wang 和 Murie 回顾了 1996 年以前我国住房制度改革的过程②，分析了这一过程中我国住房政策的变迁。通过分析，他们指出了房改政策对于我国住房投资体制、住房分配体制和住房金融体制等所产生的影响和引起的变化。同时，他们还指出了住房制度改革给人们带来的影响：一方面，住房制度改革在很大程度上促进了住房的建设和住房质量的提高，并使很多家庭的居住条件得到了改善。另一方面，住房制度改革对不同的人又有着不同的意义，对于低收入者、年轻人和工薪阶层，住房改革意味着将来不可能再得到免费住

---

① Shaw, V. N. Urban Housing Reform in China [J]. Habitat International, 2000, 21(2): 199-212.

② Wang, Y. P., Murie, A. The Process of Commercialisation of Urban Housing in China[J]. Urban Studies, 1996, 33(6): 971-989.

房;在许多普通人眼中,房改仅仅意味着政府试图摆脱提供住房的负担;对于较高级别的政府官员和较高职称的专业人员,房改意味着短期内增加了住房成本,但在长期内会取得收益;对于高收入的商人,房改使他们拥有十分舒适的住房条件;对于各种各样的房产开发者,房改为他们带来了扩展生意的黄金时机。

Lee 简要分析了从 1988 年到 1998 年我国的房改政策①,并重点探讨了住房制度改革所产生的不公平问题。他指出,中国的住房制度改革总体上改善了人们的居住条件,也改善了城市的面貌(一座座高楼大厦拔地而起),但同时也产生了不公平的问题。首先,计划经济体制下的住房分配不公问题不仅没有得到解决,反而在一定程度上得到了固化与强化,计划经济体制下在住房分配中占据优势的阶层和群体到了住房制度改革后仍旧继续保持着优势②;其次,住房制度改革使一些人通过购买单位的公房或者购买市场上的商品住房而成为住房的所有者,而还有大量的中低收入者,他们既难以获得单位分配的福利住房,又没有能力在市场上购买商品住房,因而被置于"边缘化"的位置。

Zhao 和 Bourassa 以济南市为例,研究了 20 世纪 90 年代我国的住房制度改革③,具体分析了包括提高公房租金、建立住房公积金、发起"安居工程"和出售公房等在内的住房改革措施。他们通过研究发现,住房制度改革在住房私有化和商品化方面取得了实质性的进展,也使住房短缺等问题得到了很大缓解,但与此同时,住房制度改革也使住房不公平的问题变得更加严重,由于住房制度改革开始后单位在住房投资等方面作用的加强,那些经济实力雄厚的单位(尤其是处于垄断地位的企业)能够建设大量高档次和高质量的

---

① Lee, J. From Welfare Housing to Home Ownership: The Dilemma of China's Housing Reform[J]. Housing Studies, 2000, 15(1): 61-76.

② Zhou 也表达了同样的观点。参见: Zhou, Y. Heterogeneity and Dynamics in China's Emerging Urban Housing Market: Two Sides of a Success Story from the Late 1990s[J]. Habitat International, 2006(30): 277-304.

③ Zhao, Y. S., Bourassa, S. C. China's Urban Housing Reform: Recent Achievements and New Inequities[J]. Housing Studies, 2003, 18(5): 721-744.

住房，与之相反，那些经济实力薄弱的小单位则根本无力解决其职工的住房问题；而在住房制度改革前，单位之间虽然也存在住房不平等问题，但这种不平等却有政府的调控，差距还不至于拉得过大。

还有学者研究了我国住房制度改革和房改政策实施过程中国家与市场角色的变化①，Zhang 认为，在住房制度改革过程中，国家与市场的角色是不断变化着的。随着住房制度改革的开始和推进，国家一方面为市场力量作用的发挥创造着积极的条件，另一方面则又对市场力量作用的发挥形成了一定的妨碍和制约。这是因为我国的住房制度改革是以计划经济体制下的福利住房制度为起点的，而不像西方国家那样是在市场化住房制度内部进行的重塑。于是，渐进的住房制度改革便在一定时期内形成了二元化的住房制度，市场化的住房制度由于国家的推动和促进虽然在一定范围内得以形成，但原有的福利化住房制度并没有被完全消除，在福利化住房制度发挥作用的范围内，国家仍旧扮演着重要角色。市场化的住房制度与福利化的住房制度并不是互不干扰的，福利化住房制度的存在对市场化住房制度作用的发挥构成了很大的限制，比如市场上的一批商品住房由于福利化住房制度的存在可能最终会流入体制内而成为福利住房。因此，二元住房制度的形成离我国市场化住房制度的确立还有很明显的差距，市场化住房制度的确立要求二元的住房制度最终转变为一元的市场化住房制度。而随着二元住房制度向一元的市场化住房制度转变的实现，国家和市场的角色将会发生进一步的变化。

以上研究对于我们把握我国房改政策的变迁过程具有重要意义，对于我们了解我国房改政策的出台背景和实施效果也具有重要的参考价值。另外，这些研究并不仅仅局限于对房改政策变迁过程的描述和分析，而且包括了对住房不公平等问题的探讨，虽然住房不公平等问题并不是本书研究的重点，但学者们对这些问题的探讨无疑有助于加深我们对我国房改过程及房改政策的认识。

---

① Zhang, X. Q. Privatization and the Chinese Housing Model[J]. International Planning Studies, 2000, 5(2)：191-204.

关于研究我国房改政策的中文文献也有很多，其中既有政府官员（有些是房改政策制定的直接参加者）发表的文章①，又有研究人员撰写的著述②。这些文献对于本书的研究也具有重要的参考价值，不仅有助于我们明确我国住房制度改革和房改政策变迁过程中所发生的基本事实，而且为本书的研究提供了许多具有启发性的见解与观点。

2. 关于市场化住房制度确立以后我国住房政策的研究

经过长时期的住房制度改革，2003 年我国市场化的住房制度得以确立。我国住房政策日益呈现出两大类型，一类是住房市场调控政策，另一类是住房保障政策。围绕这两大类型的住房政策，学者们开展了一系列的相关研究。

（1）关于住房市场调控政策的研究。

有的学者研究了政府出台住房市场调控政策的必要性。首先，住房市场的大幅波动会引起诸多的经济问题与社会问题，比如，冯俊指出，房价的过度上涨会使更多的家庭被挤出住房市场，使之无力承担住房的消费支出，从而使既有的住房问题更为复杂化③。其次，住房市场的平稳运行离不开政府的必要干预和宏观调控，比

① 这类文献比如：张中俊. 中国城镇住房制度改革的实践和探索[J]. 中国房地产金融，1994(1)：3-13；宋春华. 跨世纪中国住宅发展的政策选择[J]. 管理世界，1999(5)：7-9；俞正声. 深化城镇住房制度改革加快住房建设[J]. 中国房地产，1999(3)：1；侯捷. 积极推进房改，促进住宅发展[J]. 中国房地信息，1994(1)：16-17.

② 这类文献比如，张京，侯浙珉，金燕. 房改：无限需求的终止[M]. 北京：中国财政经济出版社，1992；朱剑红，王国净. 住房·住房[M]. 沈阳：辽宁人民出版社，1988；王育琨. 改革以来我国住房体制的变化[J]. 经济学家，1992(5)：72-85；杨鲁. 中国住房制度改革实践中的问题和政策设计[J]. 管理世界，1991(6)：59-67；苗天青. 我国城镇住房体制改革的困境与出路[J]. 山西师大学报(社会科学版)，1996(1)：15-19；徐雷. 对城镇居民住房制度改革的经济学思考[J]. 东岳论丛，1998(2)：36-39；朱亚鹏. 住房制度改革：政策创新与住房公平[M]. 广州：中山大学出版社，2007；李斌. 分化的住房政策：一项对住房改革的评估性研究[M]. 北京：社会科学文献出版社，2009.

③ 冯俊. 住房与住房政策[M]. 北京：中国建筑工业出版社，2009：11.

如，张鸿雁指出①，商品住房的价格与个人收入价值差异比较大，市场调节功能比较弱，房地产开发周期较长，供求关系反应迟钝，因此必须由政府进行干预，才有可能使房地产业向成熟发展。再次，由于土地供给的垄断性、产品的非同质性、市场信息的不对称以及市场上各种资源难以实现完全自由流动，住房市场还是一个具有不完全竞争性的市场，而这种不完全竞争性更加显示出了政府进行宏观调控的必要②。

一些学者对有关住房市场调控政策的效果进行了评估和分析。王小广指出③，抑制住宅需求增长的政策如从严征收营业税、征收住宅收入所得税等，这些政策实施的结果是将税负转嫁到下家，对炒房者影响不大，反而是抬高了房价。"国民经济运行重大问题研究"课题组指出④，一些试图以提高房地产交易成本来达到平抑房价目的的调控措施反而成为推动房价进一步上涨的因素，如提高购房的首付比例虽然增加了炒房者所需资金的数量，但同时也增加了自住房屋购买者的负担，而且对后者的影响更大，投机性需求不仅没有被有效压缩，反而会挤占一些自住购房需求，这进一步推动了房价上涨。易斌认为⑤，住房市场调控政策大体可分为住房需求抑制和土地供给调节两类，其中后者相对于前者效果更优。

有的学者研究了住房市场调控政策未能取得理想效果的原因。对于这种原因的认识主要有：①政府存在着双重角色，一方面是住房投资的调控者，另一方面又是住房投资的主体⑥，这种双重角色

---

①　张鸿雁．房地产与城市社会学——房地产社会学问题研究之一[M]//张鸿雁，杨雷．中国房地产评论(第5辑)．南京：东南大学出版社，2006：38.

②　熊方军，马永开．中国房地产市场非均衡性与分类宏观调控[M]．北京：科学出版社，2009：6-7.

③　王小广．房地产业过热难降[J]．瞭望新闻周刊，2007(3)：50-51.

④　"国民经济运行重大问题研究"课题组．加大供给，方可平抑房价[J]．中国经济报告，2007(4)：28-31.

⑤　易斌．住房需求抑制还是土地供给调节：房地产调控政策比较研究[J]．财经研究，2015(2)：66-75.

⑥　胡少雄．宏观调控政策对化解当前经济发展矛盾的局限性[J]．开放导报，2007(4)：10-14；黄范章．房地产业"乱象"的体制根源[J]．中国改革，2007(10)：44-49.

很容易导致住房市场调控政策大打折扣；②一些地方政府为了扩大财源，对房价的上涨采取了鼓励的态度①；③我国资本市场还不发达，居民和企业的投资渠道有限，大量游资倾向于投入到住房领域②，这促使了住房的投资性需求和投机性需求得以显著增长③；④私有住宅与公有住宅、售房与租房两个比例存在着失调④；⑤住房市场调控政策多是基于对危急情景的"条件反射"，而不是基于住房制度的顶层设计，具有比较明显的被动反应特征⑤。

还有学者提出了改进住房市场调控政策的措施。朱亚鹏等人建议⑥，要打破封闭的住房政策网络，使公众和其他社会主体能够更多地参与住房政策的制定过程。包宗华提出⑦：①对高收入者供应高价、大套型商品房，并收取高土地出让金、高开发税费和入住后的高物业税（简称"三高"）；②对中等收入者供应中小套型、中低

---

① 于然. 突破民生困局，共建和谐社会美景[J]. 中国改革，2007(10)：26-29；刘会洪、王文涛. 房地产业的政策博弈与制度变迁[J]. 改革与开放，2007(4)：4-6.

② 比如，股市的不景气将会促使更多的人从股市撤出资金而转投楼市，从这个意义上讲，股市的冷却很可能会导致楼市的升温。参见：成思危. 中国住房制度改革与社会经济发展[J]. 经济界，2007(4)：4-10；包宗华. 房价调控政府何为[J]. 瞭望新闻周刊，2007(14)：52-53；白津夫. 供需联动稳定房价[J]. 瞭望新闻周刊，2007(42)：72-73；倪鹏飞. 中国住房：制度缺陷、行为冲动与市场失衡[J]. 价格理论与实践，2015(4)：7-9.

③ 住房的投机投资性需求不是一种居住需求，而是一种赚取住房买卖差价的需求，这种需求使住房原本的功能发生异化，并且是造成住房资源闲置浪费的一个重要根源。参见：中共中央宣传部理论局. 辩证看，务实办：理论热点面对面·2012[M]. 北京：学习出版社，人民出版社，2012：21-22.

④ 王春华. 高房价背后住房体制的透视[J]. 中国房地产金融，2008，(6)：29-30.

⑤ 黄海洲，汪超，王慧. 中国城镇化中住房制度的理论分析框架和相关政策建议[J]. 国际经济评论，2015(2)：29-54.

⑥ 朱亚鹏，涂锋. 从政策网络视角看中国房地产与住房政策[M]//白钢，史卫民. 中国公共政策分析（2006年卷）. 北京：中国社会科学出版社，2006：175.

⑦ 包宗华. 2007房地产调控何处着力[J]. 瞭望新闻周刊，2007(1)：56.

价位住房(简称"限价房")；③对低收入者供应经济适用住房(小套型)，并实行政府定房价、定套型、定供应对象；④对最低收入者供应廉租房，只租不售，由政府审定供应对象。白暴力等人主张①，要采取限制商品住房最高价格的政策，并改变商品住房供给者"暗中勾结"进而成为"房价制定者"的状况，从而使房价在一个可接受的范围内波动，抑制房价持续上涨。张其光等人认为②，政府应在区分完善住房市场规则、保证住房市场稳定运行和对中低收入者进行住房保障三个方面的职责基础上，将房地产宏观调控逐步纳入实施系统的城镇住房制度规划。

(2)关于住房保障政策的研究。

有的学者研究了政府实行住房保障政策的必要性。享有适当住房的权利(right to adequate housing)是人类的一项基本权利，住房不仅是人们的栖身之所，也是"家"的物质载体③。另外，住房不仅是一种不可替代的生活必需品，而且住房消费具有很强的"外部性"，人们的"住有所居"有助于预防和避免一系列的社会失范行为，居住质量的提升也有助于提高人们的经济生产能力④。而"住有所居"目标的实现则需要政府在住房保障方面发挥出有效的作用，贾康等人指出⑤，住房领域同样存在着市场机制的失灵，住房私有化也无法解决中低收入群体的住房问题，而这种问题的解决需要政府组织实施非完全市场化的廉租房与真正意义上的经济适用房

①　白暴力，欧恒．我国商品住房价格持续上涨的市场机制[J]．教学与研究，2007(9)：20-24.

②　张其光，丛诚．论我国城镇住房发展与住房制度规划[M]//上海社会科学院房地产业研究中心，上海市房产经济学会．中国城市房地产发展评价和预警．上海：上海社会科学院出版社，2008：98.

③　冯俊．住房与住房政策[M]．北京：中国建筑工业出版社，2009：20.

④　陈杰．城市居民住房解决方案——理论与国际经验[M]．上海：上海财经大学出版社，2009：4-8.

⑤　贾康，刘军民．中国住房制度改革问题研究：经济社会转轨中"居者有其屋"的求解[M]．上海：上海人民出版社，2006：12.

的供给①，并有效防范中低收入者的住房权利被高收入者和特权阶层所截获。建设部课题组指出，"仅靠市场机制无法完全解决住房领域的社会公平问题"，因此，"在充分发挥市场调节作用的同时，政府必须承担起住房保障责任"。②

有的学者研究了我国住房保障政策所应设定的目标。王晓瑜等人认为③，住房保障政策的目标应是适应社会主义市场经济体制的要求，满足居民的基本住房需求，在此基础上改善居住环境和居住条件。陈淮主张，现阶段我国的住房保障政策应以"人人有房住"为目标，而不能将"人人有房产"确定为一个理想状态的标准④。

有的学者研究了我国住房保障政策所应采取的保障方式。有学者指出了不同类别的住房保障方式，杨红旭认为⑤，理想的住房保障方式应兼顾实物分配体系和货币补贴体系，此外还应建立购房贷款贴息、抵免个人所得税等新型补贴方式；文林峰指出，住房保障的基本形式包括政府直接生产供给、政府给开发商提供补贴并由开发商为特殊群体供应住宅、政府对住房租金和价格实行管制、政府对需求方发放补贴等多种⑥。不少学者指出住房保障方式是在不断演化的，张泉和张昕认为一个国家的住房保障政策受到经济状况、城镇人口、政党政治、治理方式和福利传统这五个因素的制约，随着这五个因素的变化，住房保障政策和住房保障方式也在经历着不

---

① 经济适用住房政策和廉租住房政策均属于住房保障政策，当然，住房保障政策还包括其他方面，比如住房公积金政策等。

② 建设部课题组. 多层次住房保障体系研究[M]. 北京：中国建筑工业出版社，2007：15.

③ 王晓瑜，郭松海，张宗坪. 住房社会保障理论与实务[M]. 北京：中国经济出版社，2006：30.

④ 陈淮. 发展住房保障制度是缓解住房矛盾的关键[J]. 经济与管理研究，2006(3)：9-13.

⑤ 杨红旭. 改革开放 30 年，住房保障在曲折中发展[J]. 上海房地，2008(6)：10-14.

⑥ 文林峰. 城镇住房保障[M]. 北京：中国发展出版社，2007：20-30.

同的演进阶段①；陈晓静等人认为②，住房保障方式存在着一个演化的轨迹与趋势，一开始是政府直接建造中低价住房，然后是政府补贴建筑住房，最后是政府直接补贴居民；陈淮等人认为③，在不同的阶段政府应采取不同的住房保障方式，从短期来看可能要以建设公共住房为主，从长期来看则要逐步转向以补贴租金为主。还有学者分析了不同住房保障方式的优劣并表现出了自身的倾向性，姚玲珍指出④，在住房保障方式上，存在着"补砖头"（即面向供给方的住房建设补贴）和"补人头"（即面向消费方的住房消费补贴）之争，"补砖头"见效快，但容易出现贫民窟、穷人区这样的社会问题；陈杰明确倾向于住房保障的"需求主义"路径⑤，也就是对低收入住房困难家庭发放货币化的住房补贴（"补人头"），因为这更有助于维护住房保障对象的选择权，也有助于避免通过经济适用住房等实物进行救济所引致的诸多弊端。

有的学者重点研究了住房保障政策中的经济适用住房政策。有学者在总结他人观点的基础上分析了经济适用住房政策运作中存在的问题，这些问题包括监控主体缺失、开发商行为不规范、目标群体错位、土地划拨和税费减免所带来的效益流失，以及项目布局的郊区化与集中化等⑥。还有研究者在对经济适用住房政策的效果进行评价的基础上提出了有关的对策建议，冯长春对 1999 年之前我

---

①　张泉，张昕. 保障性住房政策演进：一个比较视角[J]. 重庆社会科学，2015(6)：41-46.

②　毕铭. "住房保障与住房市场"专题论坛综述[J]. 上海房地，2008(6)：21-23.

③　陈淮. 地产·中国：引导我国房地产业健康发展研究[M]. 北京：企业管理出版社，2008：144-145.

④　毕铭. "住房保障与住房市场"专题论坛综述[J]. 上海房地，2008(6)：21-23.

⑤　陈杰. 城市居民住房解决方案——理论与国际经验[M]. 上海：上海财经大学出版社，2009：23.

⑥　马光红. 社会保障性商品住房问题研究[D]. 上海：同济大学，2006；胡金星. 我国经济适用住房政策反思与转型思考[J]. 中国房地产，2010(3)：56-59.

国的经济适用住房政策进行了评析，并对这种政策的完善提出了如
下建议①：①经济适用住房应以销定产、适度确定开发建设规模；
②严格规范经济适用住房的价格构成，适当降低房价；③综合分析
选择建设区位，使地段与价格兼顾；④进一步界定经济适用住房的
销售对象，进行市场细分；⑤建立政府担保体制，降低银行风险，
加大信贷投入和抵押贷款力度。佘宇等人对我国的经济适用住房政
策(2012年之前)进行了更为系统的研究②，通过三组博弈关系(中
央政府的意愿供给与地方政府的实际供给、地方政府的政策目标与
开发企业的利润目标、地方政府的保障动机与部分民众的投资动
机)解释了经济适用住房政策在执行当中出现的诸多问题，并对经
济适用住房政策的走向进行了分析：①经济适用住房在保障性住房
中的地位逐渐弱化③；②经济适用住房的政策空间进一步缩小，经
济适用住房可能会被其他的保障性住房产品所代替；③经济适用住
房用于定向销售，如定向销售给拆迁户；④经济适用住房进一步回
归保障属性，杜绝超标购买、骗购与投资(投机)行为。

　　有的学者重点研究了住房保障政策中的廉租住房政策和公共租
赁住房政策。相对于经济适用住房这种销售类的保障性住房，廉租
住房和公共租赁住房均为租赁类的保障性住房。刘颖在《中国廉租
住房制度创新的经济学分析》一书中回顾了我国廉租住房政策的实
施情况，评价了我国廉租住房政策的实施效果，分析了我国廉租住
房政策存在的不足，并分别从廉租住房政策的目标定位、廉租住房
的分配机制、廉租房源的供给机制、廉租住房的融资机制和廉租住

---

　　① 冯长春. 中国经济适用住房政策评析与建议[J]. 城市规划，1999(8)：
18-20.

　　② 参见：佘宇，等. 我国经济适用住房政策的效果评估与发展前景研究
[M]. 北京：中国发展出版社，2012.

　　③ 事实上，随着我国住房政策的变迁，经济适用住房的功能定位也在发生
变化。参见：建设部课题组. 多层次住房保障体系研究[M]. 北京：中国建筑工
业出版社，2007：42-43.

房的监管机制等方面对我国廉租住房政策的设计提出了创新性的建议①。住房和城乡建设部政策研究中心对北京、南京、厦门、武汉、合肥等一些具有代表性城市的公共租赁住房建设运营情况进行了调查研究，并对我国公共租赁住房的发展提出了相关的对策建议②；杨小梅以重庆市为例，对公共租赁住房的运营现状和发展瓶颈进行了分析，并在借鉴英国、德国、美国、日本、新加坡、中国香港等国家或地区经验的基础上，对我国公共租赁住房的可持续发展之路进行了探索③；陈钰以北京市为对象，重点研究了公共租赁住房的融资模式④。

不论是以上关于住房市场调控政策的研究还是关于住房保障政策的研究，都有助于我们认识和分析市场化住房制度确立以后我国住房政策的发展变化过程。

(二)关于政策变迁

依据阶段论或功能论的观点，政策变迁同政策制定、政策执行、政策评估等均属于政策过程的重要环节。任何一个具体领域（如住房、教育等）内的政策都不是一成不变的，随着时间的推移，政策会发生这样那样、或小或大的变化。

制度主义和理性选择理论是可以被用来解释政策变迁的两种重要途径或方法，这两种途径主要是从经济学中借用而来的。制度主义认为，制度约束着行为，而政策又是通过人们的行为得以形成的，因此制度与政策之间存在着内在的联系，可以通过制度对政策作出解释。制度主义的途径能够较好地解释政策为什么会

---

① 参见：刘颖. 中国廉租住房制度创新的经济学分析[M]. 上海：上海人民出版社，2007.

② 参见：住房和城乡建设部政策研究中心. 求索公共租赁住房之路[M]. 北京：中国建筑工业出版社，2011.

③ 参见：杨小梅. 中国公租房可持续运营研究——以重庆为例[M]. 成都：西南财经大学出版社，2011.

④ 参见：陈钰. 北京市公共租赁住房融资模式研究[M]. 北京：经济科学出版社，2013.

保持相对稳定①，也能够较好地解释为何制度的变革会引起政策的变迁。但制度主义的途径也具有其局限性，因为它不能很好地解释为何在制度保持相对稳定的情况下政策还会发生变迁，甚至是发生较大程度的变迁。

理性选择理论认为，个人或团体的行为是基于其自身利益作出选择的结果，而人们的行为选择到底会产生多大的收益，还取决于其他的行为主体作出了什么样的行为选择，因此人们的行为选择并非是不受限制的，没有哪一个行为主体在作出选择时可以不考虑其他行为主体的选择。人们的行为选择也不是恒定不变的，人们从选择的过程中吸取着教益，并不断调整着自身的行为选择，以使其更加符合自身的利益。比如，不同的行为主体在经过了重复性的博弈之后，各方的行为很可能从不合作走向合作，从而实现互利、共赢。理性选择理论解释了人们的行为是如何作出的，也试图从不同行为主体进行互动的角度对政策变迁作出解释。事实上，脱离了一定的行为与活动，政策变迁就无从发生，而行为的主体往往又是多元的，因此政策变迁一般也是不同行为主体进行互动的结果。借鉴理性选择理论，我们可将政策变迁视为政策需求方和政策供给方进行互动与博弈的结果，这种互动之所以必要，是因为需求方的政策需求与供给方的政策供给出现了冲突与不一致，也就是说，政策需求与政策供给并没有达到均衡；而这种互动和政策变迁之所以可能，是因为政策供给方及其提供的政策并没有实现对政策需求方行为的完全控制，即政策需求方所受到的约束具有不完全性②，政策需求方拥有自身的策略空间，政策供给方不能不对政策需求方的行为作出反应。

除了经济学理论对政策变迁的解释外，政策科学也发展出了自

① John, P. Is there Life After Policy Streams, Advocacy Coalitions, and Punctuations: Using Evolutionary Theory to Explain Policy Change [J]. The Policy Studies Journal, 2003, 31(4): 481-498.

② 林小英. 中国教育政策过程中的策略空间：一个对政策变迁的解释框架 [J]. 北京大学教育评论, 2006(4): 130-148.

身的政策变迁理论。不过，总体来看，相对于政策制定理论、政策执行理论和政策评估理论等，政策变迁理论的发展水平还比较低①。目前，学术界存在的政策变迁理论主要有：周期理论、"刺激—回应"理论、倡导联盟理论、多源流理论、间断均衡理论、政策企业家理论，等等。其中影响最大的是倡导联盟理论、多源流理论和间断均衡理论②。

1. 周期理论

Schlesinger 在 1986 年出版的《美国历史周期》(*The Cycles of American History*)一书中提出了周期理论，该理论认为，美国公共政策的演变遵循着一个特定的模式，在一个时期，经济自由主义的公共政策占据主导地位，而到了下一个时期，国家干预主义的公共政策则居于主导地位，之后，经济自由主义的公共政策又重新占据了上风，就这样，经济自由主义和国家干预主义两类公共政策周期性地进行着交替，实现一次交替，大约需要 30 年。经济自由主义的公共政策偏好的是市场机制，国家干预主义的公共政策偏好的是政府机制，两种不同类型政策之间的交替体现了人们在市场机制与政府机制之间的摇摆，当市场机制解决不了问题时，人们很自然地想到了政府；当政府机制解决不了问题时，人们又很自然地想到了市场。周期理论说明了市场机制和政府机制是人们可以用来解决现实问题的两种途径，但两种途径都不是完美的，当一种途径表现出失效时人们会选择另外一种途径予以替代。Schlesinger 从政治观念的角度解释了为何实现一次政策的交替需要 30 年，他认为，30 年是一代人的时间，当一代人在政治生活中掌握了权力后，其早年所形成的政治观念便开始主导政策的制定。

周期理论是 Schlesinger 在考察美国公共政策变迁过程的基础上形成的，它解释的是美国的现象，由于中美两国国情的不同（不论美国实行的是经济自由主义的公共政策还是国家干预主义的公共政

---

① [美]詹姆斯·P. 莱斯特，[美]小约瑟夫·斯图尔特. 公共政策导论(第 2 版)(英文版)[M]. 北京：中国人民大学出版社，2003：261.

② 本书第二章将会对这三种理论作进一步的分析。

策，其都是以市场经济为背景的；而我国在改革开放之前实行的是高度集中的计划经济，在改革开放之后又面临着确立市场经济体制的任务），这一理论并不能直接用来解释中国的政策变迁过程。但是，这一理论还是为解释我国的政策变迁过程提供了有益的启示。

2. "刺激—回应"理论

Amenta 和 Skocpol 于 20 世纪 80 年代末提出了"刺激—回应"理论，该理论认为，上一时期的政策为下一时期政策的出现提供了刺激，下一时期的政策则是对上一时期政策的回应。政策调整着人们的利益关系，如果一个时期的政策更加偏向于某个群体的利益，那么另一群体并非会长期无动于衷，其要求改变既有政策的愿望将会越来越强烈，在该群体的推动下，到了一定时机，政策将实现对其有利的转变，于是，政策就从偏向于一个群体的利益转变为偏向于另一个群体的利益。另外，任何一个时期的政策所能关注的问题和所能解决的问题都是有限的，一个时期的政策关注了一些问题，同时也必然搁置了另一些问题；解决了一些旧的问题，同时又会产生一些新的问题。到了一定时候，被搁置的问题和新产生的问题就会凸显出来，而解决这些问题需要采取新的政策，从而政策也进入了一个新的发展时期。

"刺激—回应"理论对政策变迁的原因和过程作出了自己的解释，同时也告诉我们，前后时期的政策存在着密切的联系，我们要分析后一时期的政策，就不能不对前一时期的政策进行考察。

3. 倡导联盟理论

Sabatier 等人于 20 世纪 80 年代末 90 年代初创立了倡导联盟（advocacy coalition）理论，这一理论认为，影响政策变迁的因素主要有三组①：①政策子系统（policy subsystem）外相对稳定的参量，如自然资源的基本分布、根本性的社会文化观念和社会结构等；②政策子系统外的可变因素，如社会经济条件的变化、民意与公共舆论的转变、来自其他政策子系统的决策与影响等；③政策子系统内

① ［美］詹姆斯·P. 莱斯特，［美］小约瑟夫·斯图尔特. 公共政策导论（第2版）（英文版）［M］. 北京：中国人民大学出版社，2003：149-150.

相互竞争着的"倡导联盟"之间的互动，政策子系统内存在着不同的倡导联盟，它们拥有各自的观念体系（包括核心政策观念与次级政策观念）与资源，分别提出与各自的观念体系相一致的策略（即各自所倡导的政策主张），政府的决策（即实际产生的公共政策）就是这些策略之间互动与博弈的结果。

一个倡导联盟的实力越强，其所提出的策略在博弈中就越具有优势，于是政府所制定的政策往往是由在政策子系统中居于主导地位的那一倡导联盟的政策主张转化而来的。当居于主导地位的倡导联盟没有发生变化时，政策便难以发生重大的变迁。因为重大的政策变迁意味着核心政策观念的变化，而倡导联盟的核心政策观念是保持稳定的，并且倡导联盟也不可能提出与自己的核心政策观念不相一致的政策主张。因此，重大政策变迁的发生要以居于主导地位的倡导联盟的更替为前提条件，而这种更替又是由于外部事件对政策子系统所造成的冲击，外部事件改变了政策子系统中各倡导联盟所面临的约束与资源，由此也改变了倡导联盟之间的实力对比。不过，在倡导联盟之间的实力对比没有发生变化的情况下，政策也可能会发生小幅度的变迁，小幅政策变迁意味着次级政策观念的变化，而倡导联盟是允许自己的次级政策观念发生改变的，次级政策观念的改变又是政策学习（policy learning）的结果。

倡导联盟理论相对于其他政策变迁理论更具综合性，它指出了不同层次和不同类型的因素对政策变迁的影响，并较好地分析了这些因素之间的关系以及它们对政策变迁产生影响的方式与路径，因此这一理论具有较强的内在逻辑性，也具有较强的解释能力。

4. 多源流理论

Kingdon 教授在 1984 年出版的《议程、备选方案与公共政策》（*Agendas, Alternatives, and Public Policies*）一书中提出了多源流理论，并于 1995 年《议程、备选方案与公共政策》的再版中进一步完善了这一理论。Kingdon 通过深入的实证研究并在借鉴科恩—马奇—奥尔森（Gohen-March-Olsen）"垃圾桶模型"（garbage can model）的基础上指出，在政策制定中存在着三条主要的过程源流：问题识别、政策建议的阐明和精练、政治活动。这三条源流也即"问题源流"、"政策源流"和"政治源流"，它们都穿过决策系统，尽管三条源流之间存在着一定的联系，但它们彼此之间主要还是相互分离的，各自受到不同的力量、不同的考虑以及不同的风格所支配，均是按照自己的动态特性和规则发展的。Kingdon 认为，重大的变化产生于问题、政策建议和政治的相互结合，即三条源流的汇合与连接。而这种汇合与连接又需要两个方面的条件，一是"政策之窗"（policy windows）的打开。当政策之窗打开时，便出现了实现三条源流连接的机会。政策之窗打开的原因要么是出现了一些使人非相信不可的问题，要么就是政治源流中发生了意外的事件①，也就是说三条源流实现连接的机会可能产生于"问题源流"，也可能产生于"政治源流"。二是政策企业家（policy entrepreneurs）的推动。政策企业家也就是政策的倡导者，他们在"政策之窗"打开时努力促成三条源流的连接，由于政策之窗打开的时间很短，三条源流实现连接的机会也是转瞬即逝，因此政策企业家必须抓住时机。

多源流理论意味着政策变迁具有一定的随机性和偶然性②，在一些情况下显得难以预测，但该理论指出了政策变迁所依赖的条件，分析了政策变迁可能发生的时机，这在很大程度上加深了人们对政策变迁的理解和认识。

5. 间断均衡理论

20 世纪 90 年代，美国学者 Baumgartner 和 Jones 在研究了本国大量不同时期、不同领域的政策制定案例后，发现政策变迁总体上可以分为两种类型：一种是小幅度的政策变迁，另一种是大幅度的政策变迁。小幅度的变迁是在政策保持相对均衡和稳定的基础上发生的，大幅度的变迁则是对均衡的打破和对稳定的间断。大多数政

① ［美］约翰·W.金登.议程、备选方案与公共政策（第2版）［M］.北京：中国人民大学出版社，2004：24.
② 有学者由此认为这一理论并不是一个严格的因果关系模型，参见：Dudley, G. New Theories and Policy Process Discontinuities［J］. Journal of European Public Policy, 2000, 7(1)：122-126. 但我们认为，多源流理论同样是在揭示事物之间的因果联系，政策变迁的偶然性并不意味着这种现象不能得到解释，多源流理论恰恰对政策变迁及其偶然性作出了解释。

策在大多数时间内都会保持均衡，这种均衡只是被大幅度的变迁所偶尔间断。鉴于以上发现，Baumgartner 和 Jones 从达尔文进化论（Darwinian evolution）中借用"间断均衡"（punctuated equilibrium）的概念，建立起了关于政策变迁的"间断—均衡模型"。

间断均衡理论认为，政策之所以会在长时期内保持相对稳定，一是因为政策垄断（policy monopoly）的形成和存在，一些在利益和信念上达成了共识或者具有相互依赖关系的行为主体形成了一个封闭的体系，这一体系实现了对政策的控制和把持；二是由于人们的有限理性，这一点与渐进决策理论的观点是一致的，摆在政府和公众面前的政策议题是难以计数和令人眼花缭乱的，因此他们不可能对所有的问题都给予充分的关注，在大多数时间内对于大多数问题都只能给予有限的关注，而这种关注的程度并不足以达到使相关政策发生大幅度变迁的界限或阈值（threshold）①。相应地，政策均衡的间断则是由于议题受关注程度的提高和政策垄断的打破。

间断均衡理论不仅在大量实证研究的基础上明确指出了政策变迁的"间断均衡"特征，而且对这一特征产生的原因予以了比较具有逻辑性的理论解释。这鲜明体现出了间断均衡理论的优势和价值所在。

6. 政策企业家理论

自 20 世纪 70 年代早期，不少政治学家都已认识到政策企业家在推动重大政策变迁中的作用。20 世纪 90 年代后，一些学者建立了政策企业家模型，以帮助人们理解创新性的观念是如何得到明确表达并进入政治和法律议程的②。政策企业家不同于其他的政策倡导者，他们的主要兴趣在于推销（selling）其观念以实现政策的变迁，但他们并不简单地满足于推动现有的政策实现边际上的变迁，

---

① Baumgartner, F. R., Foucault, M., Fançois, A. Punctuated Equilibrium in French Budgeting Processes[J]. Journal of European Public Policy, 2006, 13(7): 1086-1103.

② Mintrom, M., Vergari, S. Advocacy Coalition, Policy Entrepreneurs, and Policy Change[J]. Policy Studies Journal, 1996, 24(3): 420-434.

而是致力于促进重大的政策变迁。政策企业家推销其观念的方式和活动形式是多种多样的，比如以适当的方式进行问题界定，形成政策网络，建立联盟等。其中一项活动的成功会影响到其他活动的成功。此外，政策企业家要使自己的观念得到接受，必须拥有一定的组织资源和个人资源。

不同于倡导联盟理论，政策企业家理论主要用于解释重大的政策变迁，并且这一理论认为重大的政策变迁可以产生于政策子系统内部，产生于政策子系统内部政策企业家的活动，当然，政策企业家的活动是为了抓住政策变迁的机会以获取潜在的收益。

政策企业家理论强调政策企业家在政策变迁过程中的重要作用，并对这种作用进行了比较全面的分析。这有助于人们从行动者的角度来理解和研究政策变迁。

除了以上政策变迁理论，还有一些学者对影响政策变迁的因素提出了自己的看法，比如，Hood 界定了促进政策变迁的 4 种可能力量①：①政策变迁可能产生于新观念的力量；②政策变迁常常产生于利益压力；③政策变迁可能是由于环境的变化；④政策变迁常常产生于先前政策的影响。

以上关于政策变迁的研究对于我们理解现实中的政策变迁现象具有重要意义，也为我们对政策变迁理论的进一步研究提供了必要的基础。

总的来看，无论是关于住房政策的研究还是关于政策变迁的研究，学术界都已形成大量的成果。然而，目前还较少有学者对改革开放以来我国住房政策变迁的完整过程进行描述，更少有学者对这一过程作出解释并在此基础上进行理论上的构建。笔者在本书中则尝试在学术界已积累起的现有知识之基础上，结合公共管理学科的

① Hood, C. Explaining Economic Policy Reversals[M]. Buckingham UK: The Open University Press, 1994: 3-18. 转引自: Joo, J. Dynamics of Social Policy Change: A Korean Case Study from a Comparative Perspective[J]. Governance: An International Journal of Policy and Administration, 1999, 12(1): 57-80.

专业定位，吸收和借鉴历史学、经济学、社会学等学科的相关研究成果①，基于政策变迁理论对改革开放以来我国住房政策变迁的轨迹与动力进行分析，从而对改革开放以来我国住房政策变迁的轨迹予以较为完整的描述，对改革开放以来我国住房政策变迁的动力予以较为系统的阐释并实现相应的理论构建。

三、研究方法

(一)历史分析方法

人们对于一个具体领域内政策的研究，可以采取两种不同的视角②：一是选择政策变迁过程中的某个截面进行考察，这一截面正如对运动着的物体在某一时点上拍摄的"快照"(snapshot)；二是考察政策在一个较长时期内的运动过程，这一过程展示给人们的是连续的"动态画面"(moving pictures)。大多数学者倾向于采取后一种视角，也就是说采取历史的分析方法来开展政策研究。历史分析方法之所以受到学者们的重视，是因为任何事物都有自己的来龙去脉、前因后果，"当下的经验现象只有放置于具体的历史脉络中，放置于具体的空间结构下，才能获得理解"③；只有将政策放在一个动态的发展过程中去考察，才能发现政策运动、变化的规律，才能明确政策发展过程中的因果关系，从而更好地理解政策的现状，并比较准确地判断政策的发展趋势。正如有学者所主张的那样，"需要利用 10 年或更长的一段时间才能完成至少一个'制定—执

---

① 朱光磊讲道："研究一个课题，还是应根据某个问题的基本性质锁定一个主要背景学科作为基本概念坐标，然后根据需要，大胆而有序地与相关学科领域实现融合、交叉，积极吸收和借鉴。"参见：朱光磊. 让社会科学更好支撑智库建设[N]. 人民日报，2015-10-27(007).

② 参见：Pierson, P. Placing Politics in Time [M]. Princeton：Princeton University Press，2004：1-2. 转引自：McGuinn, P. Swing Issues and Policy Regimes：Federal Education Policy and the Politics of Policy Change[J]. The Journal of Policy History，2006，18(2)：205-240.

③ 明海英. 从学习者到学者的蜕变——记华中科技大学中国乡村治理研究中心副教授吕德文[N]. 中国社会科学报，2015-4-3(A02).

行—重新制定'的循环，才能获得一个关于成功和失败的较为合理而精确的描述，才能意识到行动者采用的不同策略的价值"①。

本书研究的不是改革开放以来某一特定时间段内（比如几年之间）我国所制定和实施的住房政策，更不是改革开放以来我国所颁布的某一项单独的住房政策文件，而是改革开放以来我国住房政策的整个变迁历程，而这一历程距今已有 30 多年②。在这 30 多年中，我国出台了一系列的住房政策，相应地，我国的住房政策也经历了一系列的变迁，只有将这些住房政策及住房政策的变迁放入 30 多年来我国住房政策的整个变迁过程中去考察，我们才能更好地认识它们各自的地位、各自的作用和各自产生的原因，从而更好地把握改革开放以来我国住房政策变迁的脉络，以及更好地认识改革开放以来我国住房政策变迁的动力。

（二）系统分析方法

系统的观点是一种整体性的观点，它告诉我们：不同的事物或因素之间一方面相互区别，另一方面又相互影响、相互作用、相互依赖，因而在研究一种事物时不能仅仅关注该事物本身，而要善于发现和分析该事物和周围其他事物之间的联系。我们研究住房政策也是一样，对住房政策产生影响作用的因素是多种多样的，住房政策的变迁难以仅仅通过住房政策本身得到有效的解释，因此我们有必要采取系统的观点和运用系统分析的方法，明确对住房政策具有影响作用的相关因素，探讨这些因素与住房政策变迁之间的因果联

① ［美］保罗·A. 萨巴蒂尔，［美］汉克·C. 简金斯·史密斯. 支持联盟框架：一项评价［M］//［美］保罗·A. 萨巴蒂尔. 政策过程理论. 上海：三联书店，2004：153.

② 这一历程中有的政策变迁事件是较早时期发生的，有的则是新近发生的，但都不是研究者可以控制的，因而不适于采用社会实验（social experiment）的分析方法，历史分析法则是一种较为适宜的研究方法（参见：［美］罗伯特·K. 殷. 案例研究：设计与方法［M］. 重庆：重庆大学出版社，2010：10-14）。本书将通过对政策文本、统计年鉴、访谈记录、报刊文章等资料的分析，在还原历史事实的基础上揭示出事物之间的因果联系，对政策变迁的原因和动力作出解释性的分析。

系，从而对改革开放以来我国住房政策变迁的原因与动力予以较为
系统的解释。

（三）规范研究方法

规范研究并不讲求直接建立在经验材料的基础上，但强调逻辑
性与思辨性，主张通过严谨的逻辑推理与理论分析来实现理论分析
框架的建构①。这种研究方法要求对现有的理论成果有一个较为充
分和深入的认知，因为现有的理论研究成果往往是进行逻辑推理和
理论分析所凭借和依赖的材料，是实现进一步理论构建的基础。从
这个意义上讲，从事规范研究的过程也是对现有理论进行梳理、总
结和借鉴的过程。现有的理论成果为规范研究提供了可行性，规范
研究的一个优势也在于它能够建立在现有理论研究的基础之上。本
书以政策变迁理论作为研究视角，尝试在借鉴现有政策变迁理论的
基础上实现理论的建构（建构出的理论尚未得到实证检验），其中
主要涉及规范研究方法的运用。

（四）实证研究方法

实证研究方法是相对于规范研究方法而言的，其具体又可分为
定量研究与定性研究（质性研究②），其中定量研究的结果主要是运
用数学语言来表述的，定性研究的结果主要是通过日常语言或文字
语言来表述的③。但不论是定量研究还是定性研究，都要建立于经
验事实的基础之上④。根据本书研究主题的需要，我们主要运用定
性的实证研究方法，通过政府文件、新闻报道、历史文献、统计年
鉴、人物传记、开放式访谈等渠道来获取经验材料，采用叙事化的

---

① 吴晓林，郭慧玲. 中国公共行政学研究的最新进展与展望——以《公共
管理学报》为例的考察（2004—2013）[J]. 公共管理与政策评论，2014（4）：73-83.

② 质性研究注重经验，但不强调量化，其强调的是价值、参与、观察、感
悟、想象力、典型调查、见微知著。参见：石英. 质性社会学论纲[J]. 人文杂
志，2015（6）：97-106.

③ 刘林平. 反事实、控制变量和文本——对定性研究的反思[J]. 云南大
学学报（社会科学版），2014（1）：45-53.

④ 南宋的大思想家朱熹在《观书有感》中有两句著名的诗句："问渠那得清
如许？为有源头活水来。"我们也认为，实践经验才是学术研究真正的源头活水。

行文条理①，将所获取的经验材料与所构建出的理论框架进行对接，在理论与经验之间的穿梭中，实现对现象的解释以及对理论的检验。

实质上，本书所谓的实证分析也即有些学者所讲的"理论导向的政策经验研究"②，这种研究既不是从理论到理论的逻辑推演，也不是从经验到经验的归纳总结，而是致力于实现理论与经验的连接③，一方面运用一定的理论框架对政策现象和政策经验进行分析，另一方面又通过政策现象和政策经验对所提出的理论框架进行检验与完善。在这一过程中，经验现象的理论提升与理论框架的现象还原实现了有机统一④。

四、研究思路与篇章结构

本书研究的重点是改革开放以来我国住房政策变迁的轨迹和改革开放以来我国住房政策变迁的动力，而要较好地研究这两个问题，我们需要借助于一定的理论分析框架。如何寻求这样的理论框架？存在着两种可能的途径，一是从现有的理论切入，直接借用一种现成的理论框架或者在对现有的主要理论进行解析、比较与综合的基础上构建一种新的理论框架⑤；二是从经验切入，从经验与现象中提取关键变量，在明确这些变量因果联系的基础上进而形成理论框架。本书准备采取第一种切入的方法，首先对现有主流的政策变迁理论进行解析，然后在借鉴这些理论的基础上形成分析思路与

---

① 参见：马骏，侯一麟. 中国省级预算中的非正式制度：一个交易费用理论框架[J]. 经济研究，2004(10)：14-23；李剑力. 探索性创新、开发性创新与企业绩效关系研究[M]. 北京：经济管理出版社，2010：后记.

② 陈学飞，茶世俊. 理论导向的教育政策经验研究探析[J]. 北京大学教育评论，2007(4)：31-41.

③ 黄宗智. 连接经验与理论：建立中国的现代学术[J]. 开放时代，2007(4)：5-25.

④ 吕德文. 谈谈经验质感[J]. 社会学评论，2014(1)：15-18.

⑤ [美]詹姆斯·P. 莱斯特，[美]小约瑟夫·斯图尔特. 公共政策导论(第2版)(英文版)[M]. 北京：中国人民大学出版社，2003：57.

解释框架。在进行了先期的理论分析和理论准备之后，接下来则是对改革开放以来我国住房政策变迁过程的实证分析，一是对变迁的轨迹进行描述，二是对变迁的动力作出解释，并在这一分析过程中实现对理论的检验与完善，研究思路如图1-1所示。

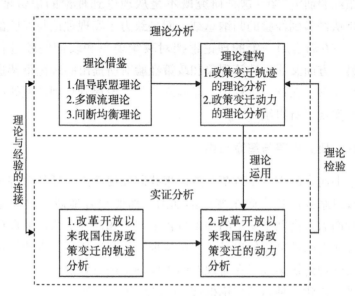

图 1-1　研究思路

本书除了绪论和结语之外，主体内容包括四个大的部分：

第一部分是对当前三种主流政策变迁理论（即倡导联盟理论、多源流理论和间断均衡理论）的解析与述评。通过这一部分的研究，我们来明确三种主流政策变迁理论各自的核心概念、解释框架、合理性与局限性，并判断这三种政策变迁理论是否适合直接用于解释改革开放以来我国住房政策变迁的实际。同时，这一部分的分析也努力为本书的研究（特别是为下一部分的探讨）提供理论上的借鉴。

第二部分是对政策变迁轨迹与动力的理论分析。这一部分在借鉴当前三种主流政策变迁理论的基础上，致力于探讨政策变迁的类型划分、政策变迁轨迹的构成要素、政策变迁轨迹的总体形态，以及提出政策变迁动力的分析框架，从而为后面两个部分对改革开放以来我国住房政策变迁轨迹与动力的具体分析提供理论基础。

第三部分是对改革开放以来我国住房政策变迁轨迹的分析。这一部分在前一部分对政策变迁轨迹进行理论分析的基础上，具体分析改革开放以来我国住房政策所经历的变迁阶段与变迁过程，从而描绘出改革开放以来我国住房政策变迁的轨迹，并根据这一轨迹作出几点总结性的说明。

第四部分是对改革开放以来我国住房政策变迁动力的分析。这一部分运用第二部分所提出的政策变迁动力分析框架，分别分析改革开放以来我国住房政策变迁的内部动力因素与外部动力因素，并对政策变迁动力分析框架予以初步检验。这一部分的最后对政策变迁动力分析框架作出进一步的检验和完善，并努力对改革开放以来我国住房政策变迁的原因与动力形成更为全面和深入的认识。

五、可能的创新之处

本书可能的创新之处表现在以下几个方面：

第一，在借鉴三种主流政策变迁理论的基础上，对政策变迁的轨迹与动力进行了理论上的分析。指出了政策变迁的轨迹由政策变迁的方向与幅度这两种要素所构成，并将政策变迁划分为了方向性的政策变迁、大幅度的政策变迁与小幅度的政策变迁 3 种类型；提出了政策变迁动力的分析框架，该框架包括 5 种内部动力因素和 4 种外部动力因素，5 种内部动力因素分别为问题及其严重性的变化、政策制定者关注度的提高、解决方案可行性的增强、负面政策效果的反馈以及目标群体观念的变化，4 种外部动力因素分别为经济形势的变化、政治形势的变化、社会形势的变化以及其他政策领域的影响，其中问题及其严重性的变化、政策制定者关注度的提高和解决方案可行性的增强这 3 种因素对政策变迁的影响是直接的，其余 6 种因素对政策变迁的影响则是间接的。

第二，将改革开放以来我国住房政策变迁的过程划分为 5 个时期，分析了不同时期我国住房政策的具体目标与主要措施等，在此基础上描绘了改革开放以来我国住房政策变迁的轨迹。同时指出：

改革开放以来我国的住房政策相对于计划经济时期的住房政策发生了方向性的变迁；在相邻两个时期的转折处我国的住房政策发生了大幅度的变迁；在同一时期内部我国的住房政策至多是发生了工具性的调整（即小幅度的政策变迁）；改革开放以来我国住房政策变迁的轨迹总体上具有"间断均衡"的特征。对于改革开放以来我国住房政策变迁轨迹的分析，有助于人们明确改革开放以来不同住房政策之间的区别与联系，也有助于人们明确不同住房政策在改革开放以来我国住房政策变迁过程中的地位与作用。

第三，运用政策变迁动力分析框架对改革开放以来我国住房政策变迁的动力进行了分析，并在这一分析过程中对政策变迁动力分析框架予以了检验和完善。证明了问题及其严重性的变化、政策制定者关注度的提高和解决方案可行性的增强这3种因素对改革开放以来我国住房政策的变迁具有直接的促动作用，政策变迁动力分析框架中的其余6种因素对改革开放以来我国住房政策的变迁则具有间接的促动作用，由此对政策变迁动力分析框架进行了初步验证。此外，通过对政策变迁动力分析框架的进一步检验，指出了正面政策效果的积累也是改革开放以来我国住房政策变迁中的一个重要动力因素，并且这一因素的作用是间接的。对于改革开放以来我国住房政策变迁动力的分析，有助于人们较为系统而深入地认识改革开放以来我国住房政策变迁的原因，也有助于人们较为合理地对改革开放以来我国住房政策的变迁进行解释。

第二章

当前主流的政策变迁理论及其对政策变迁的解释

　　本书的绪论部分已对学术界现有的若干政策变迁理论进行了简要说明，在这些政策变迁理论当中，最具有代表性、居于主流地位的政策变迁理论主要有三种，即倡导联盟理论、多源流理论和间断均衡理论①。在本章中，我们将分别对倡导联盟理论、多源流理论和间断均衡理论进行解析，力图探寻这三种政策变迁理论各自的内在逻辑，从而对这三种政策变迁理论获取一个较为清晰而全面的认识，并为我们接下来的研究提供理论上的借鉴。

　　对政策变迁理论进行解析应遵循一种什么路径？美国学者莱斯特和斯图尔特指出，政策理论的发展遵循的是从界定概念到构建、

　　① Shanahan, E. A., McBeth, M. K., Hathaway, P. L., Arnell, R. J. Conduit or Contributor? The Role of Media in Policy Change Theory [J]. Policy Sciences, 2008, 41: 115-138.

检验、综合与修正模型的路径①。我国学者马骏也指出，任何理论都要借助于一定的概念来构建，因为理论模型的雏形是概念框架，而概念框架描述的又是关键性概念之间的关系②。由此可见，理论是由一系列概念构建而成的，所揭示的是这些概念间的因果联系与逻辑关系。这正如林毅夫所讲，任何理论都是几个特定变量之间的因果关系的逻辑体系③。遵循以上学者提出的理论建构思路，本章对政策变迁理论进行解析，首先要明确理论的核心概念；然后明确这些概念间的逻辑关系，即理论的解释逻辑与解释框架；最后对理论的合理性(解释能力)与局限性(应用限度)作出初步评判④。

第一节　倡导联盟理论及其对政策变迁的解释

1988 年，Sabatier 发表了《政策变迁的倡导联盟理论与政策学习的作用》(*An Advocacy Coalition Framework of Policy Change and the Role of Policy-Oriented Learning Therein*)一文，这标志着倡导联盟理论(Advocacy Coalition Framework，简称 ACF)开始形成。之后，在众多学者的努力下，倡导联盟理论逐步得以发展和完善。至今，倡导联盟理论已被欧美学者较为广泛地应用于对能源政策、环保政策、社会政策等的研究⑤，该理论也成为一种当前具有重要影响力的政策变迁理论。

---

① ［美]詹姆斯·P. 莱斯特，［美]小约瑟夫·斯图尔特. 公共政策导论(第 2 版)(英文版)［M]. 北京：中国人民大学出版社，2003：30-31.

② 马骏. 中国公共行政学研究的反思：面对问题的勇气［J]. 中山大学学报(社会科学版)，2006(3)：73-76.

③ 林毅夫. 论经济学方法［M]. 北京：北京大学出版社，2005：12.

④ 更进一步的评判则需要结合经验材料和通过实证研究来作出。

⑤ Sabatier, P. A. The Advocacy Coalition Framework：Revisions and Relevance to Europe［J]. Journal of European Public Policy, 1998, 5(1)：98-130; Sabatier, P. A., Jenkins-Smith, H. C. The Advocacy Coalition Framework：An Assessment［M]// Sabatier, P. A. Theories of the Policy Process. Boulder：Westview Press, 1999：117-168.

一、倡导联盟理论的核心概念

倡导联盟理论所赖以建立的核心概念主要包括政策子系统与倡导联盟、核心政策观念与次级政策观念、外部事件、政策学习，以及重大政策变迁与小幅政策变迁。

(一)政策子系统与倡导联盟

倡导联盟理论是着眼于政策子系统(policy subsystem)来研究政策变迁问题的①，而不主张分别探讨政治家、压力集团和行政管理者的作用②。政策子系统由那些对特定政策问题或事项保持积极关注的人所组成。具体而言，政策子系统具有以下特点：①组成政策子系统的各成员对某一特定的政策领域③具有共同的兴趣，正是由于共同的兴趣，这些成员围绕特定的政策领域，在政策问题的界定和政策方案的提出、传播、评估以及政策的执行中发挥着各自的作用④；②构成政策子系统的成员并不是仅仅来自于某一个组织，也不是仅仅来自于公共部门，而是来自于各种不同的组织(包括公共组织与私人组织)；③政策子系统内的各成员进行着常规性的互动，并且这种互动关系保持了10年以至更长的时间⑤。

组成政策子系统的各成员并非呈原子化的离散状态，他们可以组合成不同的倡导联盟(advocacy coalition)，Sabatier 预期大多数政

---

① [美]詹姆斯·P. 莱斯特，[美]小约瑟夫·斯图尔特. 公共政策导论(第2版)(英文版)[M]. 北京：中国人民大学出版社，2003：149.

② 陈庆云，鄞益奋. 西方公共政策研究的新进展[J]. 国家行政学院学报，2005(2)：79-83.

③ 特定的政策领域如教育政策、住房政策或医疗政策等，当然，政策领域的大小是相对而言的，就教育政策来讲，其又可分为基础教育政策、高等教育政策、职业教育政策等。

④ Heclo, H. Modern Social Policies in Britain and Sweden[M]. New Haven：Yale University Press, 1974.

⑤ Sabatier, P. A., Jenkins-Smith, H. C. The Advocacy Coalition Framework：An Assessment[M]//Sabatier, P. A. Theories of the Policy Process. Boulder：Westview Press, 1999：135.

策领域内的倡导联盟数量都很少①（比如存在 2~4 个），其中有一个处于主导性的地位，其他的则处于相对弱势或次要地位。倡导联盟的特点主要有：①政策子系统是由来自于不同组织的人所组成，倡导联盟同样是由来自于不同组织的人员所组成，这些人员包括选任官员、常任官员、利益集团领袖和研究者等②；②将一个政策子系统联结起来的是人们对同一政策问题或政策事项的兴趣与关注，而将一个倡导联盟凝聚起来的则是共同的核心政策观念，不同的倡导联盟享有不同的核心政策观念，由于一个政策子系统内通常存在着不同的倡导联盟，因而一个政策子系统内通常也存在着不同的核心政策观念；③倡导联盟具有较强的稳定性，这种稳定一般会保持10 年以上，在倡导联盟保持稳定的情况下，组成倡导联盟的各成员在很大程度上会协调一致地行动③。

　　不论是政策子系统还是倡导联盟，应该说都可被归属于政策网络的概念范畴，只不过针对倡导联盟理论而言，倡导联盟这一政策网络是被包含在政策子系统这一政策网络之内的。有的学者将政策网络定义为：由于资源相互依赖而联系在一起的一群组织或者若干群组织的联合体④。需要注意的是，该定义并非是一个严格正确的定义，因为学术界对政策网络的内涵和本质并未形成一致认识，相

　①　Sabatier, P. A. An Advocacy Coalition Framework of Policy Change and the Role of Policy-Oriented Learning Therein[J]. Policy Sciences, 1988, 21(2-3)：129-168.

　②　Sabatier, P. A. An Advocacy Coalition Framework of Policy Change and the Role of Policy-Oriented Learning Therein[J]. Policy Sciences, 1988, 21(2-3)：129-168.

　③　参见：Sabatier, P. A. An Advocacy Coalition Framework of Policy Change and the Role of Policy-Oriented Learning Therein[J]. Policy Sciences, 1988, 21(2-3)：129-168；[英]米切尔·黑尧. 现代国家的政策过程[M]. 北京：中国青年出版社, 2004：105.

　④　Benson, K. J. A Framework for Policy Analysis [M]//Rogers, D. L., Whetten, D. Interorganizational Coordination：Theory Research and Implementation. Ames, IA：Iowa State University Press, 1982：137-176.

应地，对政策网络的定义也各不相同①。另外，政策网络也包括不同的类型，具有多种表现形式，比如铁三角（iron triangles）和议题网络（issue network）同属于政策网络的类型，但铁三角是依靠成员之间的直接经济利益联合起来的②，其结构封闭，运作严密，对公共政策的操控能力强；议题网络是依靠成员间共同的知识构成和思想感情而不是直接的物质利益联结起来的③，其范围广泛，结构松散，决策过程也呈现出制度化程度低、非正式化、分散的特征④。除了铁三角和议题网络外，政策网络还包括其他的类型，也正因为政策网络的类型多种多样，人们才难以用一个统一的定义对之加以界定。

从本质上来讲，政策网络引入了多元主义的视角，打破了传统上以国家为中心的、科层制、等级式的政策分析方式，强调了不同行为主体在政策过程中的作用。我们认为，这也恰恰体现了政策网络的实质所在，政策网络中各成员之间的关系并没有一个统一的模式，针对不同的网络，成员之间也具有不同的关系，对于有些类型的政策网络，成员之间利益一致、观念趋同，表现出了很强的相互依赖关系；而对于另外一些类型的政策网络，其成员在利益和观念上的一致性程度则要低得多，各成员之间也没有体现出很强的相互依存关系（可能还存在着竞争关系）。但是，不论政策网络内各成员之间具有什么样的相互关系，有一点是共同的，即网络内的各成员都对特定的政策问题保持着兴趣与关注，都在特定的政策领域内对政策的制定、执行、评估等发挥着各自的影响作用，并且也都在

---

① 朱亚鹏. 公共政策研究的政策网络分析视角［J］. 中山大学学报（社会科学版），2006（3）：80-83.

② Howlett, M., Ramesh, M. Study Public Policy：Policy Cycles and Subsystems［M］. Oxford：Oxford University Press，2009：125.

③ Howlett, M., Ramesh, M. Study Public Policy：Policy Cycles and Subsystems［M］. Oxford：Oxford University Press，2009：125.

④ Heclo, H. Issue Networks and the Executive Establishment［M］//King, A. The New American Political System. Washington：American Enterprise Institute for Public Policy，1978：87-88.

以不同的方式进行着相互之间的影响（或者说进行着互动）。将以上分析用来观照倡导联盟和政策子系统，我们可以发现，倡导联盟内各成员之间具有较高程度的一致性与相互依赖性，而政策子系统内各成员之间的一致性与相互依存性就低得多了，但不论是倡导联盟还是政策子系统，其成员都在共同的政策领域内发挥着作用，也都进行着这样或那样的互动。

（二）核心政策观念与次级政策观念

前面我们已经指出，倡导联盟是依靠共同的核心政策观念（policy core beliefs，或称为 core aspects of a policy belief system）而凝聚起来的，与核心政策观念相对应的是次级政策观念（secondary aspects of a policy belief system），核心政策观念与次级政策观念共同构成了政策观念的体系。

在倡导联盟理论看来，政策观念与公共政策之间是可以互相转化的，某种政策观念可以转化为特定的公共政策，而一项公共政策也总是对应着某种特定的政策观念，因此，公共政策可以通过一定的观念得以反映和体现[1]，通过对政策观念的分析，人们可以实现对公共政策的分析。

政策观念可以被理解为一系列与政策问题密切相关的价值观念以及一套潜藏在问题背后的因果关系假定[2]，核心政策观念是具有根本性的价值观与因果关系假定，比如更加倾向于国家干预主义还是更加倾向于经济自由主义；次级政策观念是相对不重要的价值观与因果关系假定，比如为了实现特定的政策目标而倾向于采用什么样的政策工具。在一个倡导联盟内部，核心政策观念是高度一致的，而次级政策观念则可能存在一定的分歧，但这种分歧并不影响倡导联盟的稳定性。由此我们也可以看出，倡导联盟所持有的核心政策观念是很难发生变化的，一旦核心政策观念发生变化，倡导联盟的

---

① 参见：［美］詹姆斯·P.莱斯特，［美］小约瑟夫·斯图尔特. 公共政策导论(第2版)(英文版)[M]. 北京：中国人民大学出版社，2003：149.

② Jenkins-Smith, H. C. Analytical Debates and Policy Learning: Analysis and Change in the Federal Bureaucracy[J]. Policy Sciences, 1988, 21: 169-211.

存在和稳定性就会受到严重的威胁；而倡导联盟内各成员所持有的次级政策观念不仅是可以有所差异的，而且是能够有所变化的，同时，这种适度的变化并不会威胁到倡导联盟的存在和稳定性。

倡导联盟理论并没有借助于"利益"这一概念展开分析，一是因为利益不具有可测量性，二是因为利益与核心政策观念具有内在的关联性①。倡导联盟理论是基于政策观念②来对倡导联盟的行为进行分析的，这一点使它明显区别于公共选择理论。

(三)外部事件

外部事件(external events)是指政策子系统以外所发生的事件，在 Sabatier 等人看来，外部事件主要有 4 种类型③：①社会经济条件的变化；②民意与公共舆论的转变；③执政者的更迭，比如新政府的当选和上台；④来自其他政策子系统的决策与影响。总体来看，外部事件具有以下特征：①外部事件独立于政策子系统之外，其发生具有较强的随机性、偶然性与不可预测性④，难以为政策子系统所控制；②外部事件对政策子系统具有很强的冲击力，这种冲击力在很多情况下足以打破政策子系统的现状，因而外部事件又被称为外部冲击(exogenous shocks 或 external perturbations)；③外部事件是一种非认知性(non-cognitive)因素，这使之区别于政策子系统

① Sabatier, P. A., Jenkins-Smith, H. C. Policy Change and Learning: An Advocacy Coalition Approach[M]. Boulder, CO: Westview Press, 1993: 28.

② 我们认为，利益、需求与观念都可以作为人们分析问题的基点，因为利益和需求能够解释人们行为的动机，观念同样可以对人们行为的原因作出解释，并且潜藏在人们内心的深层观念具有很强的稳定性。决策者在对执行者提出要求时可能会讲到"不换观念就换人"，而由于深层观念的内在稳定性，在一些情况下，要换观念就不得不换人。

③ Sabatier, P. A. An Advocacy Coalition Framework of Policy Change and the Role of Policy-Oriented Learning Therein[J]. Policy Sciences, 1988, 21(2-3): 129-168; Sabatier, P. A., Jenkins-Smith, H. C. The Advocacy Coalition Framework: An Assessment[M]//Sabatier, P. A. Theories of the Policy Process. Boulder: Westview Press, 1999: 117-168.

④ Lowry, W. Potential Focusing Projects and Policy Change[J]. The Policy Studies Journal, 2006, 34(3): 313-335.

内各倡导联盟所持有的政策观念。

与外部事件密切相关的一个概念是 Birkland 所提出的潜在焦点事件(potential focusing events，简称 PFE)，潜在焦点事件具有以下特点①：①突发性；②例外性；③危害性，已经导致重大损失或预示着未来可能发生的更大危害；④集中性，危害集中在特定的地理区域或特定的利益共同体；⑤显著性，为决策者和公众同时感知，难以被掩盖和遮蔽。

由于以上特点，潜在焦点事件会对政策子系统形成足够强烈的冲击力。同时，通过潜在焦点事件的特点我们也可以看出，潜在焦点事件属于典型的危机事件，具有明显的负面效应，绝非人们所期望的。而倡导联盟理论所定义的外部事件从严格意义上讲并非都是负面的和消极的，但这些事件对于政策子系统都构成了冲击。可以说，外部事件比潜在焦点事件涵盖的范围更加广泛，潜在焦点事件属于外部事件的范畴，而外部事件并不仅仅包括潜在焦点事件。之所以有很多学者去关注潜在焦点事件②，主要是因为潜在焦点事件对于政策变迁具有重要的影响作用。这种作用也反映出潜在焦点事件在外部事件中所具有的代表性与典型性。

(四)政策学习

政策学习(policy-oriented learning)是政策子系统内的各成员为实现其核心政策观念而进行的一种不断探究与调适的过程③。为了

① Birkland, T. A. After Disaster: Agenda Setting, Public Policy, and Focusing Events[M]. Washington, DC. : Georgetown University Press, 1997: 22.

② Birkland, T. A., Thomas, A. The World Changed Today: Agenda-Setting and Policy Change in the Wake of the September 11 Terrorist Attacks[J]. Review of Policy Research, 2004, 21(2): 179-200; Lowry, W. Potential Focusing Projects and Policy Change[J]. The Policy Studies Journal, 2006, 34(3): 313-335; Michaels, S. , Goucher, N. P. , McCarthy, D. Policy Windows, Policy Change, and Organizational Learning: Watersheds in the Evolution of Watershed Management[J]. Environment Management, 2006, 38: 983-992.

③ Sabatier, P. A. An Advocacy Coalition Framework of Policy Change and the Role of Policy-Oriented Learning Therein[J]. Policy Sciences, 1988, 21(2-3): 129-168.

更好理解政策学习这一概念，我们需要把握以下几点，第一，就学习的主体而言，Heclo 认为政策学习的主体是位于高层的政治家和公务员，Etheredge 认为政策学习的主体是大部分公务员，Hall 认为政策学习的关键主体是得到官方认可的专家①，而倡导联盟理论所指的政策学习主体则涉及政策子系统内的各种行动者，包括各个倡导联盟。第二，就学习的内容和对象而言，倡导联盟理论将政策学习的内容和对象主要限定在了政策工具的学习上，认为政策学习的过程是一种获取关于问题解决方法的更为丰富而合理的知识的过程。第三，就学习的方式与途径而言，倡导联盟理论认为主要有两种，其一是从经验中学习，也就是说倡导联盟从既有的政策产出与政策影响中获取经验教训②；其二是通过互动、交流与辩论进行学习③，也就是说不同的倡导联盟通过互动、交流与辩论进行着相互影响，深化着关于行为与效果之间因果联系的认识④。第四，就学习的结果而言，在倡导联盟理论看来，政策学习引起的是政策工具的变化⑤，而不是政策内核的变化。这种认识与倡导联盟理论对政策学习的内容和对象的界定是一致的。不过，政策学习并不是直接引起政策工具的变化，位于政策学习与政策工具变化之间的是政策观念的变化，政策学习首先引起的是政策观念的变化，政策观念的变化进而又引起政策工具的变化。当然，这里所指的政策观念是次级政策观念，而不是核心政策观念(即政策学习一般不会引起核心

---

① Bennett, C. J., Howlett, M. The Lessons of Learning: Reconciling Theories of Policy Learning and Policy Change[J]. Policy Sciences, 1992, 25: 275-294.

② Bennett, C. J., Howlett, M. The Lessons of Learning: Reconciling Theories of Policy Learning and Policy Change[J]. Policy Sciences, 1992, 25: 275-294.

③ Sabatier, P. A. An Advocacy Coalition Framework of Policy Change and the Role of Policy-Oriented Learning Therein[J]. Policy Sciences, 1988, 21(2-3): 129-168.

④ Fiol, C. M., Lyles, M. A. Organizational Learning[J]. Academic Management Review, 1985, 10: 803-813.

⑤ Sabatier, P. A. An Advocacy Coalition Framework of Policy Change and the Role of Policy-Oriented Learning Therein[J]. Policy Sciences, 1988, 21(2-3): 129-168.

政策观念的变化），核心政策观念的变化所引起的就不仅仅是政策工具的变化了。

此外，Sabatier 在《政策变迁的倡导联盟理论与政策学习的作用》一文中还提出了有利于政策学习①发生的条件：①倡导联盟之间的冲突处于中等水平，适度的冲突最有益于政策学习②；②存在一个便于倡导联盟之间进行交流与互动的非政治化论坛，在这一论坛中，来自不同倡导联盟的成员基于科学和专业规范进行着辩论，通过辩论，一些不合理的因果关系假定以及无效证据将会被逐步废弃，不同的观点也会在更大程度上得以融合；③政策学习和政策辩论的内容具有可分析性与可测量性，存在量化绩效指标比只存在主观性的绩效指标更有益于政策学习。

（五）重大政策变迁与小幅政策变迁

倡导联盟理论认为，政策变迁可以分为重大政策变迁（major policy change）和小幅政策变迁（minor policy change）③，其中重大政策变迁是政策内核（policy core）的变化，政策内核背后潜藏着的是核心政策观念，政策内核的变化也对应着核心政策观念的变化。我们判断一个政策领域内的政策内核是否发生了变化，往往要考察该政策领域内的核心政策观念是否发生了变化，如果核心政策观念发生了变化，那么政策内核也就相应发生了变化。因此，重大政策变迁意味着核心政策观念的变化，而核心政策观念又决定着倡导联盟希望政策向着什么样的方向变迁④，相应地，核心政策观念的变化是一种方向性的变化，重大政策变迁也意味着政策变迁方向的变

---

① 这里的政策学习主要是指不同的倡导联盟通过对话与互动所进行的学习。

② Sabatier, P. A. The Acquisition and Utilization of Technical Information by Administrative Agencies[J]. Administrative Science Quarterly, 1978, 23: 386-411.

③ Kübler, D. Understanding Policy Change with the Advocacy Coalition Framework: An Application to Swiss Drug Policy [J]. Journal of European Public Policy, 2001, 8(4): 623-641.

④ Sabatier, P. A. An Advocacy Coalition Framework of Policy Change and the Role of Policy-Oriented Learning Therein[J]. Policy Sciences, 1988, 21(2-3): 129-168.

化，如从保守主义的政策转变为自由主义的政策，从以政府为导向的政策转变为以市场为导向的政策。

在倡导联盟理论看来，重大政策变迁是不常发生，也是不容易发生的，因为倡导联盟所持有的核心政策观念是稳定的，一个倡导联盟并不会通过改变自身所持有的核心政策观念来引发重大的政策变迁。要使重大的政策变迁得以发生，往往是以政策子系统内各倡导联盟之间力量对比的变化为前提的，重大政策变迁的发生往往意味着政策子系统内处于主导地位的倡导联盟发生了更替。

小幅政策变迁主要表现为政策工具的变化，与重大政策变迁相比较，小幅政策变迁要常见得多，也容易发生得多。因为小幅政策变迁对应着次级政策观念的变化，而次级政策观念的变化并不需要以处于主导地位的倡导联盟的更替为前提条件。也就是说，在政策子系统内各倡导联盟之间的实力对比不发生变化，在核心政策观念保持稳定的情况下，次级政策观念以及小幅政策变迁也可以发生。小幅政策变迁会使政策发生一定程度与形式上的改变，但这种改变并不是方向上的变化，而只是沿着同一方向所发生的工具性变化。

二、倡导联盟理论对政策变迁的解释

在介绍了倡导联盟理论的核心概念之后，我们来探讨倡导联盟理论是如何在这些概念之间建立联系的，即倡导联盟理论是如何解释政策变迁的。倡导联盟理论将政策变迁总体上分为重大政策变迁和小幅政策变迁两种类型，在这一部分中，我们首先来分析倡导联盟理论是如何解释重大政策变迁的，然后来分析倡导联盟理论是如何解释小幅政策变迁的，最后给出一个倡导联盟理论对政策变迁进行解释的统一框架。

（一）倡导联盟理论对重大政策变迁的解释逻辑

倡导联盟理论认为，重大政策变迁是政策内核的变化，而政策内核的观念形态又是核心政策观念，政策内核的变化是以核心政策观念的变化为前提的。

核心政策观念怎样才能发生变化呢？前文已经提到，各个倡导联盟是不会自动改变其所持有的核心政策观念的。首先，倡导联盟是依靠核心政策观念而凝聚起来的，一个倡导联盟之所以区别于其他的倡导联盟，原因就在于该倡导联盟持有不同于其他倡导联盟的核心政策观念。当一个倡导联盟的核心政策观念发生变化时，该倡导联盟区别于其他倡导联盟的特征也就不存在了。因此，倡导联盟的稳定是以核心政策观念的稳定为基础的，倡导联盟要保持稳定，就必须保证核心政策观念的稳定。其次，倡导联盟具有强烈抵制自身核心政策观念发生变化的倾向，即便是在有大量证据显示了这种核心政策观念存在着问题时①，因为倡导联盟会自动滤除那些与自身的核心政策观念不相一致的信息②。再次，倡导联盟之间存在的竞争关系也会促使各个倡导联盟加强内部的团结并巩固各自所持有的核心政策观念③。

因此，倡导联盟是很难去动摇自身所持有的核心政策观念的，那么，要改变政策子系统内处于主导地位的核心政策观念，只有去改变政策子系统内各倡导联盟之间的力量对比，从而使居于主导地位的倡导联盟发生更替，这种更替表现为原先处于弱势和次要地位的一个倡导联盟对原先居于主导地位的倡导联盟的替代④。当提出一项政策的倡导联盟在政策子系统内仍旧居于主导地位时，该项政

①　Jenkins-Smith, H. C. Analytical Debates and Policy Learning: Analysis and Change in the Federal Bureaucracy[J]. Policy Sciences, 1988, 21: 169-211.

②　Sabatier, P. A., Jenkins-Smith, H. C. The Advocacy Coalition Framework: An Assessment [M]//Sabatier, P. A. Theories of the Policy Process. Boulder: Westview Press, 1999: 123.

③　Sabatier, P. A., Hunter, S., McLaughlin, S. The Devil Shift: Perceptions and Misperceptions of Opponents[J]. Western Political Quarterly, 1987, 40: 449-476; Zafonte, M., Sabatier, P. A. Shared Beliefs and Imposed Interdependencies as Determinants of Ally Networks in Overlapping Subsystems[J]. Journal of Theoretical Politics, 1998, 10(4): 473-505; Sabatier, P. A., Jenkins-Smith, H. C. The Advocacy Coalition Framework: An Assessment[M]//Sabatier, P. A. Theories of the Policy Process. Boulder: Westview Press, 1999: 140.

④　Sabatier, P. A., Jenkins-Smith, H. C. Policy Change and Learning: An Advocacy Coalition Approach[M]. Boulder, CO: Westview Press, 1993: 34.

策的内核是不会发生变化的①。

倡导联盟之间的实力对比一般情况下是保持稳定的，而这种稳定的打破则是由于外部事件的冲击，因此外部事件的冲击就成为使得居于主导地位的倡导联盟发生更替的必要条件②。当外部事件发生时，各倡导联盟所支配的资源及所受到的约束都可能发生变化，这种变化又可能最终带来权力分配在倡导联盟之间的变化③，由此使居于主导地位的倡导联盟发生更替。比如，1980 年里根(Ronald Reagan)的当选带来了美国环保署(Environmental Protection Agency, 简称 EPA)官员的重新任命，这就为原来的少数派创造了机会，使之可能在 EPA 内掌握权力④。不过，并不是所有的外部事件都会导致重大的政策变迁⑤，外部事件的发生也只是引起重大政策变迁的一个必要条件而非充分条件⑥。至于外部事件是否会引起重大的政策变迁，还取决于其他一些因素，比如倡导联盟如何理解和利用外部事件所提供的机会⑦。

由以上分析我们可以梳理出倡导联盟理论对重大政策变迁的解

① Sabatier, P. A., Jenkins-Smith, H. C. The Advocacy Coalition Framework: An Assessment[M]//Sabatier, P. A. Theories of the Policy Process. Boulder: Westview Press, 1999: 117-168.

② Sabatier, P. A., Jenkins-Smith, H. C. Policy Change and Learning: An Advocacy Coalition Approach[M]. Boulder, CO: Westview Press, 1993: 34.

③ Kübler, D. Understanding Policy Change with the Advocacy Coalition Framework: An Application to Swiss Drug Policy [J]. Journal of European Public Policy, 2001, 8(4): 623-641.

④ Sabatier, P. A. An Advocacy Coalition Framework of Policy Change and the Role of Policy-Oriented Learning Therein[J]. Policy Sciences, 1988, 21(2-3): 129-168.

⑤ Mintrom, M., Vergari, S. Advocacy Coalition, Policy Entrepreneurs, and Policy Change[J]. Policy Studies Journal, 1996, 24(3): 420-434.

⑥ Sabatier, P. A., Jenkins-Smith, H. C. The Advocacy Coalition Framework: An Assessment [M]//Sabatier, P. A. Theories of the Policy Process. Boulder: Westview Press, 1999: 117-168.

⑦ Sabatier, P. A., Jenkins-Smith, H. C. Policy Change and Learning: An Advocacy Coalition Approach[M]. Boulder, CO: Westview Press, 1993: 222.

释逻辑：

> 外部事件的发生（必要条件）→居于主导地位的倡导联盟的更替→核心政策观念的变化→政策内核的变化（重大政策变迁的发生）

(二)倡导联盟理论对小幅政策变迁的解释逻辑

小幅政策变迁同样是以政策观念的变化为前提的，只不过所要求的政策观念变化是指次级政策观念的变化。各个倡导联盟均会固守自身的核心政策观念，但并不排斥和拒绝对次级政策观念进行调整，当然这种调整并不会达到足以危害核心政策观念的程度，也不会引起重大的政策变迁。

倡导联盟在何种条件下才会改变自身原来所持有的次级政策观念呢？这一条件就是政策学习的发生，倡导联盟是通过政策学习来对次级政策观念进行调整的。前文已经提到，政策学习的途径有两种：一是倡导联盟之间的对话与互动，二是政策产出与政策影响的反馈。这两种途径实质上也是政策学习得以发生的两个条件。就第一个条件来讲，不同的倡导联盟通过互动，借鉴和吸取来自对方的合理意见，由此改变自身关于政策工具及其选择的认知。因此，倡导联盟之间的互动对于政策学习的发生是重要的，倡导联盟需要从不同观点的持有者那里得到启发。就第二个条件而言，既有的政策效果能够改变倡导联盟的认识，使之对自身原来所偏好的政策工具重新作出评价，进而对相应的次级政策观念予以调整。以政策效果反馈为基础的政策学习其实就是从过去的经验中进行学习，倡导联盟通过这种学习来不断使自己的认识得以合理化，也不断使政策工具的选择得以合理化。倡导联盟之所以要从过去的经验中进行学习，是因为人的理性是有限的，人们对事物的认识是难以一步到位的。"有限理性"①也是倡导联盟理论所坚持的一个理论前设。

---

① 参见：Simon, H. A. Administrative Behavior[M]. New York: Macmillan, 1947; Simon, H. A. Models of Thought[M]. New Haven, CT: Yale University Press, 1979.

通过以上分析，我们可以梳理出倡导联盟理论对小幅政策变迁的解释逻辑：

倡导联盟之间的互动或政策效果的反馈→政策学习的发生→次级政策观念的变化→小幅政策变迁的发生

(三)倡导联盟理论对政策变迁的解释框架

在探讨了倡导联盟理论分别对重大政策变迁和小幅政策变迁的解释后，我们可以将倡导联盟理论对政策变迁的解释用一个统一的框架表示出来，如图 2-1 所示。

图 2-1 对重大政策变迁与小幅政策变迁得以发生的逻辑机理予以了反映，为了更全面和更清晰地理解倡导联盟理论对政策变迁的这一解释框架，我们作出以下几点说明：

(1)在倡导联盟理论看来，政府决策是不同倡导联盟之间进行策略博弈的结果。一个倡导联盟所持有的政策观念和所拥有的资源决定了它会提出什么样的策略和政策主张，其中政策观念对于一个联盟所倡导和主张的政策具有根本性的决定作用，只是由于受到自身所拥有的资源的限制，有的倡导联盟会采取一定的权宜之计，但这种权宜之计是不会超出政策观念(尤其是核心政策观念)所许可的范围的。至于一个倡导联盟所主张的政策能够在多大程度上转变为政府的决策，则要看该倡导联盟具有怎样的实力，倡导联盟所具有的实力越强，它就越能将自身的政策主张转变为政府的决策①。因此，政策子系统所形成的最终决策往往就是处于主导地位的那一倡导联盟所提出的政策主张。另外，在各倡导联盟的互动中，还存在着政策掮客②(policy brokers)的作用，政策掮客对倡导联盟之间

---

① Sabatier, P. A. From Policy Implementation to Policy Change: A Personal Odyssey [M]//Gornitzka, A., et al. Reform and Change in Higher Education. Netherlands: Springer, 2005: 17-34.

② 政策掮客扮演着中间人或经纪人的角色，但也有学者指出，在一些情况下，政策掮客本身也是倡导者。参见：Bennett, C. J., Howlett, M. The Lessons of Learning: Reconciling Theories of Policy Learning and Policy Change [J]. Policy Sciences, 1992, 25: 275-294.

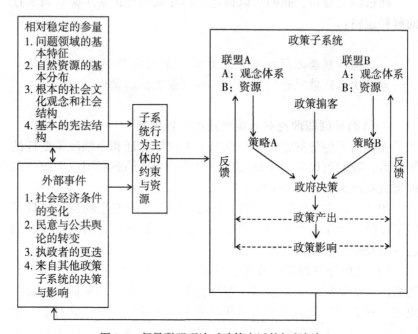

图 2-1   倡导联盟理论对政策变迁的解释框架

资料来源：Sabatier, P. A. An Advocacy Coalition Framework of Policy Change and the Role of Policy-Oriented Learning Therein[J]. Policy Sciences, 1988, 21(2-3)：129-168; Sabatier, P. A., Jenkins-Smith, H. C. Policy Change and Learning: An Advocacy Coalition Approach [M]. Boulder, CO: Westview Press, 1993: 18; Sabatier, P. A. The Advocacy Coalition Framework: Revisions and Relevance to Europe [J]. Journal of European Public Policy, 1998, 5(1): 98-130.

的冲突进行着调节，以使这种冲突保持在可以接受的范围，这是因为政策掮客在问题解决中有着利害关系，或者因为政治和睦能给掮客们带来好处①。

（2）政策子系统之外不仅存在着外部事件这种变动着的因素，而且还存在着一些相对稳定和不变的参量，诸如问题领域的基本特

---

①   陈庆云，鄞益奋. 西方公共政策研究的新进展[J]. 国家行政学院学报，2005(2)：79-83.

征、自然资源的基本分布、根本的社会文化观念和社会结构、基本的宪法结构等。这些相对稳定的参量也影响着各倡导联盟所拥有的资源和所受到的限制，但由于这些参量比较稳定，它们并不会改变各倡导联盟之间的力量对比。

（3）事物之间的影响一般都是双向的，外部事件影响着相对稳定的参量，相对稳定的参量也对外部事件产生着影响；另外，外部事件和相对稳定的参量对政策子系统起着影响作用，而政策子系统也对外部事件和相对稳定的参量产生着反作用。

三、对倡导联盟理论的评价

（一）倡导联盟理论的合理性（解释能力）

在本节以上分析的基础上，我们可以发现，倡导联盟理论至少具有以下几个方面的合理性：

1. 具有适度的综合性

理论来源于实践，是对现实的抽象，一种有效的理论，一是要能够客观地反映现实，二是要能够有力地解释现实。然而，现实是纷繁复杂的，任何一种理论都不可能包含现实中的所有因素，只能包含一些有限的因素与变量，一种理论包含的因素与变量越多，这些因素与变量之间的关系就越难以得到解释。正因为如此，有些理论出于简化的考虑，所包含的因素和变量就十分有限，以至于对关键因素与变量有所遗漏。这些理论虽然也可以具有自身的闪光之处，但由于漏掉了一些关键因素与变量，其适用性与解释力便受到了很大的限制。因此，任何一种理论都要处理好简洁性与综合性的关系，过于简洁而遗漏掉关键变量的理论难以成为"优美的理论"①，过于综合而阐释不清各种变量之间关系的理论也不能成为"优美的理论"。一种能够较好反映客观实际的理论应将那些关键的因素和变量包括进来，倡导联盟理论包括的核心概念在其构建的整个理论框架中均具有关键性作用，有着较为广泛的涵盖范围，且

---

① 何艳玲. 问题与方法：近十年来中国行政学研究评估（1995—2005）［J］.政治学研究，2007（1）：93-104.

不显庞杂，从而使这一理论具有了适度的综合性。当然，一种理论能否成为有效的理论，还要看它能否较好地解释各种变量之间的关系。

2. 具有内在的逻辑性

一种理论是否具有逻辑性，从根本上取决于它能否解释清整理论框架内各种变量之间的关系，以及能否揭示出或建立起各种变量之间的内在联系。一种没有内在逻辑性的理论必定是支离破碎的，也必定是没有解释能力的，或者说根本就难以称得上是一种真正的理论。倡导联盟理论建立起了各种变量间的因果联系，使各种因素与变量通过内在的联系，共同构成了一个有机的整体。正因为倡导联盟理论具有内在的逻辑性，不论是在这一理论对重大政策变迁的解释上，还是在这一理论对小幅政策变迁的解释上，我们都可以找出清晰的逻辑线索。

3. 区分出政策变迁的类型

对现象进行分类在理论的构建中具有重要意义，不进行分类，各种现象看起来就是混乱无序且难以理解的①。倡导联盟理论将政策变迁分为重大政策变迁和小幅政策变迁两类，这种分类大体上具有两个方面的意义，一是有助于人们更清晰、更全面地认识政策变迁这一现象。两类政策变迁具有各自的特征与内涵，将这两类具有不同特征和内涵的政策变迁区别开来，就使人们打破了对政策变迁的笼统认识，并使人们能够对现实中的政策变迁现象进行更好的界定。二是有助于人们更好地理解政策变迁的发生机理。重大政策变迁和小幅政策变迁具有不同的产生原因和发生机理，将两种不同类型的政策变迁作出区分，可以使人们对现实中的政策变迁予以更加有针对性的解释。

4. 引入了多元主义视角

传统的公共政策理论坚持的是"自上而下"（top-down）的研究途径和政府中心主义的分析方式，强调政府在政策过程中的作用。倡

---

① 马骏. 中国公共行政学研究的反思：面对问题的勇气[J]. 中山大学学报(社会科学版)，2006(3)：73-76.

导联盟理论则采取了网络主义的分析方式，不论是倡导联盟还是政策子系统，均属于政策网络的范畴。政策网络是一种区别于官僚等级制的新的结构形式①，其中涵盖了来自不同组织和不同层级的行为主体，相应地，网络主义的政策分析方式也具有多元主义的视角，强调不同行为主体在政策过程中的作用，而不是仅仅关注某一类组织或某一个行为主体。

5. 揭示了政策变迁的时机

明确政策变迁的时机，一是有利于人们对政策变迁进行预测；二是有利于相关行为主体抓住政策变迁的机会，适时促进政策变迁的实现。倡导联盟理论认为外部事件的冲击可以引起各倡导联盟实力对比的显著变化，进而促使重大政策变迁的发生。这说明了外部事件可以为重大政策变迁的发生提供时机，外部事件的出现很可能就预示着重大政策变迁的即将到来。对于小幅政策变迁的时机，倡导联盟理论事实上也予以了揭示。小幅政策变迁的发生是以次级政策观念的改变为前提的，而一个倡导联盟次级政策观念的改变或者是由于既有政策效果的反馈，或者是由于其他倡导联盟不同观点的影响。正面的政策效果一般只会强化人们原本所持有的政策观念，能够对人们的次级政策观念形成冲击的是那些负面的和消极的政策效果。因此，负面政策效果的出现也就很可能成为小幅政策变迁发生的时机。另外，当有利于倡导联盟之间相互对话与相互影响的条件出现时，政策学习和次级政策观念的变化便会比较容易发生，于是这种条件的出现也可能成为小幅政策变迁发生的时机。

(二)倡导联盟理论的局限性(应用限度)

任何一种理论都是难以尽善尽美的，因为理论构建者的理性是有限的，他们要受到种种客观条件与主观条件的限制；与此同时，现实却是万般复杂的，没有一种理论能够穷尽现实②。总体而言，

① Powell, W. W. Neither Market nor Hierarchy: Network Forms of Organization [M]//Staw, B., Cummings, L. L. Research in Organizational Behavior. JA I Press, 1990: 295-336.

② 这正所谓"理论是灰色的，而生活之树是常青的"。

倡导联盟理论的适用性既受制于特定的政策领域，又受制于特定的政治体制。

1. 倡导联盟理论的适用性受制于特定的政策领域

倡导联盟理论所适用的政策领域具有这样的特征：在这个政策领域内存在着明显分歧甚至是截然对立的观点，也就是说，在这个政策领域内，不同的群体持有不同的核心政策观念。然而，并不是在所有的政策领域内都存在着核心政策观念的对立，而当一个政策领域内不存在核心政策观念之间的冲突与对立时，倡导联盟理论的解释逻辑就显得不适用了。

2. 倡导联盟理论的适用性受制于特定的政治体制

倡导联盟理论是在美国的政治体制背景下产生的，也主要被应用于解释世界经济合作与发展组织（OECD）成员国的政策变迁问题。倡导联盟理论认为围绕一个政策领域会存在着不同倡导联盟之间的冲突，当一定的机会出现时，处于弱势的倡导联盟可能会占据主导地位，由此引起重大政策变迁的发生。不同倡导联盟之间的冲突在美国等 OECD 国家是常见的，而在其他国家的政治体制背景下则不然，如果围绕一个政策领域不存在倡导联盟之间的对立与竞争，那么就很难按照倡导联盟理论所提供的逻辑去解释这个政策领域内的政策变迁问题。事实上，包括 Sabatier 在内的一些学者也提出了倡导联盟理论在不同政治体制背景下的适用性问题①。

倡导联盟理论在适用上的局限性说明了该理论的解释能力要受到特定情景的制约，我们对倡导联盟理论的应用要结合客观实际，而不可机械式地照搬。

---

① Sabatier, P. A. From Policy Implementation to Policy Change: A Personal Odyssey [M]//Gornitzka, A., et al. Reform and Change in Higher Education. Netherland: Springer, 2005: 17-34; Kübler, D. Understanding Policy Change with the Advocacy Coalition Framework: An Application to Swiss Drug Policy [J]. Journal of European Public Policy, 2001, 8(4): 623-641.

第二节　多源流理论及其对政策变迁的解释

在借鉴科恩（Michael Cohen）、马奇（James March）和奥尔森（John Olsen）的垃圾桶模型①（garbage can model）的基础上，美国著名公共政策学家金登（John W. Kingdon）教授建立了多源流理论（Multiple-Streams Framework，简称 MSF），该理论最早出现于 1984 年 Kingdon 出版的《议程、备选方案与公共政策》（*Agendas, Alternatives, and Public Policies*）一书中。多源流理论问世以来，引起了学者们的广泛关注，并被应用于对医疗、运输、电信与财政等领域内政策的分析②，近年来，国内也有一些学者将多源流理论应用于分析我国从强制收容遣送制度向无偿救助制度的转变③，用于探讨如何使成人教育成为一个更受关注的政策领域④，以及用于分析江浙两省在跨行政区水污染防治合作中的政策过程⑤。作为一种重要的、主流的政策变迁理论，多源流理论是我们在研究政策变迁问题时所不能不予以重视的。

---

① 垃圾桶模型是一种决策模式，它区别于全面理性决策模式和渐进主义决策模式。垃圾桶模型的逻辑结构包括：一些完全分离的源流（问题、解决办法、参与者以及选择机会）穿过整个决策系统；结果在很大程度上依赖于这些源流的结合状况，即取决于问题解决办法的结合情况，取决于参与者之间的互动情况，取决于是偶然缺少解决办法还是有意缺少解决办法。参见：[美]约翰·W. 金登. 议程、备选方案与公共政策（第 2 版）[M]. 北京：中国人民大学出版社，2004：106-108.

② 毕亮亮. "多源流框架"对中国政策过程的解释力——以江浙跨行政区水污染防治合作的政策过程为例[J]. 公共管理学报，2007(2)：36-41.

③ 周超，颜学勇. 从强制收容到无偿救助——基于多源流理论的政策分析[J]. 中山大学学报（社会科学版），2005(6)：80-85.

④ 肖玉梅，陈兴福，李茂荣. 成人教育边缘化现象及对策探讨——多源流分析模型的启示[J]. 南昌大学学报（人文社会科学版），2006(2)：149-152.

⑤ 毕亮亮. "多源流框架"对中国政策过程的解释力——以江浙跨行政区水污染防治合作的政策过程为例[J]. 公共管理学报，2007(2)：36-41.

一、多源流理论的核心概念

多源流理论所涉及的核心概念主要有问题源流、政策源流、政治源流、政策之窗、政策企业家，等等。

(一)问题源流

现实中需要政府加以解决的问题是多种多样的，这些问题就形成了 Kingdon 所讲的问题源流(problem stream)。问题源流具有以下特征，第一，问题源流内并不是仅仅存在单一的问题，而是存在着多种问题，这些问题可能包括同一政策领域中的不同问题，甚至可能包括属于不同政策领域的问题。第二，问题源流内的各种问题不是静止不变的，而是动态变化着的，这种变化既表现为同一问题的不断变动，也表现为新问题的产生等。正因为各种问题的变动不居，整个问题源流便呈现出一种流动的状态，各种问题之间的关系也是不稳定的。第三，虽然问题源流内存在着不同的问题，但并不是每一种问题都会引起政府的关注，许多问题都是不那么引人注目的。

一般来讲，问题是理想状态与现实状态之间的差距，那么，在什么样的情况下人们才会意识到这种差距的存在？Kingdon 指出了三种情况：一是受到广泛关注的指标发生了变化①；二是出现了惹人注目的事件②，比如危机事件或焦点事件的发生；三是"对现存项目运作情况的反馈表明并非所有的情况都是好的"③。就第一种情况而言，特定的衡量指标能够使人们对现实产生一种客观而具体的感知，指标的变化往往意味着现实状况的变化，相应地，也意味着现实与预期之间差距的变化。就第二种情况而言，危机事件或焦点事件本身就具有显著性，能够迅速地为人们所感知，更为重要的

---

① ［美］约翰·W.金登.议程、备选方案与公共政策(第2版)[M].北京：中国人民大学出版社，2004：20.

② ［美］约翰·W.金登.议程、备选方案与公共政策(第2版)[M].北京：中国人民大学出版社，2004：113.

③ ［美］约翰·W.金登.议程、备选方案与公共政策(第2版)[M].北京：中国人民大学出版社，2004：113.

是，危机事件与焦点事件对现实具有很大的破坏性，这种破坏性会使危机事件或焦点事件发生前后的现实呈现出极为明显的反差，由此引起人们的关注。就第三种情况而言，政策本身就是用于解决问题的，关于既有政策的负面反馈则说明原有的问题没有得到有效解决，甚至说明问题得到了恶化，这会促使人们重新对问题进行关注。

(二)政策源流

政策源流(policy stream)内包括的是各种各样的政策建议、政策主张与政策方案。政策源流具有以下特征：

第一，政策源流内的建议与主张是由不同的人所提出的。Kingdon 指出，其工作重心就是要产生政策建议的那些人员包括有"专家和官僚、规划评估方面的人员、预算部门的人员、国会的办事员、学者、压力集团以及研究人员"①。不同的政策主张反映了不同人的利益和价值观念，人们也都试图将自身所提出的政策主张转化为被合法化了的公共政策。

第二，政策主张可能并不针对特定的问题，而只是反映了政策主张提出者的利益和需求。在这种情况下，政策主张与问题之间就没有一种必然的关联，政策主张的提出者常常会为自己的主张去寻找问题②。

第三，政策主张之间并不存在一个有序化的关系。政策源流更像是一个不同政策主张的混合，并且这种混合也不是处于静止不变的状态，而是呈现出动态变化的特征，因为在一个时点上声音比较微弱的政策主张到了另一个时点上就可能会显得声音比较有力。

由以上特点我们可以看出，政策主张往往并不是在问题出现后

① [美]约翰·W. 金登. 议程、备选方案与公共政策(第2版)[M]. 北京：中国人民大学出版社，2004：109.

② [美]约翰·W. 金登. 议程、备选方案与公共政策(第2版)[M]. 北京：中国人民大学出版社，2004：229；Layzer, J. Fish Stories: Science, Advocacy, and Policy Change in New England Fishery Management[J]. Policy Studies Journal, 2006, 34(1)：59-80.

才产生的，而是在问题出现前就可能早已存在①，只不过问题的出现使一些政策主张具有了被提出和被关注的机会。另外，政策源流与问题源流两者之间是相互独立的②，政策主张并不需要依赖于问题而存在，同时问题也不依赖于政策主张而存在，政策源流与问题源流都是按照自己的动态特性和规则发展的。

(三) 政治源流

政治源流(political stream)主要包括国民情绪、公众舆论、权力分配格局、利益集团实力对比等因素③，这些因素反映着政治形势与政治背景等方面的状况。总体而言，政治源流具有以下特点：

第一，政治源流内所包含的因素具有比较广泛的影响面。诸如公众舆论、主流政治观念等因素所影响的一般都不只是某个特定的政策领域，而是会影响到众多的政策领域。正因为如此，这些因素也就很难为某个政策领域内的行动者所控制。

第二，政治源流与其他两个源流一样，也是在不断流动和变化着的。比如，在一定时期，国家干预主义的理念可能会处于主流地位，而到了另外一个时期，经济自由主义的理念则可能会占据上风。

第三，政治源流相对独立于其他两个源流，正如问题源流和政策源流是相互独立的一样。政治源流不依赖于其他两条源流而存在，其他两条源流也不依赖于政治源流而存在，三条源流具有各自

---

① Birkland, T. A., Thomas, A. The World Changed Today：Agenda-Setting and Policy Change in the Wake of the September 11 Terrorist Attacks[J]. Review of Policy Research, 2004, 21(2)：179-200.

② [美]约翰·W. 金登. 议程、备选方案与公共政策(第2版)[M]. 北京：中国人民大学出版社, 2004：23.

③ [美]约翰·W. 金登. 议程、备选方案与公共政策(第2版)[M]. 北京：中国人民大学出版社, 2004：23; Michaels, S., Goucher, N. P., McCarthy, D. Policy Windows, Policy Change, and Organizational Learning：Watersheds in the Evolution of Watershed Management[J]. Environment Management, 2006, 38：983-992; Birkland, T. A., Thomas, A. The World Changed Today：Agenda-Setting and Policy Change in the Wake of the September 11 Terrorist Attacks[J]. Review of Policy Research, 2004, 21(2)：179-200.

的内容，包含各自的因素。

政治源流内所包含的一系列因素在倡导联盟理论的分析框架中也有涉及，比如公共舆论的转变、执政者的更迭等都是被倡导联盟理论归属于外部事件的范畴的，但倡导联盟理论所指的外部事件还包括危机等的发生，这就使得外部事件事实上还涉及了问题源流内的一些因素。因此，尽管倡导联盟理论与多源流理论都考虑到了一些共同的因素，但它们却将这些因素进行了不同的归类，同时也是从不同的视角对这些因素进行分析的。

（四）政策之窗

政策之窗（policy windows）又称为机会之窗（windows of opportunity），它是指项目被提上政策议程或者政策发生变迁的机会。政策之窗具有以下几个方面的特点：

第一，政策之窗为政策变迁提供了时机，成为政策变迁发生的前提条件。政策之窗的关闭意味着政策变迁的条件还不成熟，人们要想推动政策变迁的实现，就必须等待政策之窗的开启。

第二，政策之窗打开的时间很短①，政策变迁的机会也是稍纵即逝。任何一项议题都不可能长期引起人们的关注，都会随着时间的推移和新议题的出现而逐渐变得黯淡②。当政策之窗关闭时，人们要促成政策变迁的实现，就必须等待政策之窗的重新开启。

第三，政策之窗的打开一般是由于问题源流或政治源流的变化③。危机事件的发生或负面政策效果的反馈等问题源流内的变化会促使政策之窗的打开，公共舆论的转变或行政当局的更迭等政治源流内的变化也会促使政策之窗的打开。由于政策之窗打开原因的

---

① ［美］约翰·W. 金登. 议程、备选方案与公共政策(第 2 版)［M］. 北京：中国人民大学出版社，2004：110.

② Birkland, T. A., Thomas, A. The World Changed Today: Agenda-Setting and Policy Change in the Wake of the September 11 Terrorist Attacks［J］. Review of Policy Research, 2004, 21(2): 179-200.

③ ［美］约翰·W. 金登. 议程、备选方案与公共政策(第 2 版)［M］. 北京：中国人民大学出版社，2004：212.

不同，相应地政策之窗也就具有了两种不同的类型①：一种是以问题为基础的，也称为"问题之窗"；另一种是以政治为基础的，也称为"政治之窗"。

可见，使政策之窗得以打开的具体因素是多种多样的，而这些因素在倡导联盟理论看来也是引起政策变迁的因素，只不过有些因素引起的是重大政策变迁，而有些因素引起的则是小幅政策变迁。因此，在对政策变迁的诱致因素或触发机制的认识上，倡导联盟理论和多源流理论是存在着一定共同之处的。

（五）政策企业家

政策企业家（policy entrepreneurs）是那些极力抓住政策之窗打开的机会以促成政策变迁的人。他们具有以下特征：

第一，政策企业家是政策之窗或机会之窗的利用者，在政策之窗打开时，他们积极促使自己所拥护的政策主张转变为现实的公共政策，因而政策的变迁离不开政策企业家的推动作用，他们在政策变迁中扮演着关键角色。

第二，政策企业家不仅从事着倡议活动，而且从事着经纪活动。也就是说，政策企业家不仅要推出和倡导有关的政策主张，而且要做大量的联络、协商和说服工作，以使自己所倡导的政策主张获取更多的支持与关注。在从事这些活动的过程中，政策企业家乐意投入自己的资源，其中包括时间、精力、声誉以及金钱②。

第三，政策企业家之所以会成为政策企业家，不是因为他们所处的职位，而是因为他们所发挥的作用和所从事的活动。Kingdon指出，"政治系统中没有哪一个正式职位或非正式职位对政策企业家具有垄断权，对于一项案例研究来说，核心的政策企业家可能是

---

① ［美］约翰·W. 金登. 议程、备选方案与公共政策(第2版)［M］. 北京：中国人民大学出版社，2004：244；Michaels, S., Goucher, N. P., McCarthy, D. Policy Windows, Policy Change, and Organizational Learning: Watersheds in the Evolution of Watershed Management［J］. Environment Management, 2006, 38: 983-992.

② ［美］约翰·W. 金登. 议程、备选方案与公共政策(第2版)［M］. 北京：中国人民大学出版社，2004：226.

一个内阁部长；就另一项案例研究而言，核心的政策企业家也可能是一位参议员或者一位众议员；而在其他的案例研究中，核心的政策企业家则可能是院外活动集团的说客、学者、美国政府的律师或者职业官僚"①。不过，也有学者指出，选任官员及其任命的官员相对于职业官僚和非政府人员，有着更大的可能性扮演政策企业家的角色②。

第四，政策企业家常常具有三种类型的素质③。其一，政策企业家具有某种听证权，能够使自己的意见真正受到关注。这种听证权一般来源于以下因素中的一种：专长；代表他人发言的能力，例如一个强大利益集团的领袖就是如此；一个权威性的决策职位，例如总统职位或一个国会委员会主席职位。其二，政策企业家具有良好的政治关系和谈判技能。其三，政策企业家具有坚忍不拔的意志，为了将自己所倡导的政策主张推向政府的决策议程，他们会付出不懈的努力。

倡导联盟理论和多源流理论都强调了特定群体或个体在政策变迁中的作用，其中倡导联盟理论强调的是倡导联盟的作用，而多源流理论强调的则是政策企业家的作用。不论是倡导联盟还是政策企业家，要想将自己所支持的政策主张转变为公共政策，都必须抓住政策变迁的机会。

二、多源流理论对政策变迁的解释

(一)多源流理论对政策变迁的解释逻辑

Kingdon 认为，"一个项目被提上议程是由于在特定时刻汇合在一起的多种因素共同作用的结果，而并非它们中的一种或另一种

---

① [美]约翰·W. 金登. 议程、备选方案与公共政策(第2版)[M]. 北京：中国人民大学出版社，2004：226.

② Kamieniecki, S. Testing Alternative Theories of Agenda Setting: Forest Policy Change in British Columbia, Canada[J]. Policy Studies Journal, 2000, 28(1)：176-189.

③ [美]约翰·W. 金登. 议程、备选方案与公共政策(第2版)[M]. 北京：中国人民大学出版社，2004：227-228.

因素单独作用的结果"①。首先，任何一项公共政策都是由特定的政策主张或政策建议转化而来的，没有适当的、可行的、准备充分的政策主张与政策建议，即便现实中存在着政策变迁的机会与愿望，人们也难以确定应将什么样的政策方案提上政策议程，相应地，政策的变迁也就无法实现。其次，任何一项公共政策的存在都是出于解决特定问题的需要，如果一项政策主张不能明确其所要解决的问题，那么这项政策主张就会被认为是不必要的，相应地也不会被提上政策议程进而被转化为公共政策。因此，除了政策主张之外，问题也是影响政策变迁的一个重要因素，政策变迁的实现离不开政策主张与问题的结合，或者说离不开政策源流与问题源流的汇合。再次，在政策主张与问题实现了结合的情况下，如果没有适宜的政治环境和政治氛围，那么政策主张也不可能引起决策者的重视，这种政策主张也就不可能转化为公共政策。

总而言之，政策变迁是多种因素共同作用的结果，这些因素包括政策主张、问题以及政治形势，缺少其中任何一种因素都难以实现政策的变迁。当然，这里的共同作用是指政策主张、问题和政治形势三者之间的有机结合，或者说是政策源流、问题源流和政治源流三者的交汇，当三条源流交汇时，政策的变迁最容易发生②，因为这时政策变迁所需要的主要条件均已具备，促成政策变迁的各种力量在相互叠加的基础上相当强大。

然而，三条源流的交汇并不仅仅取决于人们的主观愿望和主观努力，三条源流能不能实现交汇，在 Kingdon 看来，首先要取决于客观的条件是否具备，而客观条件的具备则表现为政策之窗的打开。在政策之窗闭合的情况下，三条源流根本不存在汇合的希望，人们促使三条源流实现联结的努力和尝试就成为徒劳。不过，关于政策之窗究竟有没有打开或者何时会打开，人们也可能会判断失

①　[美]约翰·W. 金登. 议程、备选方案与公共政策(第2版)[M]. 北京：中国人民大学出版社，2004：225.

②　Kingdon, J. W. Agendas, Alternatives, and Public Policies (Second Edition)[M]. New York, NY：Harper Collins, 1995：19.

误，于是有些人在机会没有到来时一次又一次地推出其所倡导的政策主张，而有些人则可能对已经到来的机会漠然视之。

关于政策之窗为何会打开，前文已有所提及。政策之窗的打开总体上是出于两种原因：一是问题源流内发生了变化，比如某种危机事件的发生而使有关问题成为人们关注的焦点，在这种情况下打开的政策之窗被称为"问题之窗"；二是政治源流内发生了变化，比如新政府的当选并由此带来了新的政治理念，在这种情况下打开的政策之窗被称为"政治之窗"。

政策之窗的打开使三种源流的交汇具有了可能性，但三种源流的交汇要成为现实，还离不开政策企业家的大力推动作用（表现为政策企业家积极从事倡议活动和经纪活动）。一般来讲，政策企业家首先将政策主张附着于问题之上，然后再将问题与答案这两者与特定的政治背景结合起来①。如果政策之窗是由于某一问题的凸显而打开的，政策企业家一般会将政策主张附着于这个问题之上；如果政策之窗是由于政治背景的变化而打开的，政策企业家则会将政策主张附着于那种因政治背景的变化而受到重视的问题之上。在政策主张与问题结合起来之后，政策企业家还要促使自身所倡导的政策主张获得决策者的认可和接受，并要确保自己声明所要解决的问题真正得到了决策者的关注，否则，政策源流与问题源流两者就不会实现与政治源流的结合。当然，当政策企业家真正抓住了政策之窗开启的机会并有效实现了政策源流与问题源流的结合时，政策源流和问题源流两者是比较易于实现与政治源流的结合的。

因此，政策之窗的打开只是政策变迁的一个必要条件而非充分条件，政策之窗的开启并不意味着三条源流的自动联结，也不意味着政策变迁的自动实现，政策变迁的实现还要依赖于政策企业家必不可少的推动与促进作用。由此我们可知，政策变迁是政策企业家有效利用了政策之窗的打开这一机会的结果。

基于以上分析，我们可以梳理出多源流理论对政策变迁的解释

① ［美］约翰·W. 金登. 议程、备选方案与公共政策（第2版）［M］. 北京：中国人民大学出版社，2004：24.

逻辑：

> 问题源流或政治源流发生显著变化→政策之窗打开→政策
> 企业家有效利用机会→三条源流实现联结→政策变迁发生

(二)多源流理论对政策变迁的解释框架

在对多源流理论的核心概念及这一理论对政策变迁的解释逻辑
进行了梳理之后，我们可以将多源流理论对政策变迁的解释框架用
图 2-2 表示出来。

为了更好地理解这一解释框架，我们作出以下几点说明：

(1)政策变迁的发生既需要客观条件的具备(政策之窗的打
开)，也离不开政策企业家的主观努力(表现为积极从事倡议活动
和经纪活动)，而政策企业家的主观努力又是以客观条件的具备为
前提的。

(2)客观条件存在于政策企业家的控制之外，政策之窗的开启
也不依赖于政策企业家的主观意愿，因此政策变迁的机会主要不是
由政策企业家创造的，而是由外部诱因引起的，外部诱因的出现成
为政策变迁的触发器。

(3)客观条件的具备表现为政策之窗的打开，政策之窗又分为
问题之窗和政治之窗两种，不论是问题之窗的打开还是政治之窗的
打开，都意味着客观条件的具备，都能为政策企业家提供促使政策
发生变迁的机会。不同类型的政策之窗的打开是由不同的因素引起
的，其中使问题之窗得以打开的因素包括指标的显著变化(比如失
业率的大幅上升)、危机事件的发生、负面政策效果的反馈等，使
政治之窗得以打开的因素包括公共舆论的转变、新政府的当选等。
这些因素即可被视为引起政策变迁的外部诱因。

(4)政策的变迁是多种因素共同作用的结果，适宜的政策主
张、问题及政治背景对于政策变迁的实现都显得不可或缺，同时这
些因素还要有机地结合在一起，而这些因素的结合之所以成为可
能，是因为政策之窗的打开；之所以成为现实，则是由于政策企业
家的大力推动和促进作用。

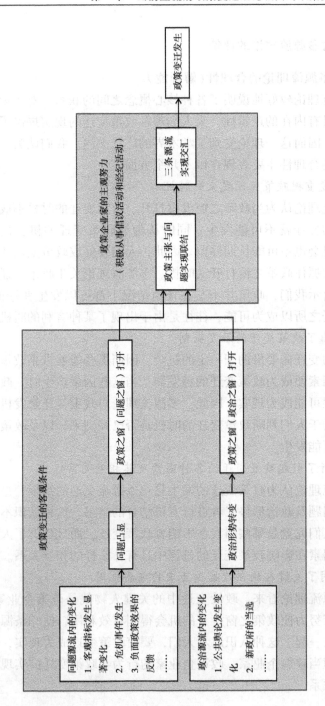

图2-2　多源流理论对政策变迁的解释框架

三、对多源流理论的评价

（一）多源流理论的合理性（解释能力）

多源流理论较好地说明了各种核心概念之间的联系，对政策变迁的解释具有内在的逻辑性，为人们理解政策变迁的现实提供了有益的启迪，因而这一理论受到了学术界的广泛关注。我们认为，多源流理论的合理性主要表现在以下几个方面：

1. 高度重视政策变迁发生的时机

多源流理论认为当政策之窗没有打开、政策变迁的时机不成熟时，政策的变迁就不可能发生；同时认为当政策变迁的机会出现时，这种机会也不可能长期停留。因此，人们要促成政策变迁的实现，就必须抓住政策之窗打开的时机。多源流理论关于政策变迁时机的认识启示我们，政策并不是在任何情况下都可以发生变迁的，政策的变迁之所以成为可能，往往是由于出现了某种有利的时机。

2. 指出了政策变迁的触发机制

政策的变迁需要借助于一定的机会，因而那些能够带来政策变迁机会的因素便成为政策变迁的触发器。当这些因素产生时，政策的变迁就很可能成为现实。因此，多源流理论对政策变迁触发机制的分析有助于人们判断政策变迁的时机是否已经到来，以及政策的变迁是否可能发生。

3. 分析了引起政策变迁的各种因素及其相互关系

多源流理论认为政策变迁的发生是三条源流交汇的结果，是政策主张、问题及政治形势三者进行有机结合的结果。这种认识不仅能够告诉人们究竟是哪些因素在影响着政策变迁，而且告诉了人们这些不同因素在影响政策变迁的过程中具有什么样的相互关系。

4. 阐明了关键人物在政策变迁中的重要作用

在多源流理论看来，政策变迁中的关键人物就是政策企业家，政策企业家努力使政策之窗打开的机会得到有效利用，使三条源流真正联结在一起。这种认识启示人们，要使政策变迁成为现实，就必须有人担当政策企业家，政策企业家的行为与政策变迁的实现具有密切的联系。

　　5. 比"阶段启发法"更进一步地揭示了政策过程的复杂性

　　"阶段启发法"(stages heuristic)是一种教科书式的政策过程分析方法，一般是将政策过程分为前后相继、环环相扣的几个阶段，如 Lasswell 将政策运行过程分成 7 个阶段①，分别为情报(intelligence)、提议(promotion)、规定(prescription)、合法化(invocation)、应用(application)、终止(termination)、评估(appraisal)；戴伊(Thomas R. Dye)在其所著的《理解公共政策》一书中将政策过程划分为 6 个阶段，分别为问题界定、议程设置、政策形成、政策合法化、政策执行与政策评估②。阶段分析法有助于人们对政策过程形成一个直观和清晰的认识，但这种分析方法也对政策过程的现实进行了很大程度上的简化，而不足以揭示现实中政策过程的复杂性。多源流理论则采用了一种非线性的分析方式，它并不认为人们是在问题出现后才去制订方案，而是认为在很多情况下人们恰恰是为已经存在的政策主张去寻求可以附着其上的问题。这种认识比较客观地反映了相关实际，也更进一步地揭示了政策过程的复杂性。

　　(二)多源流理论的局限性(应用限度)

　　多源流理论对政策变迁具有较强的解释能力，但它在以下几个方面也显现出自身的局限性：

　　1. 多源流理论只能解释一部分或特定的政策变迁情形

　　现实中的政策变迁情形是多种多样的，并不是每一种政策变迁情形都合乎多源流理论对政策变迁的解释逻辑。比如，一些政策变迁只是表现为对既往政策的改进，这种政策变迁是决策者从过去的经验中进行学习的结果，而不是政策企业家抓住机会将已有的政策主张推上政策议程的结果。因此，对于多源流理论，我们的态度也只能是借鉴，从而吸收其中有价值的成分。

---

　　① Lasswell, H. D. The Decision Process [M]. College Park：University of Maryland Press，1956.

　　② [美]托马斯·R. 戴伊. 理解公共政策(第 11 版)(影印版)[M]. 北京：北京大学出版社，2006：32.

2. 多源流理论未对政策变迁的幅度和轨迹作出分析

多源流理论没有对政策变迁在幅度上予以区分，相应地，也没有分析何时会发生较大幅度的政策变迁以及何时会发生较小幅度的政策变迁。这就使多源流理论所描述的政策变迁模式具有一定的单一性。另外，通过多源流理论，人们也难以对政策变迁的轨迹有所把握。在多源流理论看来，下一个被提上政策议程的政策主张可能与现有的政策并不具有什么联系，同时对于下一个被提上政策议程的政策主张会涉及哪些问题也具有很大的不确定性。因此，在不同时间内出现的政策处于一种相互离散的状态，人们相应地也就无法描述出政策变迁的轨迹以及寻找出政策变迁的规律。

第三节　间断均衡理论及其对政策变迁的解释

20 世纪 90 年代初，Baumgartner 和 Jones 提出了间断均衡理论（Punctuated Equilibrium Theory，简称 PET），这一理论已被应用于对预算、核能、农药等政策的分析当中①，成为一种被广泛接受的公共政策理论②。间断均衡理论同倡导联盟理论等一样，也是在美国的政治制度背景下孕育出来的。这一理论指出了美国政策的变迁过程具有间断均衡的特征，并致力于对这一特征作出解释。

一、间断均衡理论的核心概念

间断均衡理论的核心概念主要有间断均衡、政策图景、制度设

---

① Jones, B. D., Baumgartner, F. R. Policy Punctuations: U. S. Budget Authority [J]. Journal of Politics, 1998, 60: 1-33; Jordan, M. M. Punctuations and Agendas: A New Look at Local Government Budget Expenditures [J]. Journal of Policy Analysis and Management, 2003, 22(3): 345-360; Walgrave, S., Varone, F. Punctuated Equilibrium and Agenda-Setting: Bringing Parties Back in: Policy Change after the Dutroux Crisis in Belgium [J]. Governance: An International Journal of Policy, Administration, and Institutions, 2008, 21(3): 365-395.

② Robinson, S. E., Caver, F. R. Punctuated Equilibrium and Congressional Budgeting[J]. Political Research Quarterly, 2006, 59(1): 161-166.

施、政策垄断等。

(一)间断均衡

间断均衡(punctuated equilibrium)原本是生物学中的概念,被用于描述生物进化的过程。Baumgartner和Jones将这一概念借用到了对政策过程的分析中来,认为政策变迁的过程也具有间断均衡的特征,我们可以从以下方面对间断均衡作进一步的解释:

第一,均衡意味着一种稳定状态,政策变迁过程中的均衡意味着政策保持了相对的稳定。稳定并不是绝对静止、毫无变化,绝对的稳定事实上是不存在的,政策的稳定主要是指政策在变迁过程中,后续政策只是对先前的政策作了小规模或边际意义上的调整。因此,在政策变迁过程中的均衡时期,政策也在发生着变化,但这种变化是小幅度的,政策变迁的轨迹总体上也是平滑的。

第二,间断是对均衡状态或稳定状态的打破,政策变迁过程中的间断意味着政策发生了大幅度的改变。大幅度的政策变迁使新的政策脱离了既定的政策变迁轨迹①,从而使政策变迁的过程出现了间断。

第三,在政策的变迁过程中,既存在着小幅度的变迁,又存在着大幅度的变迁,政策的变迁并不单纯地表现为某一种形式。但是,相对于小幅度的政策变迁,大幅度的政策变迁是较少发生的,也就是说,在政策变迁过程的大部分时间内,政策变迁都表现为小幅度的调整,因而政策在大部分时间内都保持着相对的稳定,这种稳定只被短期内的大幅度政策变迁所打断。需要注意的是,在大幅度的政策变迁发生之后,政策会重新进入稳定和均衡的时期,但这种稳定并不同于大幅度政策变迁之前的稳定,而是一种建立在大幅度政策变迁基础之上的新的稳定。

---

① 如果在一定时期内所发生的政策变迁都是小幅度的,那么在这个时期内产生的一系列政策可以用一条大体上平滑的曲线(直线是特殊的曲线)连接起来;如果将这条曲线予以延展,则可以形成一条政策变迁的趋势线,那么相对于原有政策发生了大幅度改变的政策是不可能位于这条趋势线之上的,因为在这条趋势线上,相邻政策之间的变化幅度都是被控制在一定范围之内的。

为了更清晰地说明政策变迁过程的间断均衡特征，我们用图2-3来表示不同幅度的政策变迁发生的频次，用图2-4来表示政策变迁过程中的均衡与间断。

图2-3反映的是在一定时期内不同幅度的政策变迁各自发生的频次。在这个时期内大大小小的政策变迁共发生了70次，其中有67次的变迁幅度在(-12%，12%)这个区间之内，还有3次的变迁幅度落在了(-100%，100%)这一区间之外。如果将变迁幅度在(-12%，12%)这个区间之内的政策变迁视为小幅度的政策变迁，那么小幅度的政策变迁次数占总政策变迁次数的96%，而变迁幅度在(-100%，100%)这一区间之外的政策变迁次数只占总政策变迁次数的4%。

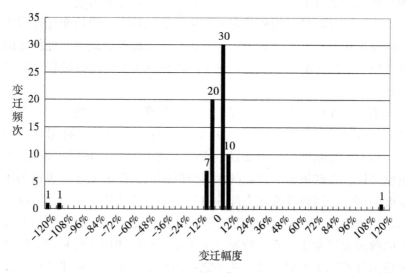

图2-3　不同幅度的政策变迁发生频次

在图2-4中，横轴上的t_0、t_1、t_2、t_3、t_4、t_5表示的是特定的时间点，以两个时间点为端点的区间则表示特定的时间段；纵轴则可以反映出政策变迁的幅度。

在$(t_0，t_5)$这一时间区间内，政策的变迁轨迹发生了一次断裂，或者说政策变迁的过程发生了一次间断。在t_3这个时点上，过大的

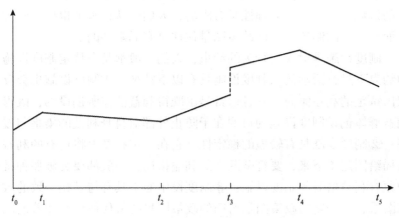

图 2-4　政策变迁过程中的均衡与间断

政策变迁幅度使新的政策脱离了既定的政策变迁轨迹，相应地，政策变迁过程也出现了间断。在其他的时点上，政策都保持了相对的稳定，政策的变迁也是小幅度的。不过，在政策变迁过程的均衡期中，有些时间点仍具有关键意义，比如 t_1 的出现意味着政策变迁的幅度会变小、速度会放缓，同时政策变迁的幅度也从正值转变为负值；t_2 的出现意味着政策变迁的幅度会变大、速度会加快，同时政策变迁的幅度也从负值转变为正值；t_4 的出现意味着政策变迁的幅度会变大、速度会加快，同时政策变迁的幅度也从正值转变为负值。需要注意的是，在 t_1、t_2、t_4 这些关键时点上，旧政策向新政策的转变并没有使政策变迁的过程发生间断，政策变迁的轨迹仍是连续的。

（二）政策图景与制度设施

政策图景（policy images）是人们对某个具体领域内公共政策的一种总体设想，这种设想涉及公共政策应当服务于什么利益以及公共政策应当具有什么内容。政策图景具有以下特点：①政策图景属于人们的观念范畴，人们总是在按照自己所形成的政策图景来从事政策活动，力图将这种政策图景转变为政策现实；②政策图景与特定的利益具有密切关系，人们是根据自身的利益来形成政策图景的，政策图景也往往反映出人们的利益所在；③政策图景体现了人们的认识水平，而人的理性是有限的，人们的认识水平也要受到方方面面因素的制约，因此政策图景往往是有局限性的。

制度设施是对人们行为的约束，人们一般都是在特定制度设施的约束下进行活动的。制度设施具有以下特征：①制度设施也会反映出特定的利益倾向，并且通常是由既得利益群体所创设的，既得利益群体创设制度设施的目的在于防止外部对自身利益的染指与侵害；②制度设施具有较强的稳定性，它在一定程度上将现有的利益格局给固定了下来，要打破既有的利益格局，一般都要突破那种维护原有利益格局的制度设施；③制度设施通常具有与其相一致的政策图景，一个新的政策图景对旧的政策图景的替代往往意味着旧的制度设施已被突破而新的制度设施将会产生。

(三)政策垄断

政策垄断(policy monopolies)是指政策制定中由最重要的行为者所组成的集中的、封闭的体系，垄断者热衷于把政策制定封闭起来，因为在一个封闭的体系中，垄断者可以通过各种形式对政策进行控制①。为了更好地理解这一概念，我们作如下几点说明：

第一，政策垄断者具有特定的政策图景，在这种政策图景的支配下，他们不会对政策作大幅度的改变。

第二，政策垄断者对于外来的参与者持排斥态度，以巩固自身的垄断地位并避免既有政策发生与自己的政策图景不相一致的变化。

第三，政策垄断的形成与人的有限理性相关②，也与制度设施的约束作用相关③。就人的有限理性而言，人们不可能对所有的政策议题都给予密切的关注，在那些人们相对忽视的政策领域中，就

---

① 陈庆云，鄞益奋. 西方公共政策研究的新进展[J]. 国家行政学院学报，2005(2)：79-83.

② Jones, B. D. Politics and the Architecture of Choice：Bounded Rationality and Governance[M]. Chicago：University of Chicago Press, 2001.

③ Jones, B. D., Larsen, H., Sulkin, T. Policy Punctuations in American Political Institutions[J]. American Political Science Review, 2003, 97(1)：151-169.

缺乏足够的参与者并容易形成政策垄断，从而使政策的制定与变革被少数人所控制；就制度设施的约束作用而言，制度设施的约束会使人们不得不为打破政策垄断而付出可观的成本，其中包括决策成本、交易成本和信息成本等，因而制度设施对于政策垄断的存在具有一定的维护作用。另外，Baumgartner 等人也指出，认知方面的因素比制度方面的因素对于政策垄断的存在和间断均衡的形成具有更重要的作用①。

第四，政策垄断会在较长的时间内存在，当一个政策垄断被打破后，另一个新的政策垄断又会形成。

二、间断均衡理论对政策变迁的解释

(一)间断均衡理论对政策变迁过程均衡状态的解释逻辑

无论是公众还是政府，其注意力(attention capabilities)都是有限的②，而现实中的政策议题或具体的政策领域则是复杂多样的。因此，公众与政府都只可能关注有限的政策议题，而不会将所有的政策议题都视为是重要的。一项政策议题受到关注的机会并不很多，当这项议题不被关注时，人们也就不会对它进行重新思考和重新处理，与这项议题相关的既有政策便被延续了下去，而难以发生大幅度的变迁。

一项政策议题不受关注还不能很深刻地说明为什么有关政策会保持相对稳定，要更深入地理解政策的相对稳定性，我们还需着眼于政策垄断进行分析。前文已经指出，政策垄断者形成了对既定政策领域的操控，而这种现象之所以产生，更进一步分析起来，主要有以下几个方面的原因：第一，外部缺少对该政策领域及其中的既有政策的关注，相应地，也缺乏变革该政策领域内既有政策的强烈

---

① Baumgartner, F. R., Foucault, M., Fançois, A. Punctuated Equilibrium in French Budgeting Processes[J]. Journal of European Public Policy, 2006, 13(7): 1086-1103.

② Jones, B. D., Baumgartner, F. R. Representation and Agenda Setting[J]. The Policy Studies Journal, 2004, 32(1): 1-24.

要求；第二，在既有政策的作用下，既定的利益格局已经形成，政策垄断者通常也是既得利益(vested interest)的享有者，为了维护自身的既得利益，他们会千方百计地排除外来力量的影响，如通过设置一定的制度设施来作为抵御外来力量影响的屏障；第三，政策变迁同制度变迁一样，也存在着路径依赖(path dependence)的作用，而路径依赖则意味着政策和制度具有保持稳定的倾向，因此路径依赖也为政策垄断的形成创造了条件。

如果说政策议题不受关注是相关政策保持稳定的客观原因，那么政策垄断者的操控则是相关政策保持稳定的主观原因。当然，议题不受关注与政策垄断也存在着一定的相关性，两者是彼此强化的。

政策议题是不常受到关注的，一个被处理过的议题可能在多年以后才会重新引起人们的重视；同时，政策垄断又是可以在较长时间内存在的，政策垄断形成后并不会被轻易打破。这样政策便会在一个比较长的时期内保持稳定，也就是说政策会长期处于均衡状态。另外，政策处于均衡状态并不意味着政策不会发生任何变动，只不过这时的变动是在原有政策的基础上进行的微小调整，在政策处于均衡状态的情况下，政策仍是可以处在变迁过程之中的(即政策的稳定是相对的)，因而政策处于均衡状态也意味着政策变迁过程中的均衡状态，并且这种均衡是整个政策变迁过程中的常态。

基于以上分析，我们可以梳理出间断均衡理论对政策变迁过程均衡状态的解释逻辑：

外部环境在常态下保持稳定→"议题较少受关注＋政策垄断"→政策保持相对稳定→政策变迁过程呈现均衡状态

(二)间断均衡理论对政策变迁过程间断情况的解释逻辑

既然外部的较少关注和政策垄断的存在是政策变迁过程出现均衡状态的两个重要条件，那么这两个条件的变化也就很可能使均衡状态被打破，相应也就使政策变迁的过程被间断了，表现在政策变迁的轨迹上就是断裂的出现。

　　而外部又是怎样对特定的政策议题或政策领域引起关注的呢？外部事件或焦点事件的发生是一个重要的原因①（意味着外部环境的变化），这种事件的发生使得人们的注意力集中到了相关的政策议题上来。比如，"9·11"事件的发生，使得美国政府和公众对国家安全政策引起了极度关注；又比如，2007年的美国次贷危机及随后的金融危机，则将美国政府与公众的更多注意力吸引到了经济安全和经济政策上面。此外，不同的政策议题客观上都在竞争着公众与政府的有限注意力，公众和政府在一个政策议题上的注意力提高了，在其他政策议题上的注意力就很可能会下降；反之，公众和政府对一个政策议题的关注程度下降了，相应就可以用更多的注意力去关注其他的政策议题。因此，公众和政府对一个政策议题的关注状况如何，还取决于公众和政府对其他政策议题的关注程度。如果一个原来非常受关注的政策议题被公众和政府淡化了，那么其他议题受到关注的机会就增多了②。比如，在教育、能源、住房、劳工、福利、健康、民权等一系列政策议题中，1978年有78%的美国人认为经济议题是最重要的，1993年这一比例上升到了83%，到了2000年，这一比例则下降到了最低点20%（原因在于当时美国经济的繁荣），而经济议题受关注程度的大幅下降则使福利、教育、健康等议题受到了更多的关注③。

　　外部关注程度的提高又常常会引起政策垄断的打破，因为外部关注度的提高会促使更多的人涌入和参与到公共政策的制定中④，

---

①　Baumgartner, F. R., Jones, B. D. Agendas and Instability in American Politics[M]. Chicago: University of Chicago Press, 1993: 23.

②　Jones, B. D., Baumgartner, F. R. Representation and Agenda Setting[J]. The Policy Studies Journal, 32(1): 1-24.

③　Jones, B. D., Baumgartner, F. R. Representation and Agenda Setting[J]. The Policy Studies Journal, 2004, 32(1): 1-24.

④　Baumgartner, F. R., Jones, B. D. Agendas and Instability in American Politics[M]. Chicago: University of Chicago Press, 1993: 21; Lowry, W. Potential Focusing Projects and Policy Change[J]. The Policy Studies Journal, 2006, 34(3): 313-335.

在这种强大力量的冲击面前，政策垄断者是很难抵挡的，常常不得不放弃原来固守的封闭的政策垄断边界。而更多人的参与则会带来新的政策图景，当新的政策图景代替了旧的政策图景后，大幅度的政策变迁便会发生，由此引起政策变迁过程的间断。另外，由于外部环境的重大变化是不常发生的，因而政策变迁过程也只是偶尔才被间断。

　　基于以上分析，我们可以梳理出间断均衡理论对政策变迁过程间断情况的解释逻辑：

　　　　外部环境偶尔发生重大变化→议题受外部关注的程度提高→更多参与者进入→政策垄断被打破→新的政策图景代替旧的政策图景→政策出现大幅度变迁→政策变迁过程的间断

(三)间断均衡理论对政策变迁的解释框架
　　在以上分析的基础上，我们可以将间断均衡理论对政策变迁的解释框架用图 2-5 表示出来：

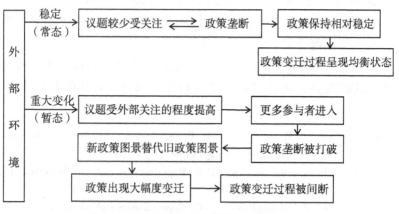

图 2-5　间断均衡理论对政策变迁的解释框架

下面我们对该图作几点说明：
(1)一个政策议题或政策领域受到关注的程度与外部环境的状

况有着密切联系，当外部环境保持稳定时，一个原来不被关注的政策议题就很难会有被加以重视的机会；当外部环境发生了重大变化时(如外部事件或焦点事件的发生)，一个政策议题所受到的关注程度就可能会得到大幅度的提高。

(2)外部的较少关注与政策垄断两者是相互增强的，它们共同使得政策保持相对稳定，并使政策的变迁过程呈现均衡状态。

(3)外部关注程度的提高引起了更多参与者的进入和政策垄断的打破，这为新的政策图景替代旧的政策图景创造了条件，并最终引发了大幅度的政策变迁和政策变迁过程的间断。

(4)外部环境的稳定是常态，重大变化是暂态，这使得政策变迁过程中的均衡状态是长期的，而政策变迁过程中的间断情况则是偶尔出现和短期的。

三、对间断均衡理论的评价

下面，我们将从合理性与局限性两个方面来对间断均衡理论作出评价。

(一)间断均衡理论的合理性(解释能力)

总体来看，间断均衡理论的合理性主要表现在以下方面：

1. 描绘了政策变迁的轨迹

间断均衡理论指出，政策的变迁一般是连续的，只是在个别情况下才会出现跳跃现象，因而政策变迁的轨迹很少发生断裂，在大部分时间内，政策的变迁过程都处于均衡状态，只是偶尔才被大幅度的政策变迁所间断。间断均衡理论对政策变迁轨迹的描绘有助于人们把握政策变迁的规律性，同时也体现出这一理论相对于多源流理论的一个重大区别。

2. 指出了不同类型政策变迁之间的关系

同倡导联盟理论一样，间断均衡理论也对政策变迁的类型作了区分，认为有一部分政策变迁是小幅度的，而另一部分的政策变迁则是大幅度的。另外，间断均衡理论还指出，在一般情况下，政策的变迁都表现为小幅度的变迁，大幅度的政策变迁则会中断先前的小幅度变迁过程，而在短时期内的大幅度变迁之后，政策又会进入一个新的相对稳定时期。这就在一定程度上指出了大幅度政策变迁与小幅度政策变迁之间的关系。

3. 指出了外部参与对于更新政策图景的重要意义

间断均衡理论认为，外部参与的不足使得政策垄断（事实上也是封闭的政策网络）得以维持，也使得新的政策图景不能引入，因此，要引入新的政策图景和实现相应的政策变迁，就必须动员更多的外部参与，就必须打破封闭的政策网络边界。我国有学者通过对住房政策的研究，也指出了外部参与对于政策革新的重要性①。

4. 分析了人的有限理性对政策变迁的影响作用

间断均衡理论吸收了西蒙（Herbert A. Simon）关于有限理性的思想，并将这一思想应用于对政策变迁的分析中来。间断均衡理论认为，由于公众和政府的理性有限、注意力有限，一项政策议题受到关注的机会并不很多，而当这项议题不受关注时，它就有保持稳定的倾向；只有当这项议题受到重视时，它才会被加以处理，相应的大幅度政策变迁也才会成为可能。因此，政策的变迁与人的有限理性有着密切关系，政策的变迁也可以从人的有限理性上得到解释。

（二）间断均衡理论的局限性（应用限度）

我们认为，间断均衡理论具有以下几个方面的不足之处：

1. 间断均衡理论忽视了均衡时期政策网络中存在的冲突

间断均衡理论认为均衡时期的政策网络表现为政策垄断，在这一政策网络内，不存在与政策垄断者的政策图景不相一致的政策图景，也不存在与政策垄断者的政策主张不相一致的政策主张，而这在很大程度上是因为对于政策垄断者所控制的政策领域，政策垄断者之外的群体根本就不予关注。然而，在现实中，不少政策领域或政策议题即便没有受到充分的关注，但围绕着这些政策领域或政策议题也会存在不同的意见甚至是明显的争议；另外，即便有些群体能够操控相关领域内的政策制定，但这也不意味着没有人试图挑战

---

① 朱亚鹏. 中国住房领域的问题与出路：政策网络的视角[J]. 武汉大学学报（哲学社会科学版），2008(3)：345-350.

政策垄断者的观念与主张。间断均衡理论并没有对以上冲突作充分的考虑，而是更多地强调了政策领域在不受外部关注的情况下政策垄断者的作用。这就说明了间断均衡理论对某些客观现实有所忽略，因而也不适于解释所有的政策变迁情形，这一理论所能解释的政策变迁情形也是特定的。

2. 过于突出了人们的关注对于政策变迁的作用

在间断均衡理论看来，人的有限理性决定了人们注意力的有限性，人们在一个政策领域内分配的注意力越多，那么在其他政策领域内分配的注意力就会越少，而在不受关注的政策领域内，政策就难以发生大幅度的变迁。然而，人们的重视并不必然会引起显著的政策变革，政策保持稳定也未必就意味着相关的政策领域不受人们关注，因为政策的变迁要受到多方面因素的影响，人们的关注只是其中的一个因素。另外，在人们注意力的分配上，两个政策领域也不一定就会呈现出一种零和博弈关系，有时一个政策领域受到关注恰恰会引起人们对另一个政策领域的关注。

通过以上分析，我们可知，当前三种主流的政策变迁理论都具有较强的解释能力，但它们同时又有着自身的局限性和应用限度，它们所能解释的政策变迁情形都是特定的①，并不适合直接用于解释改革开放以来我国住房政策变迁的实际。因此，在本书的研究中，我们不准备直接借用倡导联盟理论、多源流理论和间断均衡理论各自对于政策变迁的解释框架，而是试图在借鉴三种政策变迁理论的基础上，对政策变迁的轨迹与动力作出自己的理论分析，进而为具体分析改革开放以来我国住房政策变迁的轨迹与动力提供理论基础。在下面一章，我们就来对政策变迁的轨迹与动力进行理论分析。

---

① 还有一些学者表达了类似的观点。参见：[美]保罗·A. 萨巴蒂尔. 寻求更好的理论[M]//[美]保罗·A. 萨巴蒂尔. 政策过程理论. 上海：三联书店，2004：8；胡宁生. 中国社会转型中战略变迁的公共政策学解释——西方公共政策非线性过程理论的中国应用[J]. 江海学刊，2006(1)：85-90.

本 章 小 结

　　倡导联盟理论、多源流理论和间断均衡理论是当前三种主流的政策变迁理论，它们分别从不同的角度对政策变迁进行了解释。倡导联盟理论将政策变迁分为重大政策变迁和小幅政策变迁两类，认为两类政策变迁分别具有不同的发生机制，其中重大政策变迁的发生是由于外部事件的冲击以及由此带来的居于主导地位的倡导联盟的更替和核心政策观念的变化；其中小幅政策变迁的发生是由于倡导联盟之间的互动或政策效果的反馈所引起的政策学习以及次级政策观念的变化。多源流理论认为政策变迁是客观条件与主观努力共同作用的结果，客观条件指政策之窗的打开，政策之窗又分为问题之窗和政治之窗，问题之窗的打开是由于问题源流内的变化，政治之窗的打开是由于政治源流内的变化，政策之窗的打开使政策源流、问题源流和政治源流三者具有了结合的可能，为政策变迁提供了机会；主观努力指政策企业家对政策变迁机会的把握和利用，政策企业家在政策之窗打开之时，通过一系列的倡议活动和经纪活动，努力实现三条源流的联结，从而将自己所拥护的政策主张转变为具有合法性的公共政策，并实现相应的政策变迁。间断均衡理论指出政策变迁过程具有长期的稳定与均衡被偶尔间断这一特征，均衡状态的形成是由于人们对相关的政策领域或政策议题缺乏关注和政策垄断的存在；间断的发生则是由于人们对相关政策领域或政策议题关注的提高和政策垄断的打破，而这种关注的提高又是由于外部环境发生了重大变化，外部环境的重大变化是不常发生的，因而政策变迁的过程也只是偶尔被间断，大部分时期都是处于均衡状态。以上三种政策变迁理论均已得到广泛应用，并在众多方面显示出它们强大的解释能力，但它们同时也都存在着局限性，并不足以解释所有的政策变迁情形，因此我们对待这三种政策变迁理论的态度也应是在借鉴的基础上吸收其合理之处，而不是不加分析地予以照搬。

第三章

政策变迁轨迹与动力的理论分析

在借鉴当前三种主流的政策变迁理论的基础上，我们在本章从理论上对政策变迁的轨迹与动力予以分析，为接下来我们分析改革开放以来我国住房政策变迁的轨迹与动力提供理论基础。在本章第一节，我们主要探讨政策变迁轨迹的构成要素，对不同种类的政策变迁(方向性的政策变迁、大幅度的政策变迁和小幅度的政策变迁)进行界定，并对政策变迁轨迹的形态进行描述；在本章第二节，我们主要探寻推动政策变迁得以发生的各种因素，分析这些因素对政策变迁的作用方式，并构建政策变迁的动力分析框架。

第一节　政策变迁轨迹的理论分析

本节首先借鉴相关政策变迁理论关于政策变迁轨迹的分析；其次探讨政策变迁轨迹的构成要素，对不同种类的政策变迁进行界定；最后在以上分析的基础上，对政策变迁轨迹的形态作简要描述。

一、相关主流政策变迁理论对政策变迁轨迹的分析

在上一章所介绍的三种主流政策变迁理论中，多源流理论未对政策变迁的幅度和轨迹作出分析，其余两种政策变迁理论则都从一定的角度对政策变迁的轨迹进行了分析。因此，在这一部分，我们主要探讨倡导联盟理论与间断均衡理论是如何分析和描绘政策变迁轨迹的。

（一）倡导联盟理论对政策变迁轨迹的分析

倡导联盟理论将政策变迁分为重大政策变迁和小幅政策变迁两种类型。重大政策变迁是核心政策观念与政策内核的转变，小幅政策变迁则是次级政策观念与政策工具的变化。当重大政策变迁出现时，由于核心政策观念的变化，新政策相对于旧政策会发生转向，也就是说政策朝着另外一个方向发生了变迁；当小幅政策变迁发生时，核心政策观念与政策内核维持不变，新政策相对于旧政策也不会发生根本性或方向性的改变，也就是说政策是在朝着既定的方向发生了变迁。同时，倡导联盟理论还认为，重大政策变迁是不常发生的，政策一般都是在核心政策观念与政策内核保持稳定的情况下朝着既定的方向演进（这种演进意味着小幅的政策变迁），重大的政策变迁则会将既定的政策演进轨迹扭转到另外一个方向上来。

为了更直观地反映倡导联盟理论的上述思想，我们用图 3-1 来加以说明。

图 3-1 中的横轴表示的是时间，t_0、t_1、t_2 是特定的时间点，以两个时间点为端点的区间代表着特定的时间段；纵轴表示的是政策变迁的方向，由于政策变迁方向的改变从根本上是由于核心政策观念的变化，纵轴的上半部分和下半部分也就分别代表了两种不同的核心政策观念，在这里我们用纵轴的上半部分代表国家干预主义的核心政策观念，用纵轴的下半部分代表经济自由主义的核心政策观念。在 t_0 到 t_2 这一段时间内，政策发生了一次重大变迁（在 t_1 处发生），重大政策变迁的发生使政策演进（或变迁）的方向从国家干预主义转变到了经济自由主义。从 t_0 开始直到重大政策变迁发生之前，政策一直在朝着国家干预主义的方向演进，其间都只是发生了

小幅的政策变迁，前后的政策在核心政策观念上是一致的；从重大的政策变迁发生之后到 t_2，政策一直在朝着经济自由主义的方向演进，其间所发生的政策变迁也都是小幅的，新旧政策在核心政策观念上同样保持了一致。

很显然，重大政策变迁会中断既定的政策演进过程，但在这种中断发生之后，政策会进入下一个较长时期的演进过程，这是因为重大政策变迁不常发生，政策的变迁也不会经常发生方向上的改变。

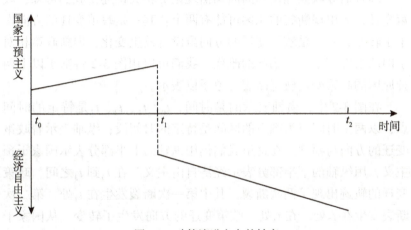

图 3-1　政策演进方向的转变

(二)间断均衡理论对政策变迁轨迹的分析

间断均衡理论认为政策变迁的轨迹一般都是连续而平滑的，只有偶尔才会被间断。政策变迁轨迹之所以会连续，是因为政策的变迁是小幅度的和边际意义上的，政策的变迁总体上没有打破原有政策的稳定性；而政策变迁轨迹之所以会出现间断，是因为发生了大幅度的政策变迁，新政策相对于旧政策不再表现为边际意义上的调整，相反地表现为大幅的跃进。当然，大幅度的政策变迁是很少发生的，否则政策变迁过程也不会长时期地处于稳定状态。

关于上述思想的图示化，可参见第二章的图 2-4。

因此，在间断均衡理论看来，政策变迁的过程是否被间断，主要取决于是否发生了大幅度的政策变迁；而在倡导联盟理论看来，既定的政策变迁轨迹是否被打断，主要取决于是否发生了重大的政策变迁。间断均衡理论所指的大幅度政策变迁与倡导联盟理论所指的重大政策变迁是有区别的，因为重大政策变迁意味着政策变迁方向的改变，正是由于这种方向上的转变，政策变迁的轨迹才出现了断裂；大幅度的政策变迁并没有强调政策变迁方向的转变，它可以是政策朝着同一方向所发生的变迁，只不过这种变迁使新旧政策之间具有了足够大的差别，从而也使政策变迁的轨迹发生了断裂。

综合倡导联盟理论和间断均衡理论的相关论述，我们可知，政策变迁轨迹出现断裂的原因可能有两个：其一是政策变迁的方向发生了转变；其二是政策变迁的方向虽没有发生变化，但新政策相对于旧政策却产生了大幅度的改变。我们可以用图 3-2 将基于以上两种原因的政策变迁轨迹断裂现象予以表示。

在图 3-2 中，横轴表示的是时间，t_0、t_1、t_2、t_3 是特定的时间点，以两个时间点为端点的区间是特定的时间段；纵轴表示着政策变迁的方向与幅度，在这里我们仍用纵轴的上半部分表示国家干预主义，用纵轴的下半部分表示经济自由主义。在 t_0 到 t_3 之间，政策变迁的轨迹出现了两次断裂，其中第一次断裂发生在 t_1 处，第二次断裂发生在 t_2 处。在 t_1 处，政策变迁的方向发生了转变，从国家干预主义转变到了经济自由主义，政策变迁的轨迹因而出现了断裂；在 t_2 处，政策变迁的方向没有发生变化，政策仍是朝着经济自由主义的方向发生变迁，但过大的政策变迁幅度使新的政策脱离了既定的政策变迁轨迹，于是政策变迁的轨迹也出现了断裂。

二、政策变迁轨迹的构成要素

通过对倡导联盟理论和间断均衡理论的借鉴，我们可知：政策变迁究竟会呈现出一个什么样的轨迹，主要取决于两点：一是政策变迁的方向，二是政策变迁的幅度。这也就是说，如果我们明确了一段时间内所发生的一系列政策变迁的方向与幅度，我们就能将这一段时间内的政策变迁轨迹给描绘出来。因此，政策变迁的方向与政策变迁的幅度就成为政策变迁轨迹两个基本的构成要素。

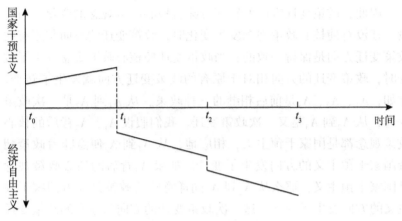

图 3-2 政策变迁轨迹的断裂

（一）政策变迁的方向

任何一次政策变迁都具有一定的方向，而政策变迁的方向有无发生转变则要通过新旧政策的对比来加以判断。如果新政策相对于旧政策发生了根本性的改变，那么我们就可以确定政策变迁的方向发生了变化。何为政策的根本性改变？借鉴倡导联盟理论的观点，我们认为政策的根本性改变就是核心政策观念或者说政策内核的改变。核心政策观念的改变之所以会引起政策变迁方向的变化，是因为不同的核心政策观念具有明显的对立关系，它们本身就代表着不同的方向，比如国家干预主义和经济自由主义这两种不同的核心政策观念就具有方向性的区别。

由于不同的核心政策观念具有相互对立的关系，它们代表着事物的两极，因而人们所分析的某一政策领域内的核心政策观念一般有两种，相应地，可能的政策变迁方向也会有两种，一种是原有的政策变迁方向，另一种是与原有的政策变迁方向相对的新的政策变迁方向。政策变迁方向的变化是可能的，但政策变迁的方向不会发生连续性或经常性的变化，政策变迁方向的连续性或经常性的变化意味着政策极不稳定，大起大落的现象频繁发生，这在现实中一般是不存在的，因为任何政策要发挥作用，都必须具有一定的稳定性。

因此，政策变迁方向的转变意味着核心政策观念的变化，当政策变迁没有使核心政策观念发生变化时，政策变迁的方向与原有的政策变迁方向是保持一致的；当政策变迁使核心政策观念发生了改变时，政策变迁的方向相对于原有的政策变迁方向就发生了转变。比如，A_1、A_2、A_3是前后相继的三种政策，从A_1到A_2是一次政策变迁，从A_2到A_3是又一次政策变迁。我们假设A_1、A_2背后的核心政策观念都是国家干预主义，相应地，从A_1到A_2便意味着政策朝着国家干预主义的方向发生了变迁。如果A_3背后的核心政策观念是国家干预主义，那么从A_2到A_3同样意味着政策是朝着国家干预主义的方向发生了变迁，这一次政策变迁的方向与原有的政策变迁方向(即从A_1到A_2变迁的方向)是一致的；如果A_3背后的核心政策观念变为经济自由主义，那么从A_2到A_3则意味着政策朝着经济自由主义的方向发生了变迁，这一次政策变迁的方向相对于原有的政策变迁方向发生了扭转。

(二)政策变迁的幅度

政策变迁的幅度即政策变迁的规模、政策变迁的大小。倡导联盟理论认为除了重大的或方向性的政策变迁之外，政策的变迁一般都是小幅度的；间断均衡理论则认为即使在政策变迁方向保持不变的情况下，政策变迁的幅度也会存在大小之别。我们认为，任何一次政策变迁不但都具有特定的方向，而且都具有一定的幅度，方向性的政策变迁无疑是大幅度的政策变迁，但大幅度的政策变迁并不只限于方向性的政策变迁。因为政策变迁的方向与政策变迁的幅度是两个不同的要素，政策变迁的幅度并不完全依赖于政策变迁的方向，在方向上没有发生转变的政策变迁也可能是大幅度的。

因此，大幅度的政策变迁就存在两种情况：一是在政策变迁方向发生扭转时必然会产生的大幅度政策变迁，二是在政策变迁方向没有发生变化时可能会产生的大幅度政策变迁。

那么，什么是大幅度的政策变迁？什么是小幅度的政策变迁？如何区分政策变迁幅度的大小？我们认为，政策变迁的幅度主要是体现出新旧政策之间的差异，如果这种差异足够大，那么政策变迁就是大幅度的。总体来讲，新旧政策之间的差异可能有以下几种：①新旧政策具有不同的核心政策观念；②新旧政策具有不同的目标；③新旧政策具有相同的目标，但采用了不同的政策工具。前两种差异都意味着政策变迁是大幅度的，第三种差异则意味着政策变迁是小幅度的。

由于政策变迁大多是小幅度的，我们还可以通过另外一种方式来辨别出大幅度的政策变迁。在大幅度的政策变迁发生之前，存在的是一系列小幅度的政策变迁（大幅度的政策变迁一般是不会连续发生的）。在这一系列的小幅度政策变迁发生期间，任何一组相邻的政策之间都不会有太大幅度的差异，因此我们可以用一条平滑的曲线将所有这些相邻的政策连接起来，再将这条曲线予以延展，我们便可以得出一条政策变迁的趋势线。通过这条趋势线我们可以看出依循既定的政策变迁轨迹，政策在将来会发生什么样的变迁。如果变迁后的政策没有出现在这条趋势线上，那么我们就可以判断这种政策变迁是大幅度的。下面我们借助图 3-3 对上述情况予以进一步的说明。

在图 3-3 中，从 t_1 到 t_4 共发生了三次政策变迁（为了便于说明，我们假定 t_1、t_2、t_3、t_4 这 4 个时间点的间隔是均匀的），分别发生在 t_2、t_3 和 t_4 处。前两次政策变迁的幅度都只有 10%，我们可以用一条直线（特殊的曲线）将 t_1、t_2 和 t_3 所对应的三种政策（即 A_1、A_2 和 A_3）连接起来，将这条直线延展到 t_4，我们可以看出沿着既定的政策变迁轨迹，在 t_4 处会发生多大幅度的政策变迁（也应在 10%左右）。而实际上，t_4 处的政策变迁幅度达到了 100%，于是 t_4 所对应的政策 A_4 远远脱离了政策变迁的趋势线，我们可以确定 t_4 处所发生的政策变迁是大幅度的。

在分析了政策变迁的方向和幅度之后，我们可以对政策变迁轨迹的形态作出进一步的描述。由于方向性的政策变迁和大幅度的政策变迁①都不常发生，那么在方向性的政策变迁或大幅度的政策变

---

① 当本书中的"大幅度政策变迁"与"方向性政策变迁"并列出现时，大幅度的政策变迁主要是指同一方向上的大幅度政策变迁。

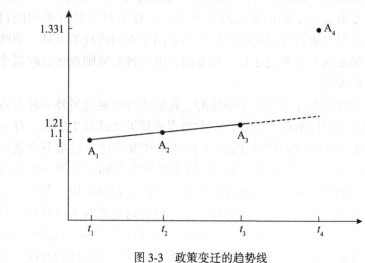

图 3-3　政策变迁的趋势线

迁之前与之后，政策都会在较长的时间内保持稳定，于是相应的政策变迁轨迹就显得连续而平滑。方向性的政策变迁和大幅度的政策变迁会打断原来的政策变迁轨迹，但在方向性的政策变迁或大幅度的政策变迁发生之后，政策又会进入下一个较长的稳定时期。因此，政策变迁的轨迹在大多数时间内都是连续的，这种连续性只被少数的方向性政策变迁与大幅度政策变迁所打破，政策变迁的轨迹总体上具有"间断均衡"的特征。

第二节　政策变迁动力的理论分析

政策变迁的动力是指那些推动政策变迁的因素和力量，对政策变迁的动力进行分析，有助于我们明确究竟是哪些因素在推动和促进着政策的变迁，有助于我们明确政策变迁究竟是怎样发生的。本节首先梳理出三种主流政策变迁理论中所包含的政策变迁动力因素，然后对这些因素进行比较、综合与调整，最后提出一个政策变迁动力分析的理论框架。

一、三种主流政策变迁理论中的政策变迁动力因素

根据上一章的分析，我们可以分别梳理出倡导联盟理论、多源流理论和间断均衡理论中所包含的政策变迁动力因素。

(一)倡导联盟理论中的政策变迁动力因素

倡导联盟理论中的政策变迁动力因素主要有：

1. 社会经济条件的变化

这一因素可以被进一步细分为两个因素：一是社会条件的变化，二是经济条件的变化。前者是指社会发展形势的变化，比如社会问题的增多或减少等；后者是指经济发展形势的变化，比如经济的过热或过冷等。

2. 民意与公共舆论的转变

这一因素主要是指公众观念与认识的变化，比如公众从认为某一事物具有合理性转变到认为该事物不具有合理性，或者反之；再比如公众从认为某一事项具有重要性转变到认为该事项不具有重要性，或者反之。总之，这一因素反映的是公众心理上的变化。

3. 执政者的更迭

这一因素主要是指新的领导人或新政府的当选，比如美国新总统的当选、英国新内阁的上台，以及我国新一届政府的产生。

4. 来自其他政策子系统的影响

这一因素主要是指其他政策领域对某个特定领域内政策的影响作用，比如以限制城乡人口流动为目的的户籍政策松动后，城市义务教育政策就必须作出相应调整，以适应那些来自农村的少年儿童的就学需要。

5. 政策效果的反馈

这里的政策效果反馈主要是指负面政策效果或消极政策效果的反馈[①]，比如政策效果的不良使政策制定者重新对原来的政策方案进行评估，并采取相应的改进措施。

---

① 对此上一章已有分析。

6. 不同倡导联盟之间的互动

这一因素主要是指不同倡导联盟之间的交流、对话与辩论，比如持有经济自由主义观念的一方试图通过辩论来影响持有国家干预主义观念的一方。

(二)多源流理论中的政策变迁动力因素

多源流理论中的政策变迁动力因素主要有：

1. 问题的凸显

这一因素反映着问题的变化情况以及问题的严重性程度。问题的凸显往往会促使人们采取必要的应对措施，比如，基尼系数①(Gini coefficient)的扩大使得收入分配不公问题引起了我国政府的高度关注，由此我国政府也采取了多方面的措施来解决这一问题。

2. 政治形势的变化

多源流理论将这一因素细分为公共舆论的变化和新政府的当选等，而倡导联盟理论也将公共舆论的变化和新政府的当选包括在政策变迁的动力因素之内，对于这两个因素我们在前面已进行了分析。

3. 政策方案的完善

这一因素是指人们找到了针对问题的更好解决办法。更加完善的政策方案的出现会促使旧的政策方案被予以更新；而当更好的政策方案没有产生时，现有的政策就不得不维持原状。

4. 政策企业家的大力推动

这一因素主要是指一些关键人物在政策变迁中的重要作用，比如由于一个政治家的倡议而使某项政策发生了重大转变。

(三)间断均衡理论中的政策变迁动力因素

间断均衡理论中的政策变迁动力因素主要有：

---

①　基尼系数是反映收入分配差距状况的一个指标，基尼系数越趋近于0，收入分配的差距就越小；基尼系数越趋近于1，收入分配的差距就越大。参见：刘毅军. 经济学基础[M]. 北京：石油工业出版社，2006：112。1993 年以来，我国的基尼系数基本都在 0.4 以上，超过了国际公认的基尼系数警戒线。参见：程永宏. 改革以来全国总体基尼系数的演变及其城乡分解[J]. 中国社会科学，2007 (4)：45-60。

1. 外部环境的变化

这一因素包含的内容十分宽泛，它是指政治、经济、社会形势的变化，也指外部事件的发生。

2. 外部关注度的提高

这一因素是指公众和政府对某项政策议题或某个政策领域给予了更多的重视，比如公众和政府认为食品安全成为一个急需加强的领域，这促使了相关政策的出台，以使食品安全问题得到更有效的解决。

二、各种政策变迁动力因素的比较与综合

在分别对倡导联盟理论、多源流理论和间断均衡理论中所包含的政策变迁动力因素进行梳理之后，我们对这些因素予以比较和综合，以进一步明确那些推动政策变迁的可能因素。

为了比较的方便起见，我们用一个表格将三种理论中所包含的政策变迁动力因素进行归纳，如表 3-1 所示：

表 3-1　　　　　　　　**政策变迁动力因素的比较**

	倡导联盟理论	多源流理论	间断均衡理论
政策变迁的动力因素	社会经济条件的变化	问题的凸显	外部环境的变化
	民意与公共舆论的转变	政治形势的变化	外部关注度的提高
	执政者的更迭	政策方案的完善	
	来自其他政策子系统的影响	政策企业家的大力推动	
	政策效果的反馈		
	不同倡导联盟之间的互动		

首先我们来比较倡导联盟理论与多源流理论中的政策变迁动力因素。倡导联盟理论与多源流理论共涉及 10 个政策变迁动力因素，其中执政者的更迭包括在政治形势的变化之中，因此我们在这两个

因素之间只需选择政治形势的变化即可。多源流理论还认为政治形势的变化包括公共舆论的变化，但考虑到公共舆论的变化反映了公众观念和心理上的变化，我们仍将民意与公共舆论的转变和政治形势的变化视为两个相互区别的不同因素。问题的凸显这一因素在多源流理论看来很可能是由社会经济条件的变化或政策效果的反馈所引起的，但考虑到这些因素之间仍存在着显著的差别，我们既不对其中的某一因素予以舍弃，也不对这些因素进行合并。另外，来自其他政策子系统的影响、不同倡导联盟之间的互动、政策方案的完善以及政策企业家的大力推动这 4 个因素是相互区别的，同时，这 4 个因素与社会经济条件的变化、民意与公共舆论的转变、政策效果的反馈、问题的凸显和政治形势的变化这 5 个因素也是相互区别的，因此我们也不需要在这 9 个因素之中进行舍弃与合并。这样，通过对 10 个政策变迁动力因素的比较，我们得到了 9 个可能的政策变迁动力因素。

　　然后我们将所得到的 9 个政策变迁动力因素与间断均衡理论中的两个政策变迁动力因素进行比较。在这 11 个政策变迁动力因素中，外部环境的变化可以分解为社会经济条件的变化、政治形势的变化、民意与公共舆论的转变等因素，因此在考虑了社会经济条件的变化等因素后，我们可以对外部环境的变化这一因素予以舍弃。外部关注度的提高这一因素与我们前面所得出的 9 个政策变迁动力因素是相互区别的，因而我们在这 10 个因素中无需进行舍弃与合并。这样通过上面的比较，我们就进一步得到了 10 个可能的政策变迁动力因素。

三、对政策变迁动力因素的进一步调整

　　下面我们对所得到的 10 个政策变迁动力因素作进一步的分析与调整，以得出一些具有分析意义的政策变迁动力因素。

　　（1）社会经济条件的变化这一因素可以被细分为社会条件的变化和经济条件的变化两个因素，对此我们在前文已经提及。由于社会条件的变化又表现为社会形势的变化，经济条件的变化又表现为经济形势的变化，因此我们最终可以将社会经济条件的变化分解为

社会形势的变化和经济形势的变化这两个因素。

（2）民意与公共舆论的转变反映的是公众观念的变化，由于政策目标群体是公众中的一部分，公众观念的变化也会体现在政策目标群体观念的变化上，又由于政策目标群体比一般公众对于政策过程具有更大的影响力，因此我们可以将公众观念的变化聚焦于政策目标群体观念的变化之上。这样民意与公共舆论的转变这一因素就被最终调整为政策目标群体观念的变化。需要注意的是，民意与公共舆论的转变一般被视为政策子系统之外的因素，而政策目标群体观念的变化则一般被视为政策子系统之内的因素，作了上面的调整后，外部因素就被转化为内部因素，但这并不影响我们的分析。

（3）外部关注度的提高反映的是公众与政府对某个政策领域或某一政策议题的重视程度，而公众的关注最终要通过政府的关注才能对政策变迁发挥出实质性的影响作用，政府的关注即是政策制定者的关注，因而我们可以将外部关注度的提高这一因素调整为政策制定者关注度的提高。

（4）来自其他政策子系统的影响反映的是其他领域内政策及其效果的影响作用，因此我们可将这一因素最终确定为其他政策领域的影响。

（5）政策效果的反馈在倡导联盟理论和多源流理论看来都是指负面政策效果的反馈，因此我们最终将这一因素明确为负面政策效果的反馈。

（6）问题的凸显这一因素涉及问题的内容（即什么样的问题）及问题的严重程度，因此我们可以将这一因素最终转化为问题及其严重性的变化。

（7）政策方案的完善这一因素反映的是人们对问题解决办法的掌握情况，我们将这一因素转化为解决方案可行性的增强①。

（8）由于不同倡导联盟之间的互动是在西方国家的政治背景和

---

①　在这里，解决方案可行性的增强不仅是指原有方案的可行性程度得到了提高，而且也指出现了比原方案更具可行性的方案。

政治逻辑下产生的①，我们在研究改革开放以来我国住房政策的变迁中，对这一因素不予分析。

(9)政策企业家的大力推动这一因素主要强调的是关键人物对于政策变迁的促进作用，在我国，政策制定者一般被视为政策变迁中的关键人物，因此，我们在考虑了政策制定者关注度的提高这一因素后，就不再对政策企业家的大力推动这一因素作单独分析。

(10)对于政治形势的变化这一因素，我们不作调整。但我们认为这一因素并不仅仅是指新政府的当选，而且也包括其他多种政治事件的发生。

在进行了以上调整之后，我们就得出了9个具有分析意义的政策变迁动力因素：社会形势的变化、经济形势的变化、目标群体观念的变化、政策制定者关注度的提高、其他政策领域的影响、负面政策效果的反馈、问题及其严重性的变化、解决方案可行性的增强、政治形势的变化。

值得指出的是，以上9个因素是我们在借鉴三种政策变迁理论的基础上并经过了初步的分析后得到的，至于这9个因素是否对于改革开放以来我国住房政策的变迁具有重要影响意义，还有待分析；至于在这9个因素之外是否还存在其他的动力因素，也有待考察。

四、政策变迁动力的分析框架

(一)政策变迁动力因素的分类

在前文分析的基础上，我们将9个政策变迁动力因素进行分类，分类的依据是看这些因素处于政策子系统之内还是处于政策子系统之外，处于政策子系统之内的因素我们称之为政策变迁的内部动力因素，处于政策子系统之外的因素我们称之为政策变迁的外部动力因素。

之所以要对政策变迁的动力因素进行分类，是因为不同类型的动力因素对于政策变迁具有不同的影响方式。外部动力因素一般是

---

① 我们在评价倡导联盟理论的局限性时对此已有分析。

通过作用于内部动力因素进而影响政策变迁的，内部动力因素对政策变迁的作用在很多情况下则是直接的，当然，一些内部动力因素对政策变迁的作用可能要以另一些内部动力因素作为中介。

我们研究的是改革开放以来我国住房政策的变迁，因此以住房政策子系统作为参照，我们可以将9个政策变迁动力因素分为外部因素与内部因素两类，前一类因素包括经济形势的变化、政治形势的变化、社会形势的变化和其他政策领域的影响4种，它们位于住房政策子系统之外；后一类因素包括问题及其严重性的变化、政策制定者关注度的提高、解决方案可行性的增强、负面政策效果的反馈、目标群体观念的变化5种，它们位于住房政策子系统之内。表3-2是对政策变迁动力因素的分类：

表3-2　　　　　　　　　政策变迁动力因素的分类

外部动力因素	内部动力因素
经济形势的变化	问题及其严重性的变化
政治形势的变化	政策制定者关注度的提高
社会形势的变化	解决方案可行性的增强
其他政策领域的影响	负面政策效果的反馈
	目标群体观念的变化

(二)政策变迁发生的条件

多源流理论认为，政策变迁最可能发生在问题源流、政策源流与政治源流三者的交汇处，也就是说，政策变迁有赖于问题、政策方案与政治形势三者的有机结合。正如金登所讲，"一个项目被提上议程是由于在特定时刻汇合在一起的多种因素共同作用的结果，而并非它们中的一种或另一种因素单独作用的结果"[1]。受这种观点的启发，我们认为，对于政策变迁的发生而言，问题、决策者的

---

① [美]约翰·W.金登.议程、备选方案与公共政策(第2版)[M].北京：中国人民大学出版社，2004：225.

重视与可行的方案三者缺一不可①。首先，如果是现实中不存在或未明确需要解决的问题，那么也就无所谓决策者对问题的重视和针对问题的解决方案，在这种情况下，根本谈不上政策的制定，政策

---

①　事实上，国内学者的相关研究也体现出这种观点。王绍光依据议题提出者的身份与民众参与的程度(议题是否进入公众议程)，将政策议程的设置模式区分为 6 种，其中关门模式与动员模式的议题提出者是决策者，内参模式与借力模式的议题提出者是具有体制内身份的智囊团，上书模式与外压模式的议题提出者是民间精英或"关切的民众"。参见：王绍光. 中国公共政策议程设置的模式[J]. 中国社会科学, 2006(5)：86-99。在关门模式与动员模式中，问题与决策者的重视已经结合起来，如果可行的方案也不构成一个障碍，那么政策的变迁就比较容易实现；如果不存在可行的方案，那么决策者就会通过向智库机构提出决策咨询需求等途径来寻求可行的方案，从而为政策的变迁创造条件。在其余 4 种政策议程设置模式中，议题提出者的一个首要目标就是使自己提出的问题得到决策者的重视，如果缺乏决策者的重视，那么议题提出者所期望的政策变迁就不会发生，另外，为了顺利推动政策变迁，可行的方案必不可少，议题提出者往往也会在提出问题的同时向决策者提供解决的方案，由此促进问题、决策者的重视与可行的方案三者之间的有机结合。有人指出，"大学智库要影响有影响力的人"，参见：许宝健. 大学智库要影响有影响力的人[N]. 中国经济时报, 2014-10-8。我们则认为，政策参与的本质就是影响有影响力的人，不仅包括大学智库在内的各类智库参与政策过程是如此，其他政策主体参与政策过程也是如此。这里"有影响力的人"主要指决策者，其他政策主体要对政策过程发挥出实质性的影响作用，一是使自己提出的问题引起决策者的重视，二是使自己提出的解决方案得到决策者的采纳，否则自己的政策参与就难以结出果实，因为政策变迁并不会发生，政策现状得到了维持。

朱旭峰的研究同样对政策变迁发生的条件有所揭示，他在《中国社会政策变迁中的专家参与模式研究》一文中指出，损失嵌入性(反映利益受损者与决策者关联的紧密程度)与知识复杂性(反映政策制定对专业知识的依赖程度)可以作为区分政策变迁类型的两个关键变量，政策变迁类型又会影响到专家的参与模式，当损失嵌入性强(意味着受到的利益相关者的阻力大)时，专家提出的议题较难引起决策者的重视，而为了引起决策者的重视，专家常常会借助媒体与公众的力量；当知识复杂性高(意味着政策制定对专业知识的依赖性强)时，专家将会对可行方案的形成发挥出更大的作用。参见：朱旭峰. 中国社会政策变迁中的专家参与模式研究[J]. 社会学研究, 2011(2)：1-27。我们认为，损失嵌入性与知识复杂性之所以能够成为两个关键的变量，是因为它们与政策变迁发生的条件密切相关，前者对应着问题引起决策者重视的难易程度，后者对应着形成可行方案的难易程度，损失嵌入性与知识复杂性对专家参与的影响从另一个角度来看就是达成政策变迁条件的难易程度对专家参与的影响，专家参与的过程也是一个为政策变迁创造条件，实现问题、决策者的重视与可行的方案三者之间有机结合的过程。

的变迁也无从发生。其次，如果现实中存在着有待解决的问题，但这种问题却引不起决策者的重视，决策者也不为这种问题的解决去寻求方案，那么新的政策就不会被制定，政策的变迁也不会得以发生。再次，如果现实中存在着严重的问题，同时决策者又对这一问题引起了高度的关注，但决策者却找不到针对问题的可行方案①，那么在这种情况下，新的政策同样无法被制定，政策的变迁同样难以发生。因此，政策的变迁需要问题、决策者的重视与可行的方案三者之间的有机结合，当现实中存在着需要解决的问题，同时决策者又对问题引起了重视并能找到针对问题的可行方案时，政策的变迁才会得以发生。下面，我们将政策变迁发生的条件用图 3-4 表示出来：

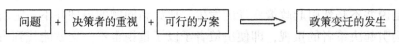

图 3-4　政策变迁发生的条件

(三)内部动力因素对政策变迁的影响机制

问题、决策者的重视与可行的方案在什么情况下才会实现结合？对于这个问题我们可以着眼于政策变迁的内部动力因素进行分析。

(1)问题及其严重性变化时的结合。首先，当新的问题出现时，决策者引起了重视并找到了具有可行性的解决方案，在这种情况下，问题、决策者的重视与可行的方案实现了结合，相应地，新的政策得以制定，政策的变迁得以发生。其次，当原有的问题变得严重时，决策者引起了重视并找到了具有可行性的解决方案，在这种情况下政策变迁也会得以发生。

(2)政策制定者关注度提高时的结合。当政策制定者的关注度

---

①　当然，方案的可行性是相对而言的，人们找不到可行的解决方案具体有两种情况：一是人们可得的所有解决方案均不具有可行性；二是人们原来所确定的方案具有一定的可行性，但这种方案相对于更可行的方案而言就变为不可行，在更可行的方案没有找到之前，政策就不具备发生变迁的条件，只能维持原状。

提高时，原来不受重视的问题被提上了议事日程，同时决策者也能为问题的解决找到可行的方案，在这种情况下，问题、决策者的重视与可行的方案三者实现了结合，政策变迁因而也会发生。

(3)解决方案可行性增强时的结合。方案可行性程度的增强促使决策者对问题采取新的解决措施，从而实现问题、决策者的重视与可行的方案三者的结合，政策的变迁也相应得以发生。

以上我们分析了3个内部动力因素对政策变迁的影响，不过需要指出的是，3个因素中的任何一个都并非只会影响到问题、决策者的重视与可行的方案三者当中的某一项，比如问题及其严重性的变化并不是只可能影响到与这一因素相对应的"问题"，而且还可能影响到决策者的重视程度和可行方案的产生。然而，以上3个动力因素中某一个的变化并不是政策变迁得以发生的充分条件，也就是说并不必然引起政策变迁的发生，比如新问题的出现并不一定就会引起决策者的重视，即便决策者予以了重视也不一定就能找到可行的解决方案。

总之，以上3个因素中的任何一个都有可能实现问题、决策者的重视与可行方案的结合，也都可以促进政策变迁的发生，当3个因素中的某一个未能引起政策变迁的发生时，那么则意味着政策变迁的发生还需要其他因素的作用。因此，政策变迁的发生可能是由于3个因素中某一个的作用，也可能是由于3个因素中某两个的作用或3个因素的同时作用。

对于剩余的两个内部动力因素，它们又是怎样对政策变迁发挥影响作用的呢？

负面政策效果的反馈会提示人们问题还没有得到有效解决，由此也可能引起决策者对问题的进一步关注，同时，负面政策效果的反馈还会促使人们探寻更为可行的方案。因此，在负面政策效果的反馈这一因素的作用下，问题可能会得以进一步呈现，政策制定者的关注度可能会得到提高，解决方案的可行性也可能会得到增强，这也就是说，负面政策效果的反馈可能对问题及其严重性的变化、政策制定者关注度的提高和解决方案可行性的增强这3个因素产生影响，从而作用于政策的变迁。

　　同样，政策目标群体观念的变化也可能作用于问题及其严重性的变化、政策制定者关注度的提高和解决方案可行性的增强这 3 个因素，从而影响到政策的变迁。比如，目标群体观念的变化可能会使某些问题得以浮现，也可能会使原来不具有可行性的方案具有可行性。

　　因此总体来看，负面政策效果的反馈和政策目标群体观念的变化这两个因素是通过作用于其余 3 个内部动力因素进而影响政策变迁的。

　　在以上分析的基础上，我们可以用图 3-5 将内部动力因素对政策变迁的影响机制予以表示。

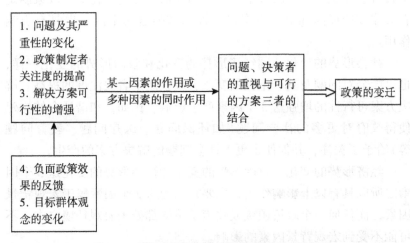

图 3-5　内部动力因素对政策变迁的影响机制

（四）外部动力因素对政策变迁的影响机制

　　前文我们已经指出，外部动力因素对政策变迁的影响是间接的，它们对政策变迁的影响作用要通过内部动力因素的传导，因而外部动力因素首先作用于内部动力因素，并通过内部动力因素进而影响到政策的变迁。下面我们逐一分析各外部动力因素对于内部动力因素的影响作用。

　　经济形势的变化可能会影响到问题及其严重性程度，比如经济形势的变化促使了某些新问题的产生。经济形势的变化还可能会影响到政策制定者关注度的提高，比如，经济的不景气使政府对某个政策领域寄予更多的期望，相应地，也对这一领域内的问题给予更多的关注。另外，经济形势的变化对解决方案的可行性也具有影响作用，比如随着国家经济实力的增强，一些原来不具有经济可行性的方案具有了经济可行性。

政治形势的变化也可能会使一些问题得以浮现，比如，由于某些政治禁锢被破除，以前被掩盖着的问题可能会得以显现。另外，政治禁锢的破除和政治限制的取消也可能使政策制定者对原来习以为常的问题进行关注，同时也可能使政策制定者采取那些原来根本不具有生存土壤的解决方案。这说明政治形势的变化对于政策制定者关注度的提高和解决方案可行性的增强这两个因素也具有影响作用。

社会形势的变化如同经济形势的变化和政治形势的变化一样，也可能会对问题及其严重性的变化、政策制定者关注度的提高、解决方案可行性的增强这 3 个因素产生影响。比如，和谐社会的构建使得政府对更多的社会问题(如环保问题、医疗问题、教育问题等)给予了关注，并促使了更多社会问题的解决方案的产生。

经济形势的变化、政治形势的变化和社会形势的变化这 3 个因素之所以具有以上影响作用，主要是因为这 3 个因素属于宏观背景因素，而任何一个政策领域或政策子系统都处于宏观环境之中，不可能不受到宏观背景因素的影响。

另外一个外部动力因素，即其他政策领域的影响则不属于宏观背景因素，这一因素可被视为一个中观因素，比经济形势的变化等因素更微观，又比一个政策领域内的具体因素(如负面政策效果的反馈等内部因素)更宏观。作为一个中观因素，其他政策领域的影响也能作用于我们所要研究的政策领域或政策子系统内的一系列因素，比如，其他的政策领域既可能对我们所要研究的政策领域产生消极影响，又可能对我们所要研究的政策领域产生积极影响，当产生消极影响时，会使我们所要研究的政策领域内产生新的问题或加重旧的问题，进而可能引起政策制定者对这些问题的关注；当产生积极影响时，则会为我们所要研究的政策领域内更完善和更可行方案的产生提供有利条件。

在分析了外部动力因素对政策变迁的影响机制之后，我们便可以构建出一个较为完整的政策变迁动力分析的理论框架，如图 3-6 所示，图 3-6 也反映出外部动力因素对政策变迁的影响机制。

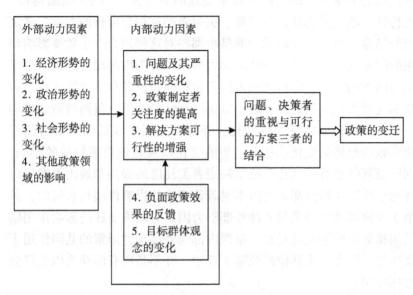

图 3-6　政策变迁动力分析框架

在以上两节中，我们分别对政策变迁的轨迹与动力进行了理论分析，接下来的两章将在此基础上进一步对改革开放以来我国住房政策变迁的轨迹与动力予以具体分析，同时对本章提出的理论观点进行检验，其中第四章分析改革开放以来我国住房政策变迁的轨迹，第五章分析改革开放以来我国住房政策变迁的动力。

本 章 小 结

政策变迁轨迹的构成要素主要有政策变迁的方向与政策变迁的幅度。方向性的政策变迁意味着核心政策观念与政策内核的转变，它无疑是大幅度的，但同一方向上的政策变迁也可能是大幅度的，这种大幅度的政策变迁主要表现为政策目标的变化。小幅度的政策变迁主要表现为政策工具的调整。小幅度的政策变迁使得政策变迁的轨迹体现出连续性，方向性的政策变迁与大幅度的政策变迁则会打破政策变迁轨迹的连续性，但方向性的政策变迁与大幅度的政策变迁都是不常发生的，因而政策变迁的轨迹便具有了"间断均衡"的特征。政策的变迁需要问题、决策者的重视与可行的方案三者之间的结合，政策变迁的动力就是指那些对这种结合产生重要影响作用的因素与力量。政策变迁的动力因素可分为内部动力因素与外部动力因素两类，其中内部动力因素包括问题及其严重性的变化、政策制定者关注度的提高、解决方案可行性的增强、负面政策效果的反馈以及目标群体观念的变化，外部动力因素包括经济形势的变化、政治形势的变化、社会形势的变化以及其他政策领域的影响。问题及其严重性的变化、政策制定者关注度的提高和解决方案可行性的增强这3种内部动力因素对政策变迁的影响作用是直接的，其余2种内部动力因素与4种外部动力因素对政策变迁的影响作用则是间接的。政策变迁是在一系列内部与外部动力因素的共同作用下发生的，但在一次具体的政策变迁中，并不是所有的动力因素都会发挥作用。

第四章

改革开放以来我国住房政策变迁的轨迹分析

从福利化住房制度的打破到现在市场化住房制度的不断完善，其间我国的住房政策经历了怎样一个变迁过程？改革开放以来的30多年中我国住房政策的变迁轨迹展现出一个什么样的形态？我们在前一章对政策变迁轨迹进行理论分析的基础上，于本章进一步探讨以上问题。对于改革开放后我国住房政策的变迁过程，不少学者进行了相关研究①。笔者认为，改革开放以来我国住房政策的变

① Zhang 将 1978—2001 年中国的住房改革过程划分为 4 个阶段：①第一阶段为 1979—1988 年，这一阶段经历了三次住房改革的试点；②第二阶段为 1988—1994 年，这一阶段的重点在于执行 1988 年的房改计划；③第三阶段为 1994—1998 年，这一阶段的重点在于建立住房金融体制，引入住房公积金；④第四阶段为 1998—2001 年，这一阶段的重点在于引入住房补助（housing allowances），取消其他住房补贴，目的是确保所有住房都通过市场进行交易。参见：Zhang, X. Q. Redefining State and Market：Urban Housing Reform in China［J］. Housing, Theory and Society，2001，18：67-78。（转下页）

迁可以分为如下几个阶段①：①初步尝试住房制度改革时期
（1978—1988年）；②全国形成二元住房制度时期（1988—1998
年）；③实现住房制度从二元向一元转变时期（1998—2003年）；④
调控住房市场时期（2003—2007年）；⑤调控住房市场与加强住房
保障并重时期（2007年至今）。另外，改革开放以来我国住房政策
的变迁是以计划经济时期的住房政策（制度）为起点的，因而我们
要研究改革开放以来我国住房政策的变迁，就必须明确计划经济时
期我国实行着什么样的住房政策（制度）。在本章的第一节，我们
就来考察计划经济时期的福利住房政策（即改革开放以来我国住房
政策变迁的起点）。在本章接下来的五节中，我们依次来考察初步
尝试住房制度改革时期的住房政策、全国形成二元住房制度时期的

（接上页）杨红旭将改革开放之后我国住房制度的改革历程大致划分为以下4
个发展阶段：①初步尝试改革（1978—1990年）；②全面推进改革（1991—1997
年）；③深入推进改革（1998—2005年）；④重新调整改革（2006年至今）。参见：
杨红旭. 改革开放30年，住房保障在曲折中发展[J]. 上海房地，2008（6）：
10-14。

张中俊将1980—1997年18年间的住房制度改革实践大体上划分为3个阶段：
①第一阶段（1980—1985年）是出售公房的试点时期；②第二阶段（1986—1993
年）是从改革低租金着手，提租补贴、租售结合、以租促售和配套改革时期；③
第三阶段（1993—1997年）是综合配套、全面推进时期。参见：张中俊. 加快住房
货币分配机制转换，培育住房建设新的经济增长点——深化城镇住房制度改革的
思路和政策建议（上）[J]. 中国房地产，1998（5）：4-10。

李培将我国的住房制度改革划分为4个阶段：①初步实践阶段（1980年6
月—1994年6月）；②综合配套阶段（1994年7月—1998年6月）；③全面推进阶
段（1998年7月—2007年7月）；④结构调整阶段（2007年8月至今）。参见：李
培. 中国住房制度改革的政策评析[J]. 公共管理学报，2008（3）：47-55。

郭建波则将我国的住房制度改革简约地划分为2个阶段：第一个阶段是从改
革开放之初到1997年，第二个阶段是从启动住房分配货币化改革的1998年到现
在。参见：郭建波. 世界住房干预：理论与实践[M]. 北京：中国电力出版社，
2007：109-111。

①   需要注意的是，不同时期之间的界限并非是泾渭分明的，改革开放以来
我国的住房政策在市场化的变迁方向之下本身具有一定的连续性，很难说一个时
期是从哪一天正式开始或从哪一天正式结束。

住房政策、实现住房制度从二元向一元转变时期的住房政策、调控住房市场时期的住房政策，以及调控住房市场与加强住房保障并重时期的住房政策。最后，我们描绘出改革开放以来我国住房政策变迁的轨迹，并作几点总结性的说明。

第一节　改革开放以来我国住房政策变迁的起点

　　明确改革开放以来我国住房政策变迁的起点①，就是要明确计划经济时期我国实行着什么样的住房政策(制度)。在计划经济时期，我国实行的是福利化的住房政策(制度)，总体来看，计划经济时期的福利住房政策(制度)具有两大明显的特征：一是住房投资主要由中央财政预算拨款；二是住房分配由单位发挥主导性作用。

一、住房投资主要由中央财政预算拨款

　　新中国成立后，经过国家对私有住房的几次社会主义改造(1956 年、1958 年)，私有住房在城市住房中所占的比例越来越小，到了 20 世纪 60 年代初期，我国计划经济背景下的福利住房制度已经形成②。在计划经济时期，公有住房在城市住房中占有一个相当大的比例③，这个比例甚至使私有住房成为城市住房中的例

---

　　①　这一起点主要是指改革开放以来我国的住房政策是从什么样的住房政策变迁而来。

　　②　Naughton, B. Danwei: The Economic Foundations of a Unique Institution [M]//Lü, X. B., Perry, E. J. Danwei: The Changing Chinese Workplace in Historical and Comparative Perspective. Armonk, New York: M. E. Sharpe, 1997: 171-179.

　　③　在我国实行住房商品化改革后的 1985 年，仍旧有 90%的城市住房是公有住房。参见：Zhang, X. Q. Privatization and the Chinese Housing Model [J]. International Planning Studies, 2000, 5(2): 191-204.

外，并使私有住房的存在显得没有太大的意义①。

而公有住房又可分为两个部分：一类是由单位直接管理的住房；另一类是由城市房产部门直接管理的住房（城市直管公房）。在这两个部分中，单位管理的住房又占绝大多数，城市直管公房相对于单位住房只是发挥着一个补充性的作用。

在计划经济体制下，公有住房的投资是由中央预算直接拨付的，而90%以上的国家住房预算支出直接拨付给了单位，只有10%的住房预算支出直接拨付给了地方住房行政机构②，从中也可以看出单位住房与城市直管公房之间的关系。

那么，既然单位住房在计划经济时期的城市住房中占有如此重要的地位，什么又是单位呢？为什么公有住房不像西方国家那样交给城市政府管理呢？

有学者在研究了学术界关于"单位"的不同定义之后，将单位界定为"在中国社会调控体系中以实现社会整合和扩充社会资源总量为目的的制度化组织形式，是国家与个人之间的连接点"③。当然，这一界定虽然明晰，但还比较抽象，为了便于理解"单位"的概念，我们可以从单位所包含的具体对象入手。计划经济时期，在中国的城市总体上存在着4种类型的组织：私人部门、集体部门、国有企业、行政事业单位（state institutes and agencies），单位涉及的是第三和第四种类型，有时也包括第二种类型，因为一些大型的集体企业也为国家所控制④。大部分城市居民都隶属于一个正式的单位，1978年，国有经济单位职工（7451万人）和集体经济单位职

① Wu, F. L. Changes in the Structure of Public Housing Provision in Urban China[J]. Urban Studies, 1996, 33(9)：1601-1627.

② Zhang, X. Q. Institutional Transformation and Marketisation：The Changing Patterns of Housing Investment in Urban China[J]. Habitat International, 2006, 30：327-341.

③ 刘建军. 单位中国：社会调控体系重构中的个人、组织与国家[M]. 天津：天津人民出版社，2000：43.

④ Wu, F. L. Changes in the Structure of Public Housing Provision in Urban China[J]. Urban Studies, 1996, 33(9)：1601-1627.

工(2048万人)占城镇从业人员(9514万人)的比重为99.8%以上①。单位(work-unit)不仅代表一个工作场所(workplace),而且还具有重要的社会功能,很像一个大家庭。Zhao和Bourassa指出,单位具有以下特征②:①职工不仅工作在一起,而且也生活在一起(包括职工的家人),人们根据业缘关系形成了"单位社区(家属区)";②单位与职工之间存在着资助与委托(patron-client)的关系,单位承担着对职工的福利保障责任,特别是为职工提供终身性的工作,因此职工对单位有很强的依附性;③单位不仅对职工的工作进行安排,而且对职工的生活也进行安排,这在很大程度上限制了职工的个人自由。

正是由于以上特征,单位本身就是一个微型社会,表现在组织结构上,不少单位都有房管科、生活服务公司、医院、学校等类似的机构,明显具有单位办社会的特征③;表现在功能上,不少单位都承担着除生产功能(行政事业单位例外)之外的多种功能,具有明显的全能性特征④。

在单位为职工提供的种种福利当中,住房就是十分重要的一项。住房的建造、分配、维修等都由单位直接负责。正是因为单位负责向职工直接提供住房,而城市中的大部分组织又都是具有公共性质的单位,城市中的绝大部分就业人员都是工作在单位的职工,因此,在计划经济体制下,住房不可能成为一种商品,大部分住房都是作为一种福利品向城市居民提供的。

之所以实行由单位向职工提供住房这样一种体制,这是与计划经济的大背景分不开的。首先,上面我们提到,计划经济体制下的

---

① 中华人民共和国国家统计局. 中国统计年鉴1995[Z]. 北京:中国统计出版社,1995:84-85.

② Zhao, Y. S., Bourassa, S. C. China's Urban Housing Reform: Recent Achievements and New Inequities[J]. Housing Studies, 2003, 18(5): 721-744.

③ 刘建军. 单位中国:社会调控体系重构中的个人、组织与国家[M]. 天津:天津人民出版社,2000:191-196.

④ 刘建军. 单位中国:社会调控体系重构中的个人、组织与国家[M]. 天津:天津人民出版社,2000:320-350.

单位功能具有全能性的特征，事实上，单位除了具有生产功能和社会功能之外，还具有政治功能与治理功能①，国家的指令需要通过单位来下达和执行。单位在很大程度上充当了国家的代理人，借助于单位，国家的控制力渗透于社会的各个角落。而为了使单位能够有效发挥作为国家代理人的作用，国家就有必要确保单位在资源分配中的垄断地位，从而使单位能够有效地控制其职员。其次，在计划经济体制下，由于社会资源总量不足，国家为了最大限度地积累生产资金，必须采取集权化的方式对职工的消费进行严格控制，而国家对职工消费的控制越严格，职工的消费选择权就越小，因此高度的控制就必然表现为国家（通过其代理人——单位）来决定职工消费的构成与数量，相应地，计划经济体制下的低工资和由单位向职工提供住房等种种福利品②这些现象就不难得到理解了。另外，当时的工资制脱胎于革命战争时期的供给制（供给制在新中国成立后的最初几年仍在实行），尽管工资制相对于以平均主义为特点的供给制，具有了更多的"等级"色彩，但两者却具有共同的意识形态基础，在这一意识形态之下，收入分配差距拉得过大是不被提倡的，脱离了艰苦奋斗政治本色的"高消费"也是不被提倡的③。再次，由单位向职工提供住房还有助于加强国家对社会的控制，如限制农村人口向城市的流动（农村人口在城市没有隶属的单位，也无法取得住房）④。因此，福利化的住房制度是深深嵌入在当时高度

---

① Zhang, X. Q. Privatization and the Chinese Housing Model[J]. International Planning Studies, 2000, 5(2)：191-204.

② 计划经济体制下的低工资无法满足劳动力再生产的需要，单位向职工提供的包括住房在内的广泛福利品也被认为是一种工资的形式，被称作实物工资（参见：康天锦，王美贤. 城镇住房制度改革百题问答[M]. 北京：经济日报出版社，1988：39）或社会工资（social wage）〔参见：Zhang, X. Q. Privatization and the Chinese Housing Model[J]. International Planning Studies, 2000, 5(2)：191-204〕。

③ 杨奎松. 从供给制到职务等级工资制——新中国建立前后党政人员收入分配制度的演变[J]. 历史研究，2007(4)：111-137.

④ Zhang, X. Q. Chinese Housing Policy 1949—1978：The Development of a Welfare System[J]. Planning Perspectives, 1997, 12：433-455.

集中的政治经济体制之中的，通过福利化的住房制度，人们可以看
到当时国家社会制度的影子①。

　　单位直接向职工提供住房，并且负责住房的建造、维修等，但
是，单位却不能决定将多少资金用于住房的建造，也就是说单位是
没有投资权的。这是因为单位受到了国家行政管理体制的严格控
制，从根本上缺乏经营管理的自主权。单位生产什么以及生产多少
是由国家的计划决定的，单位的大部分利润也要上缴国家，然后再
由国家从中拿出一部分向单位拨付基本建设投资，基本建设投资又
可分为两个部分，一是生产性建设投资，二是非生产性建设投资。
住房投资就属于非生产性建设投资的一个组成部分，它是随同生产
性建设投资一道安排下达的。究竟单位能够获取多少资金用于住房
建设，主要取决于单位向国家上缴了多少利润，单位的获利能力越
强，向国家上缴的利润越多，它可以获取的建房资金就越多。这样
就造成了不同单位在住房投资上的巨大差异，例如，与资源相关的
单位(resource-related work unit)每年的人均住房投资是 3143 元，而
轻工业单位仅有 131 元②。

　　与生产性的单位不同，行政事业单位不创造也不向国家上缴利
润，它们所能获取的住房建设资金又取决于什么呢？这些单位所能
获得的建房资金数量主要取决于它们的行政级别，行政级别越高，
其所获得的住房投资就越多③。

　　单位之间拥有建房资金的不同产生了不同单位在住房条件上的
差异，有的单位便无力解决职工的住房问题，这时就需要城市房管

---

　　① 周大鸣，廖子怡. 变迁中的个人与社会关系——以辽宁鞍钢职工家庭住
房为例[J]. 学习与探索，2015(7)：34-38.

　　② Zhang, X. Q. Institutional Transformation and Marketisation：The Changing
Patterns of Housing Investment in Urban China[J]. Habitat International，2006，30：
327-341.

　　③ 由此可知，在计划经济时期，建房资金在各单位之间的分配也不是平均
的，甚至不是公平的，有权力(或接近权力)和有门路的单位获得的建房资金就
多，因而可以多建房、建好房(当然，这都是相对的)，而没权力和没门路的单位
获取的建房资金就少，从而使本单位的住房短缺问题更为严重。参见：徐雷. 对
城镇居民住房制度改革的经济学思考[J]. 东岳论丛，1998(2)：36-39.

部门来提供帮助。不过，城市房管部门所掌握的公有住房在质量上要低于单位住房（比如更加狭小与简陋），职工也只是在无法通过单位解决住房问题时才向城市房管部门提出申请①。因此城市直管公房相对于单位直接管理的住房而言，只是处于一个补充性的地位，国家给城市房管部门所拨付的建房资金也十分有限。

通过单位在计划经济体制下的重要作用，我们可以看出为何国家的建房资金大部分都拨付给了单位而不是城市房管部门，如果将所有的公有住房都交给城市政府来管理，那么单位作为国家代理人的作用必然削弱，城市政府的管理权限必然扩大，而这与中央集权和计划经济的思路显然是不相符合的。再者，我国计划经济体制下的城市公有住房与西方资本主义国家的城市公有住房并不是同一个概念，因为后者是市场经济体制下的公有住房，由城市政府管理这些住房只是意味着城市政府在承担着住房保障的责任、弥补着市场的不足；而计划经济体制下我国的城市政府既没有西方国家城市政府那样的自治性，又谈不上弥补市场不足的功能。

总之，在计划经济体制下，住房建设资金是由国家"包下来"的，而这些资金的绝大部分又拨付给了单位，用于建造单位直接管理的住房。

二、住房分配由单位发挥主导性作用

尽管国家承担着住房投资的责任，但国家并不直接与职工发生联系，也不直接向职工分配住房，住房的分配是由单位负责的，职工获得住房寄希望于单位的分配。

单位分房的对象是本单位的职工，分房的标准主要是职级和贡献等，一个人可以分得什么样（如多大面积）的住房取决于其在职级体系（rank system）中所处的位置，一个人可以在什么时间分得住房则取决于其在点数体系（point system，衡量的是贡献，而贡献往往又用年资来表示）中所具有的相对优势。有的学者认为住房需要

---

① Zhao, Y. S., Bourassa, S. C. China's Urban Housing Reform: Recent Achievements and New Inequities[J]. Housing Studies, 2003, 18(5): 721-744.

(可以通过家庭规模、家庭人口组成、家庭现有的居住条件等反映)也是影响住房分配的一个重要因素①,而有的学者则认为人们现实的住房需要与住房分配之间不存在紧密的关联②。住房分配标准的制定主要着眼于激励人们的工作积极性,一个人的工作积极性越高、贡献越大,那么其在住房以及其他福利的获得上就越应该具有优先权。因此,这样的着眼点其实并没有将住房的分配与人们的住房需求密切地联系起来,一些急需住房的家庭也可能处于遥遥无期的等待之中。

单位向职工分配住房基本上是无偿的,否则也难以用上"分配"二字。单位在给职工分配了住房之后,只收取象征性的租金(房租只占城市居民家庭消费总支出的1%多一点③,占城市居民家庭收入的比重则不足1%④),因此住房分配与职工的经济能力是不发生联系的⑤,职工不存在缴不起房租的问题,只存在是否能够分配得到住房的问题。从这里更可以看到住房的福利品性质,住房的福利性质与低租金是密不可分的,住房的福利性必然导致低租金,住房的低租金也维护和加强着住房的福利性。另外,国家在意图上是有着一个"以租养房"预期的,第一次全国城市工作会议结束后,中共中央和国务院于1962年10月6日发布了《关于当前城市工作若干问题的指示》,这一文件明确要求,"城市房屋的租金,应当贯彻实行专款专用、以租养房的原则,保证使用于房屋的经常维修

---

① Wu, F. L. Changes in the Structure of Public Housing Provision in Urban China[J]. Urban Studies, 1996, 33(9): 1601-1627.

② Zhang, X. Q. Chinese Housing Policy 1949—1978: the Development of a Welfare System[J]. Planning Perspectives, 1997, 12: 433-455.

③ 高尚全. 把城镇住房制度改革摆到一个重要地位上来——国家体改委副主任高尚全就住房制度改革问题答本报记者问[N]. 建设报, 1987-8-28.

④ Mak, S. W. K., Choy, L. H. T., Ho, W. K. O. Privatization, Housing Conditions and Affordability in the People's Republic of China [J]. Habitat International, 2007, 31: 177-192.

⑤ 这一点也是引起住房分配上不正之风的一个重要因素,"有权者"即便违规占用住房,也不会给自己带来什么额外的经济负担。

和改建、扩建"，但事实上房租却无法保障住房维护的资金需要，也就是说"租不养房"，原因就在于象征性租金的存在。

职工在分得住房的同时便获取了住房的使用权，除非职工调动工作单位，否则住房的使用权就不会发生变化。住房的所有权仍归国家，这一是意味着国家在住房供给上的代理人——单位要负责对住房的维修、养护和管理，国家为此还要花费大量支出；二是意味着住房的使用者——职工没有权力将住房用于交换（比如出让或出租）。

以上讲的主要是单位住房的分配情况，单位的住房归单位来分配是不难理解的现象，城市直管公房又是怎样分配的呢？实际上，城市直管公房往往也是先分配给单位，然后再由单位分配给职工，这样就使得几乎所有的公有住房都是通过单位来分配①。职工虽然可以接近无偿地通过单位分得住房，但所获得的住房条件却往往也只限于满足基本的住房需求，即便如此，还有很多职工分不到房而只能等待。人们常说计划经济时期的住房制度具有"高福利"特征②，但这种高福利是相对于低租金和低工资而言的，并不意味着福利的绝对水平达到了一个怎样的高度。单位可以用来分配的住房以及这些住房的条件之所以是有限的，很重要的一个原因是住房资金的提供者——国家坚持的是"先生产，后生活"（first production, then living）、"高积累，低消费"的原则，而住房则被认为是消费品，建筑业则被认为是消费行业。为了尽可能地积累生产建设资金，国家只能去压缩消费资金，相应地，国家拨付的住房建设资金在整个基本建设投资中所占的比例十分有限（见表4-1），在国民生

---

① Zhang, X. Q. Privatization and the Chinese Housing Model[J]. International Planning Studies, 2000, 5(2): 191-204.

② 住房作为工资分配之后的一种实物分配（这种分配不同于货币分配，是一次性的，因此难以在时间上和空间上进行分割），在当时也被认为是职工的最大福利。参见：林文俏. 货币分房：解决住房问题的希望[N]. 人民日报, 1998-3-11(10).

产总值中所占的比例就更微小了①，尽管国家因对住房投资采取
"包下来"的办法而时时面临着扩大财政支出的压力。这样住房的
建造面积和建设质量都只能处在一个低下的水平②，对于这种状
况，可以通过具体的例子来说明③：

　　"文化大革命"时期，我国城市住宅标准设计每户建筑面
积从 1959 年、1960 年的 50 多平方米降为 30 多平方米（1973
年，国家建委规定这个数字是 34 至 37 平方米），每平方米的
造价从 100 元降为 30 多元。这时候，大庆出现了"干打垒"住
宅，建住宅不用砖瓦木材。在北京街头，可以见到新建的住
宅：两层楼，长外廊，24 厘米厚的空斗砖墙，在楼梯休息平
台处，为十几家住户安排了带有两个蹲坑的共用厕所，几户合
用一个厨房。④

　　总之，在计划经济体制下，住房是被当作福利品由单位来分配
的，这种福利品和其他的福利品一样，基本上不需要职工为之支付
什么成本，但职工在住房的消费上又是要受到严格限制的。
　　通过以上分析，我们还可以对计划体制下的福利住房政策（制
度）得出以下具体的认识：①住房大部分为公有，不存在住房市
场，不存在住房交换；②住房投资由国家预算统包；③职工依靠单

――――――――――

　　①　1952—1978 年全国城镇住宅投资总额为 343 亿元，平均每年为 12.7 亿
元，新建城市住宅面积平均每人每年仅仅 0.217 平方米，低于各国 0.5～1 平方米
的一般水平。1949—1978 年住宅总投资占国民生产总值的年均比重仅仅为 1.5%。
参见：谢伏瞻，李培育，刘士余. 住宅产业：发展战略与对策［M］. 北京：中国
发展出版社，2000：78.
　　②　由于城镇住宅面积的增长跟不上城镇人口的增长，到 1978 年，中国城
镇居民的平均住宅面积不仅没有增长，反而比 1949 年少了 0.9 平方米。参见：卜
凡中. 房子那些事儿［EB/OL］. ［2010-05-19］. http：//zqb. cyol. com/content/
2010-05/19/content_3238271. htm.
　　③　下面的例子发生在"文化大革命"时期，由于当时特定的政治背景因素，
这一例子是我国计划经济时期住房建设状况的一个近乎极端化的反映。
　　④　曾昭奋. 安居蓝旗营的三个家庭［J］. 读书，2007（6）：152-161.

位分得住房；④住房实行低租金；⑤人们的住房消费水平普遍不高。

表 4-1   计划经济时期住房投资数额及其占基本建设投资的比重

时期	绝对数(亿元)			比重(%)		
	生产性建设	非生产性建设	住房	生产性建设	非生产性建设	住房
"一五"时期 (1953—1957 年)	394.50	193.97	53.79	67.0	33.0	9.1
"二五"时期 (1958—1962 年)	1029.66	179.43	49.56	85.4	14.6	4.1
1963—1965 年	335.05	86.84	29.09	79.4	20.6	6.9
"三五"时期 (1966—1970 年)	818.02	158.01	39.32	83.8	16.2	4.0
"四五"时期 (1971—1975 年)	1455.16	308.79	100.74	82.5	17.5	5.7

资料来源：中华人民共和国国家统计局. 中国统计年鉴 1988[Z]. 北京：中国统计出版社，1988：567.

第二节   初步尝试住房制度改革时期的
住房政策(1978—1988 年)

改革开放以后，我国逐步开始了对计划经济时期福利化住房制度的改革，由此使我国住房政策的演进方向发生了实质性的扭转（这种扭转意味着重大的政策变迁或方向性的政策变迁）。计划经济时期我国住房政策的变迁遵循的是福利化的方向，而改革开放后随着我国住房制度改革的开始，我国住房政策的变迁被扭转到了市场化的方向上来。

1978 年 9 月，国务院副总理谷牧在全国城市住宅建设会议上说道：

> 邓小平同志最近就解决城市住房困难问题时指出，解决住房问题能不能路子宽些，譬如允许私人建房、私建公助、分期付款，把个人手里的钱动员起来，国家解决材料，这方面潜力不小。①

邓小平同志提出的这一思路主要在于改变传统的以国家统包为特征的住房投资制度。

1980 年 4 月，在关于建筑业和住宅问题的谈话中，邓小平同志提出了更进一步的住房制度改革思路，他讲道：

> 要考虑城市建筑住宅、分配房屋的一系列政策。城镇居民个人可以购买房屋，也可以自己盖。不但新房子可以出售，老房子也可以出售。也可以一次付款，也可以分期付款，10 年、15 年付清。住宅出售以后，房租恐怕要调整。要联系房价调整房租，使人们考虑到买房合算。因此要研究逐步提高房租。房租太低，人们就不买房子。繁华的市中心和偏僻地方的房子，交通方便和不方便地区的房子，城市和郊区的房子，租金应该有所不同。将来房租提高了，对低工资的职工要给予补贴。这些政策要联系起来考虑，建房还可以鼓励公私合营或民建公助，也可以私人自己想办法。②

邓小平同志的以上谈话拉开了我国住房制度改革的序幕，也为我国住房政策的变迁指明了市场化的方向。1978—1988 年，我国

① 朱剑红，王国净. 住房·住房[M]. 沈阳：辽宁人民出版社，1988：174.
② 邓小平. 关于建筑业和住宅问题的谈话：必须把建筑业放在重要位置，城镇居民个人可以买房盖房[N]. 人民日报，1984-5-15(1).

先后进行了三次住房制度改革的试点，前两次试点侧重于出售公房，第三次试点则侧重于提高租金。这三次住房制度改革试点的目的主要在于探索改革福利化住房制度的方案与措施。

一、出售公房

（一）全价出售公房

1979年，国家在西安、柳州、梧州和南宁4个城市进行出售公房的试点，将新建公有住房以全价（这里的全价是指全额成本价）出售给个人。

1980年6月，中共中央和国务院在批转《全国基本建设工作会议汇报提纲》中正式提出实行住房商品化政策，"准许私人建房、私人买房、准许私人拥有自己的住宅"①。在这一年，参加出售公房试点的城市范围不断扩大，到了10月份，全国已有50个城市向个人出售住宅，共出售房屋747套，建筑面积4万多平方米。这段时期所要出售的公有住宅是指新建住宅，而且是由政府直接面向个人。售房价格在每平方米建筑面积120~150元，一套住宅相当于一个职工10~12年的工资总额，相当于5~6年的家庭总收入。付款的方式也多种多样，没有一个统一的规范。在上述747套出售的住房中，一次性付款的为609户，分期付款的为138户。分期付款的年限在2~15年，差异较大。其中西安和邯郸两市的付款年限最长，为15年，武汉市则为2年。分期付款的利率也各不相同，年利率最高的是柳州市，为7%；其次是南宁市，为3%；最低的是福州市，只有0.54%②。

1981年，公房全价出售试点扩大到了60多个城市和许多城镇，而且公房的出售也扩展到了旧有公房。1981年全年，全国共出售住房2418套，其中新房1184套，旧房1234套。通过住房出

---

① 这种规定适用于新建住房。
② 张京，侯浙珉，金燕. 房改：无限需求的终止[M]. 北京：中国财政经济出版社，1992：2-3.

售，国家收回建房资金约 1278 万元①。

从这一次试点中的总体售房情况来看，人们购房的需求并不高②，1980 年和 1981 年两年间，已出售的新建住房仅占同期新建住房的 1/2000，以全价出售公房的试点很难继续推进，到 1982 年，国家停止了这一次住房改革的实验。

(二) 三三制补贴出售公房

在停止以全价出售公房试点的同时，1982 年国家选择常州、郑州、沙市、四平 4 个城市开始了第二次住房改革试点，这一次试点总结了前一次出售公房试点的经验，考虑到城市居民有限的经济承受能力，采取了"三三制"补贴出售住房的形式，即个人负担售价的 1/3，职工所在单位及地方政府补贴其余的 2/3。售价仍是以成本价为标准，只不过这一次成本价比前一次试点成本价的构成范围要广泛，还要包括征地补偿/拆迁安置费和公共设施建设成本（开发费），这一次的成本价大致在每平方米建筑面积 150~200 元。

由于得到了单位和地方政府的补贴，个人购房的负担明显减轻，每套住房的售价中个人负担的部分大致相当于一个职工 3~4 年的工资总和或者相当于 2 年的家庭总收入。此外，本次试点在售房上还采取了其他一些优惠办法，比如对一次性付款的职工给予房价减收或者减免房产税等优惠，又比如扩展分期付款的年限等。

这次出售公房的试点一开始便不局限于出售新建住房，职工也可以购买他们正在居住的公房。但是，不论购买新建公房还是购买旧有公房，职工可以购买的住房面积都是有严格规定的，超出了所

---

① 张京，侯浙珉，金燕. 房改：无限需求的终止[M]. 北京：中国财政经济出版社，1992：3.

② 这一是因为当时人们收入水平十分低下，恩格尔系数极高而储蓄又很少，缺乏购买住房的经济能力，过高的房价使得购房者主要集中在华侨等少数高收入群体，绝大部分城市居民难以独立购房；二是因为当时房租价格没有调整，这对于有理性的居民来说，低廉得近乎无偿的房租实际上意味着租房较买房更为合算。参见：苗天青. 我国城镇住房体制改革的困境与出路[J]. 山西师大学报（社会科学版），1996(1)：15-19；李培. 中国住房制度改革的政策评析[J]. 公共管理学报，2008(3)：47-55.

允许的购房面积，职工就需要对超出的部分支付全价而不享受补贴。另外，职工无权在市场上出售他们所购买的公房，如果职工以后不再需要购得的公房，他们必须将公房返回给原来的售房者，售房者则会将公房原价的一部分支付给职工。

从本次出售公房试点开始到 1984 年 8 月的两年时间内，4 个城市共补贴出售公房 2140 套，建筑面积 114500 平方米。这些住房共投资约 1640 万元，住房出售后回收和即将分期回收的资金约占 30%。对于以上公房出售试点的情况，原城乡建设环境保护部于 1984 年 10 月作了总结，并向国务院提出了《关于扩大城市公有住宅补贴出售试点的报告》，报告经国务院批准，把公有住房补贴出售试点扩展到北京、上海、天津 3 个直辖市，同时还明确，各省、自治区可以自行确定扩大试点的城市。据统计，到 1985 年，全国已有 27 个省、自治区、直辖市的 160 个市和 300 个县镇作了试点，共出售住房 1092.8 万平方米①。

本次试点相对于前一次试点取得了明显的成绩，但总体上售房的效果仍不理想。原因在于，第一，很多单位和地方政府并不支持这一次出售公房的试点。补贴售房给单位和地方政府带来了较大的经济压力，由于大部分地区的政府将负担也转嫁给了单位，单位的经济压力就尤其大。对于经济效益差、经济实力弱的单位，便更加承受不起对职工购买公房的补贴，而购房要求较强的职工大部分又是那些经济条件较差的单位的职工（因为他们更不容易从单位分到房子），由此也可见补贴售房这样的改革难以解决经济实力薄弱单位职工的住房问题②。第二，大部分职工对购买公房态度并不积极。一是由于低租金的存在和租售比价过于悬殊，买房对于人们来说比租住单位公房成本要高得多；二是由于人们的经济承受能力仍旧有限；三是由于许多人还受长期的福利供给制的影响，对于购买

---

① 张京，侯浙珉，金燕. 房改：无限需求的终止[M]. 北京：中国财政经济出版社，1992：4.

② 张京，侯浙珉，金燕. 房改：无限需求的终止[M]. 北京：中国财政经济出版社，1992：5.

住房心理上难以适应。在此情况下，为了吸引居民买房，试点城市只能一再降低房价，由此导致了我国历史上第一次低价售房风①。1985年，旧房向职工出售的全国平均价格每平方米建筑面积仅有20元②，远远低于当时城乡建设环境保护部规定的标准售价。

　　本次实验于1985年底结束，1986年3月，城乡建设环境保护部发布了《关于城镇公房补贴出售试点问题的通知》（城住字〔1986〕94号），重新规定城市出售公有住房原则上按全价出售。政策制定者从本次实验中得出经验，认为要推进住房制度改革，至少要实现租售的金融平衡，第7个5年计划（1986—1990）要求尽快制定出更为得当的措施以逐步促进住房商品化③，1985年3月，全国住房租金改革领导小组成立，提高租金成为住房制度改革的突破口。进入1986年，我国开始了第三次住房改革试点，这次试点的重心在于提高公房租金，从而试图改变低租金对公房出售的制约。

　　二、提高租金

　　1986年1月，国务院住房制度改革领导小组成立④，下设住房改革办公室，着手调查、测算并制定房改方案。住房制度改革领导小组确定了这一次试点的基本思路："提高房租，增加工资"，变暗贴为明贴，变实物分配为货币分配，通过提高租金，促进售房。加入第三次住房制度改革试点的城市主要有烟台、蚌埠和唐山。

　　1986年4月1日，烟台市组成住房制度改革工作班子，以"思

---

　　①　低价售房是为中央政府所极力反对的，一是因为低价售房无法收回住房投资以实现住房的再生产，二是因为低价售房造成了国有资产的流失。参见：Gu, E. X. The State Socialist Welfare System and the Political Economy [J]. The Review of Policy Research, 2002, 19(2)：181-207.

　　②　苗天青. 我国城镇住房体制改革的困境与出路[J]. 山西师大学报(社会科学版), 1996(1)：15-19.

　　③　Wang, Y. P., Murie, A. The Process of Commercialisation of Urban Housing in China[J]. Urban Studies, 1996, 33(6)：971-989.

　　④　孟晓苏. 中国房地产业发展的理论与政策研究[M]. 北京：经济管理出版社，2002：5.

想工作要领先、态度要积极、调查要全面、测算要认真、方案要稳妥、出台要慎重"①为工作原则，经过一年零四个月的准备，制定了《烟台市城镇住房制度改革试行方案》，这一试行方案于1987年8月1日正式出台实施。接着，国务院又批准了蚌埠、唐山两市的试点方案。三个城市的方案都遵循了提补平衡的原则，在大幅度提高租金的同时，给予职工相应的补贴。

本次住房改革试点主要采取了以下措施：

（1）将公房租金提高到准成本租金水平。烟台市将准成本租金水平定为每平方米使用面积月租金1.28元，由折旧费、修缮费、投资利息、管理费和房产税5项因素构成，这5项因素分别占1.28元的31%、19.5%、29.4%、8.1%和12%。准成本租金是成本租金1.53元的83.7%，是商品租金2.4元的53%。蚌埠市将原来每平方米使用面积0.073元的低租金进一步提高到了准成本租金1.18元，新租金为成本租金的82.52%，比原来的租金提高了16倍。唐山市则将公房租金提高到了每平方米使用面积月租金1.08元的准成本水平。

（2）在提高租金的同时发放住房补贴，做到提补平衡。烟台市以住房券的形式向职工发放住房补贴，根据月发券总额等于月提租总额这一原则进行测算，可得发券系数②为23.5%，即每月发放住房券的总额占职工每月计券工资总额的23.5%。蚌埠市与烟台市一样，也是以住房券的形式向职工发放补贴的。《蚌埠市城镇住房制度改革试行方案》规定，房租提高后，由职工所在单位按职工的计券工资基数的21%发放住房券。烟台市和蚌埠市发放的是一种定比补贴，唐山市发放的住房补贴则既结合了定比补贴，又结合了定额补贴。《唐山市城市住房制度改革试行方案》规定，对租住公房

---

① 国务院住房制度改革领导小组办公室．安得广厦千万间——住房制度改革分类经验汇编[M]．北京：改革出版社，1992：46-47.

② 发券系数的计算公式为：发券系数=（平均单位面积月租金额×职工平均使用面积−原职工平均月付房租额）/职工平均月计券工资额×100%．参见：国务院住房制度改革领导小组办公室．住房制度改革方案与细则选编[M]．北京：中国国际广播出版社，1992：4.

的职工按 1986 年工资的 24% 发放住房补贴，其中 18% 与工资挂钩，6% 定额发放，每人每月 4.8 元。

（3）继续促进公有住房出售。在本次房改试点中，各个城市都在努力通过提高租金和促进租售价格比的合理化来推动公房的出售。此外，为了促进公有住房出售，各地还采取了一些具有针对性的政策措施，第一，合理确定住房出售价格。烟台市规定，住房建设的各种费用应按各自的渠道解决，不应全部摊在个人购房价内。根据这一规定，烟台市把住房每平方米建筑面积售价降到了旧城改造区 258.43 元，新征地建设区 256.51 元。蚌埠市则将新建住房售价每平方米建筑面积定位在 250~260 元，将旧住房售价每平方米建筑面积定位在 180~220 元。第二，个人买房免交建筑税和营业税等。第三，允许出售有限产权住房。烟台市规定有条件的企业可以买一部分房子，然后以全部产权优惠价的 70% 卖给本企业职工使用，职工有使用权和继承权，但不准转让、出租、赠与和典当，如需出售，必须按使用年限减去折旧出售给本单位。蚌埠市则规定职工只要支付了房价的 80% 即可购得住房的有限产权。第四，向买房职工发放长期低息抵押贷款。职工买房的首次应付款为房价的 30%（首次付款超过 30% 的，每多 10%，按购房款总额优惠 2%），余额可由银行向职工发放低息抵押贷款。第五，新建住房实行先卖后租，先卖给个人后卖给单位。

（4）建立城市、单位、个人三级住房基金。房改前，围绕住房生产、流通、消费所发生的资金一直处于分散使用状态。在本次房改试点中，各地通过逐步建立城市和单位及个人的住房基金制度，立足于现有资金的转化，把围绕住房发生的生产、流通、消费等资金集中起来，作为住宅基金，统一由银行控制作为住宅信贷资金来源。城市住房基金包括市财政统筹用于建房的资金，城市维护费中拨给的直管房维修资金，房管部门维修剩余的部分。单位住房基金包括企事业单位用于住房建设的自筹资金，企业原已进入成本的住房维修费、折旧费，留利比例较高的企业单位在奖励基金项下提取的"职工购房基金"，各单位新房租金的一定比例，出售住房收入的资金。个人住房基金包括结余的住房补贴、个人购房款。

（5）成立住房储蓄银行。住房储蓄银行的职责和作用主要有①：承担房改的运转业务，形成住房资金的结算中心，保证房改的顺利进行；理顺和集中全市的住房资金，为单位建立住房基金账户；为个人购买公房开办长期低息抵押贷款业务；积极支持和参与商品房的综合开发建设；拿出一部分利润支持市级住房基金，贡献给市区解困工作。

三、对初步尝试住房制度改革时期住房政策的评析

不论是出售公房还是提高租金，都有助于打破计划经济时期的住房投资体制与住房分配体制。就住房投资体制而言，计划经济时期我国的住房投资是由国家统包，而出售公房与提高租金这样的政策则明显反映出个人在住房投资中的作用将得以扩大。此外，个人在住房投资中作用的扩大还来源于国家对自建住房（包括自筹自建、民建公助、集资建房、合作建房等方式）的允许和鼓励②。1983年城乡建设环境保护部在河南省南阳市召开民建公助现场会；同年6月4日，经国务院批准，城乡建设环境保护部颁发了《城镇个人建造住宅管理办法》；12月17日，国务院发布了《城市私有房屋管理条例》（国发〔1983〕194号）。以上这些都在相当程度上推动了城镇居民自建住房。据统计，1979—1985年，我国城镇住房投资中个人投资由1.5亿元上升到25.5亿元，占同期城镇住房投资的比重由2%上升到了8.8%。个人自建住房竣工面积由1979年的250万平方米上升到了1985年的2840.2万平方米。其中，城镇个人住房修建最多的广东、黑龙江、湖北三省，个人建房分别占该省1985年当年住房竣工面积的17%、24%和15%。在有的县城，个

---

① 参见：国务院住房制度改革领导小组办公室．安得广厦千万间——住房制度改革分类经验汇编[M]．北京：改革出版社，1992：46-47.
② 自建住房并不被认为是住房商品化的一部分，因为商品化意味着买卖的交换，而不是自给自足，但自建住房却增强了个人在住房投资中的作用并削弱了政府在住房供给中的作用。参见：Zhang, X. Q. Redefining State and Market: Urban Housing Reform in China[J]. Housing, Theory and Society, 2001, 18：67-78.

人建房达县城当年新建住房总数的 60% 左右①。

　　实际上，住房投资体制的变化并不仅仅是由于出售公房和提高租金，也不仅仅表现在个人在住房投资中作用的扩大。住房投资体制的另一个显著变化体现在中央政府投资占住房投资比重的日益缩减以及单位投资占住房投资比重的大幅增加。1985 年，在城镇住房建设中，企事业单位的投入比重达到了 60%~70%，政府投资（包括中央政府投资和地方政府投资）减到了 20% 的水平，个人投资为 10% 左右②。单位之所以能够担负起更大的住房投资职责，是因为 1978 年之后单位的自主权大大增加，国家放松了对单位利润的控制，单位可以留存更大比例的利润，这一比例从 1979 年的 7.9% 上升到了 1987 年的 43.2%③，并且单位可以自主决定如何使用这些留存的利润。实际上，单位将大部分的留存利润用于职工福利，特别是用于住房投资。1987 年，约 81.3% 的留存利润被单位用于职工福利，仅有 18.8% 被用于生产，而单位大量的福利支出又被集中用在住房上④。

　　就住房分配体制而言，计划经济时期我国是将住房作为一种福利品进行实物分配的，职工只需为租住的公房支付象征性的租金；而公房的出售和租金的提高则意味着住房的获取将逐步适用等价交换的原则，因此住房的福利品性质也将逐步为住房的商品性质所替代。

　　以上三次试点主要是为了探索住房制度改革的路子，以便为今

---

　　① 张京，侯淅珉，金燕. 房改：无限需求的终止[M]. 北京：中国财政经济出版社，1992.14.

　　② 谢伏瞻，李培育，刘士余. 住宅产业：发展战略与对策[M]. 北京：中国发展出版社，2000：2.

　　③ Zhang, X. Q. Institutional Transformation and Marketisation: The Changing Patterns of Housing Investment in Urban China[J]. Habitat International, 2006, 30: 327-341.

　　④ Zhang, X. Q. Institutional Transformation and Marketisation: The Changing Patterns of Housing Investment in Urban China[J]. Habitat International, 2006, 30: 327-341.

后全国范围内住房制度改革的实施做好准备。因此，我们将这一时期称为住房制度改革的初步尝试时期。随着住房制度改革经验的不断积累，我国形成统一的住房制度改革政策的时机也日益成熟，到了1988年，我国出台了《在全国城镇分期分批推行住房制度改革的实施方案》，该方案是第一个用于指导全国范围内住房改革的方案，它宣布将房改正式纳入中央和地方的改革计划。这一方案的出台标志着中国全面住房改革的开始①，标志着住房制度改革从试点到在所有城市全面推进的一个转折点②。由此，改革开放后我国住房政策的变迁也进入了一个新的时期。

除了这三次试点外，在这一时期，还有一些具有重大意义的事件发生。比如，1987年12月1日，深圳市公开拍卖一块面积为8588平方米的土地(规划为住宅用地)50年的使用权，有44家企业举牌竞投(包括9家外资企业)，最后深圳经济特区房地产公司以525万元的高价拍得。这次事件被称为中国土地"第一拍"，它是对传统国有土地管理体制的重大突破。在之后的第28天(12月29日)，广东省人大常委会通过了《深圳经济特区土地管理条例》，规定"特区国有土地实行有偿使用和有偿转让制度"③。来年的4月份，七届全国人民代表大会第一次会议通过宪法修正案，对"八二宪法"④作出第一次修改，规定"土地的使用权可以依照法律的规定转让"。这一规定与我国住房制度改革的市场化方向是一致的，万科企业股份有限公司董事会主席王石更是认为，"中国房地产业发

①　朱亚鹏.住房制度改革：政策创新与住房公平[M].广州：中山大学出版社，2007：54-55.

②　Wang, Y. P. , Murie, A. The Process of Commercialisation of Urban Housing in China[J]. Urban Studies, 1996, 33(6)：971-989.

③　广东省人大常委会.深圳经济特区土地管理条例[Z]，1987-12-29.

④　新中国成立以后，我国先后颁布了四部宪法，时间分别在1954年、1975年、1978年和1982年。其中1982年颁布的宪法被称为"八二宪法"，这部宪法继承和发展了"五四宪法"的基本原则，摆脱了"七五宪法"和"七八宪法"中"左"的思想，适应了我国改革开放和社会主义现代化建设事业的实际需要。

展的最根本的基石，就此奠定"①。

第三节 全国形成二元住房制度时期的
住房政策(1988—1998 年)

进入这一时期，我国的住房政策相对于前一时期发生了大幅度的变迁②，因为前一时期我国住房政策的目标主要在于探索住房制度改革的方案与措施，而这一时期我国住房政策的目标则主要在于努力在全国范围内推进住房制度改革，而这种努力的结果则表现为二元住房制度在全国的形成。不过，尽管两个时期的住房政策在目标上有所不同，但在变迁的方向上并没有发生变化，这一时期的住房政策仍在沿着市场化的方向发生着变迁(表现为以市场化为取向的住房制度改革被进一步地推向前进)。在这一节中，我们首先描述全国形成二元住房制度时期住房政策的演进过程，然后介绍这一时期我国住房政策的主要措施，最后对这一时期的住房政策进行评析。

一、全国形成二元住房制度时期住房政策的演进过程

1988 年 1 月，全国首次房改工作会议召开，会议形成了《国务院住房制度改革领导小组关于在全国城镇分期分批推行住房制度改革的实施方案》(以下简称"房改方案")，国务院于 2 月下旬正式签署了这个方案，下达了《国务院关于印发在全国城镇分期分批推行住房制度改革实施方案的通知》(国发〔1988〕11 号)。但是，这一方案在接下来的几年内并没有得到有效执行，原因在于住房改革受到了一些经济事件与政治事件的不利影响。1988 年下半年我国出现了恶性通货膨胀，国家制定了经济紧缩计划，急需回笼大笔资

① 王石. 道路与梦想：我与万科的风雨征程(1983—1999)〔M〕. 北京：中信出版社，2014：71-72.
② 我们将除方向性政策变迁之外的大幅度政策变迁定义为政策在目标上的变化。参见第三章第一节。

金，很多公房被以十分优惠的价格出售给了个人，由此引发了我国第二次低价售房风①。与 1988 年后期的经济问题紧随的是 1989 年的政治风波，这些事件延缓了随后几年的住房改革与经济改革，尽管许多城市都根据中央的要求制定了地方的住房改革计划，但是直到 20 世纪 90 年代初，并没有许多城市将房改计划付诸实施②。

1991 年，我国的经济与政治形势都稳定了下来，住房制度改革也被重新提上了议事日程。当年 5 月，上海市推出了《上海市住房制度改革实施方案》③，这一方案的出台与实施标志着住房制度改革在特大城市取得了突破；6 月，国务院发布了《关于继续积极稳妥地开展城镇住房制度改革的通知》（国发〔1991〕30 号）；根据这一通知的要求，10 月份召开的第二次全国房改会议确立了租、售、建并举，以提租为侧重点的原则，并形成了《关于全面推进城镇住房制度改革的意见》（以下简称"房改意见"）；11 月，国务院办公厅转发了这一意见，下达了《国务院办公厅转发国务院住房制度改革领导小组关于全面推进城镇住房制度改革意见的通知》（国办发〔1991〕73 号）。

然而，第二次全国房改会议确立的原则在实践中也遇到了困难，因为小步提租的结果在很大程度上被物价的上涨所抵消了。在这种情况下，同时也为了盘活住房资产存量，国家于 1993 年 11 月召开了第三次全国房改会议，这次会议改变了上次会议所确定的

---

①　苗天青. 我国城镇住房体制改革的困境与出路[J]. 山西师大学报（社会科学版），1996（1）：15-19.

②　Wang, Y. P., Murie, A. The Process of Commercialisation of Urban Housing in China[J]. Urban Studies, 1996, 33（6）：971-989.

③　这一方案主要包括 5 个方面的改革措施：一是推行公积金，建立一种义务性的长期储金；二是提租发补贴，改革现行低租金制度，逐步提高公房租金，并相应发给职工补贴；三是配房买债券，新租住公有住房的职工，应当按规定购买住宅建设债券；四是买房给优惠，逐步推行住房商品化，鼓励职工购买自住住房，买房者给予优惠；五是建立房委会，负责研究、管理和监督住房制度改革。转引自：王沪宁. 改革中的心理因素——以上海住房改革为例[J]. 同济大学学报（人文社会科学版），1991（2）：38-46.

"以提租为侧重点，租、售、建并举"的思路，代之以"以出售公房为重点，售、租、建并举"的新方案①。但这一方案并没有取得理想的执行效果，全国各地出现了大范围的年终低价突击售房活动，由此出现了第三次的低价售房风。这使国务院办公厅不得不于当年12月31日下发了紧急通知，要求各地停止低价售房并冻结一切售房款。

针对以前住房改革中出现的问题，国务院房改领导小组于1994年3月召开了各省（区、市）及部分城市房改领导小组负责人座谈会，进一步修改、完善了第三次房改会议形成的《关于深化城镇住房制度改革的决定》（以下简称"房改决定"），修改后的决定于当年7月正式下发，即《国务院关于深化城镇住房制度改革的决定》（国发〔1994〕43号）。这一决定既没有提第二次全国房改会议的租、售、建并举的方针，也没有提第三次全国房改会议的售、租、建并举的方针②。

以上住房政策总体而言具有3个方面的特点③：①在全国范围内实行，用于指导全国范围内的住房制度改革；②致力于改变福利化的住房制度；③积极促进住房市场的形成。由于这3个特点，在以上住房政策的作用之下，我国逐步形成了二元化的住房制度（或称双轨并行的住房制度），我们也将这一时期内的住房政策称为全国形成二元住房制度时期的住房政策。所谓二元化的住房制度④是

---

① 需要注意的是，在全国形成二元住房制度时期，提高租金与出售公房都是重要的房改措施，国家不论是规定以提租为重点还是规定以出售公房为重点，都没有忽略另一房改措施的重要性。

② 苗天青. 我国城镇住房体制改革的困境与出路[J]. 山西师大学报（社会科学版），1996(1)：15-19.

③ 可以进一步通过这一时期房改政策的主要措施来看出。

④ 有关二元住房制度方面的论述参见：Zhang, X. Q. Institutional Transformation and Marketisation：The Changing Patterns of Housing Investment in Urban China [J]. Habitat International, 2006, 30：327-341；Zhang, X. Q. Redefining State and Market：Urban Housing Reform in China[J]. Housing, Theory and Society, 2001, 18：67-78；Lee, J. From Welfare Housing to Home Ownership：The Dilemma of China's Housing Reform[J]. Housing Studies, 2000, 15(1)：61-76；辜胜阻, 李正友, 张佩玮, 贺军. 改革住房双轨制，启动住宅市场[J]. 经济纵横, 1998(7)：8-12.

指：一方面，单位内部存在的福利化住房制度日益被打破，然而单位内住房制度的福利化色彩却远未被消除，单位中所实行的住房制度总体上仍是一种福利化的住房制度；另一方面，在单位外部，住房市场不断得以培育①，人们可以通过住房市场、按照等价交换的原则来获取住房，因而市场化的住房制度在单位之外逐步形成。

二、全国形成二元住房制度时期住房政策的主要措施

这一时期的住房政策为了改革福利化的住房制度，主要采取了以下具体措施：

(一)逐步提高公房租金

公有住房租金应逐步提高到成本租金水平，成本租金包括维修费、管理费、折旧费、投资利息和房产税5项因素②(前3项因素可以实现住房的简单再生产)。公房租金在达到了成本租金水平后，要逐步向商品租金(即市场租金)过渡，商品租金包括维修费、管理费、折旧费、投资利息、房产税、土地使用费、保险费和利润8项因素。

(二)发放住房补贴

1988年的"房改方案"规定采用比例法、以住房券的形式向职工发放住房补贴，并且规定发放的住房券总额与新增加的租金总额持平。1991年的"房改意见"则要求各地坚持"多提少补"的原则，一些地区在理顺租金、小幅度提租的前提下也可以不补。由此可见，随着住房制度改革的推进，住房补贴的发放数量是在逐步减少的。

---

① 围绕商品房市场也逐步建立了一套住房交易管理制度，发展了住房金融业务，一大批房地产开发企业、中介服务企业、物业管理企业也成长起来，从而为市场化住房制度的确立提供了有利条件。参见：侯淅珉．我国城镇住房市场化开始加速[J]．瞭望新闻周刊，2000(29)：4-6.

② 《烟台市城镇住房制度改革试行方案》将包括折旧费、维修费、投资利息、管理费和房产税5项因素的租金定为准成本租金，准成本租金是成本租金的80%以上。可见，全国形成二元住房制度时期的房改政策对成本租金规定的标准相对于《烟台市城镇住房制度改革试行方案》有所降低。

（三）积极组织公房出售

公房的出售价格从低到高可以分为标准价、成本价和市场价三个水平。标准价和成本价适用于中低收入家庭（但对于超过国家规定住房标准的部分，要按市场价计价），市场价适用于高收入家庭。1988 年的"房改方案"和 1991 年的"房改意见"均规定，标准价包括住房本身的建筑造价以及征地和拆迁补偿费两个部分。这两个政策文件并未对成本价作出规定，只是要求按标准价向职工出售住房（不适用于高收入职工家庭）。1991 年的"房改意见"还规定在按标准价出售公房的起步阶段可由单位适当负担征地和拆迁补偿费。1994 年的"房改决定"则规定，标准价按负担价和抵交价之和测定，一套 56 平方米建筑面积标准新房的负担价，1994 年应为所在市（县）双职工年平均工资的 3 倍，抵交价按双职工 65 年（男职工 35 年，女职工 30 年）内积累的由单位资助的住房公积金贴现值的80% 计算；成本价包括住房的征地和拆迁补偿费、勘察设计和前期工程费、建安工程费、住宅小区基础设施建设费（小区级非营业性配套公建费是否列入成本由各地自行确定）、管理费、贷款利息和税金 7 项因素。此外，1994 年的"房改决定"还要求售房价格逐步从标准价过渡到成本价。

从以上住房政策文件对公房出售价格的规定来看，国家在不断提高公房的出售价格，这一态势是合乎住房商品化改革要求的。

另外，为了促进公房的出售，这一时期的住房政策还作出了以下规定：①对职工买房给予一定的优惠和折扣，并实行灵活的付款方式；②对住房产权进行完全产权与部分产权的划分（1988 年的"房改方案"除外，该方案禁止有限产权出售的办法），支付不同的价格可以获取不同的住房产权；③新建公有住房和腾空的旧房实行先售后租的办法。

（四）鼓励集资建房与合作建房

1988 年的"房改方案"明确提倡集资建楼房，1991 年的"国发30 号文"（即《关于继续积极稳妥地开展城镇住房制度改革的通知》）与"房改意见"以及 1994 年的"房改决定"都明确鼓励集资建房与合作建房。其中 1991 年的"房改意见"要求各地政府大力支持单位或个人的集资、合作建房，特别是结合"解危"、"解困"进行的集资、合作建房；1994 年的"房改决定"又一次提出，鼓励集资合作建房，继续发展住房合作社，在统一规划的前提下，充分发挥各方面的积极性，加快城镇危旧住房改造。

（五）建立各级住房基金

为了将围绕住房生产、经营、消费所发生的资金集中起来，变无序为有序，以及使之合理化、固定化、规范化，也为了更好地发挥国家、集体和个人三方在住房投资中的作用，1988 年的"房改方案"和 1991 年的"房改意见"都要求建立城市、单位、个人三级住房基金。

1988 年的"房改方案"主要对三级住房基金的来源作出了规定①，1991 年的"房改意见"则对三级住房基金的建立提出了更进一步的要求：①将住房投资从基建投资中划出，并把住房的修缮拨款固定下来，划入城市住房基金；②把企业用于生产和住房消费的资金分列，使企业住房基金规范化；③通过逐步提高公房租金、收取租赁保证金、发行住房债券、组织住房储蓄等形式，增大个人筹资在住房投资中的比重。

（六）全面推行住房公积金制度

1991 年的"房改意见"已对住房公积金的推行提出了相关要求②。1994 年的"房改决定"则明确要求全面推行住房公积金制度，并作出了一系列具体规定：①所有行政和企事业单位及其职工均应

---

①　1988 年的《国务院住房制度改革领导小组关于在全国城镇分期分批推行住房制度改革的实施方案》规定：第一，城市的住房基金主要来源于原来基建投资中的住房投资、住房的修缮拨款，以及当地提取的住房建筑税、房产税和出售直管住房回收的资金；第二，企事业单位的住房周转基金主要来源于原来用于住房建设、维修、房租补贴资金，预算外收入按一定比例提取的资金，以及出售新建住房和旧房回收的资金；第三，职工个人的购建房基金主要来源于个人结余的住房券和企业用于职工其他消费支出的节余部分。

②　1991 年的"房改意见"提出，公积金是建立个人住房基金的有效方式，各地区要紧密联系各地区的特点和经济能力，正确引导，逐步推行。

按照"个人存储、单位资助、统一管理、专项使用"的原则交纳住房公积金;②住房公积金由在职职工个人及其所在单位,按职工个人工资和职工工资总额的一定比例逐月交纳,归个人所有,存入个人公积金账户,用于购、建、大修住房,职工离退休时,本息余额一次结清,退还职工本人;③各市(县)人民政府负责制定住房公积金的归集、使用、管理等有关具体规定,审批住房公积金的使用计划和财务收支预决算,可以设立专门的住房公积金管理机构,负责住房公积金的归集、支付、核算和编制使用计划等管理工作;④住房公积金的存贷款等金融业务一律由当地人民政府委托指定的专业银行办理,受委托的专业银行根据当地人民政府批准的住房公积金使用计划,审定、发放和回收贷款。

(七)配套改革金融体制

1988年的"房改方案"要求烟台、蚌埠两市切实办好已成立的住房储蓄银行,并规定其他城市可由当地政府委托银行设立房地产信贷部,专门办理有关住房生产、消费资金的筹集、融通和信贷结算等业务,实行单独核算,自主经营,自负盈亏,自求平衡,单独缴税。

1991年的"国发30号文"要求开展个人购房建房储蓄和贷款业务,实行抵押信贷购房制度,并从存贷利率和还款期限等方面鼓励职工个人购房和参加有组织的建房。

1991年的"房改意见"要求:①逐步建立集中调度、统筹使用、可供融通的住房信贷资金,使资金有借有还、有偿使用、滚动循环;②办好个人住房抵押贷款,使分散、分期实现的居民家庭收入,能适应集中、一次性支付的住房购置需求;③加快住房资金周转,住房建设单位要通过住房的出售尽快收回投资,投入建新房;④区别政策性信贷和经营性信贷,政策性业务要划分出专项资金来源,建立房改信贷基金,单独核算、自主经营、自负盈亏、自求平衡、就地完税,国家在计划安排、信贷规模、利率、税收等方面给予优惠;经营性业务要充分发挥各金融机构的积极性,按现行规定拓展房地产开发信贷业务;⑤继续探索和总结烟台、蚌埠两市开办住房储蓄银行的经验。

1994 年的"房改决定"也对发展住房金融和住房保险①，以及建立政策性和商业性并存的住房信贷体系等提出了要求。

（八）支持中小户型商品房和经济适用住房的建设

1988 年的"房改方案"规定：①商品住房要按不同的档次建造，以便购房户根据各自的需要和经济条件选购；②新建住房要以中小户型为主。1994 年的"房改决定"总体上沿用了上面这种思路，提出要建立以中低收入家庭为对象、具有社会保障性质的经济适用住房供应体系和以高收入家庭为对象的商品房供应体系。

上面的这些规定已经涉及住房分类供应的制度；同时，促进中小户型商品房和经济适用住房的建设，也有助于人们按照等价交换的原则来获取住房，因为中小户型商品房和经济适用住房的价格更可能为人们所承受得起②。

（九）开放和发展房地产市场

1988 年的"房改方案"和 1991 年的"房改意见"均提出，要通过调整产业结构，开放房地产市场，发展房地产金融和房地产业，把包括住房在内的房地产开发、建设、经营、服务纳入整个社会主义有计划商品经济的循环体系。此外，这两个政策文件以及 1991 年的"国发 30 号文"和 1994 年的"房改决定"等都对如何加强房地产市场管理作出了规定。实际上，为了促进房地产业的发展，国务院于 1992 年 11 月发出了《国务院关于发展房地产业若干问题的通知》（国发〔1992〕61 号），首次勾画出房地产市场体系框架：房地产一级市场即土地使用权的出让；房地产二级市场即土地使用权出让后的房地产开发经营；房地产三级市场即投入使用后的房地产交易，以及抵押、租赁等多种经营方式。同时，该通知还提出了一系列推动房地产业发展的政策措施，包括进一步深化土地使用制度改革、继续深化城镇住房制度改革、完善房地产开发的投资管理、正确引导外商对房地产的投资、建立和培育完善的房地产市场体系等。

---

① 1991 年的"房改意见"已对职工购房保险配套工作的开展提出了要求。

② 如果市场上的房价过高，那么人们便无力通过市场来解决住房问题，相应地，住房的商品化和住房制度的市场化也就难以实现。

(十)实现对住房的社会化管理

1988 年的"房改方案"要求加强商品住房售后服务工作，并提出房屋修缮和经营单位可在住户自愿的基础上，统一进行住房的管理和保养维修，从而提供各种社会服务。1991 年的"房改意见"规定，各地可以采取逐步引导、渐进过渡的办法①，逐步实现公有住房的社会化管理。1994 年的"房改决定"又提出，要发展多种所有制形式的物业管理企业和社会化的房屋维修、管理服务。

三、对全国形成二元住房制度时期住房政策的评析

在以上 10 个方面的政策措施中，有的直接是为了改变单位内存在的福利化住房制度(如不断提高公房的售价和租金)，有的直接是为了促进房地产市场的发展，有的则属于比较典型的配套措施(如改革金融体制等)。

不论是公房以标准价出售还是公房以标准租金出租，都有助于在单位和职工之间建立起一种类似的商品交换关系，也有助于改变福利化、供给制的住房分配模式，因而这样的政策措施明确体现出住房商品化改革的导向。然而，这样的措施并没有从根本上消除单位内存在的福利化住房制度。首先，住房的出售价格和出租价格相对于住房商品化的要求还比较低，这种较低的售价或租价说明住房仍旧具有一定的福利品性质。其次，职工仍旧是通过单位来满足自身的住房需求，职工购买或承租的不是市场上的商品房，而是单位的公房(不论是旧房还是新建住房)。在这种情况下，即使公房的售价和租价达到了一个市场化的高度，也不能说实现了真正的住房商品化②，因为住房的买卖关系是局限于单位内部的，公房的出售(出租)者是单位，购买(承租)者则是本单位的职工；如果说这种

---

① 首先是在企业内部实行分离，把对消费性住房的管理从以往的与生产性房产的混合管理中分离出来，专项核算，自成体系，独立经营；然后再以信托方式把这部分住房委托给由社区组织的，或由若干企业单位的房产部门合并而成的经济实体进行具体经营管理。

② 不过，随着公房售价与租金的提高，住房制度的福利化色彩会相对淡化。

交换或买卖关系形成了住房市场，那么所形成的住房市场也是高度碎片化的①，每个单位内部都存在一个小市场。另外，职工以各种优惠价从单位购得的住房并不完全归私人所有，职工获得的只是部分产权，这使得职工对住房的出租、转让将受到很大限制，因而职工也很少认同所购住房的商品属性和投资价值②。可见，要使市场化的住房制度完全替代单位内实行的福利化住房制度，就必须切断单位与住房供给之间的联系。

由此可知，出售公房和提高租金可以打破与弱化在单位内所实行的福利化住房制度，但其并不足以完全消除这种福利化的住房制度。在这一时期中，单位内实行的住房制度从实质上来看仍具有福利化的色彩，我们可以将单位内实行的这种住房制度称为改革着的福利化住房制度。

在单位之外，由于这一时期住房政策的促进作用，集资建房与合作建房等自建住房的形式得到了很大发展，住房市场也得到了不断培育和发展。自建住房作为一种满足城镇居民住房需求的形式，具有更多的自给自足性质，因而对于市场化住房制度的形成并不具有实质性的影响意义。但自建住房这种形式的发展却是与住房制度的市场化改革密切相关的，没有住房的商品化改革和住房制度的市场化改革，城镇居民自建住房这种形式就不会受到鼓励，更不会得到发展。

相对于自建住房这一形式的发展，住房市场的培育③则对于住房制度的市场化改革具有实质性的影响意义。住房市场的形成使人们可以不依赖于单位来满足自身的住房需求，而是通过在市场上买

---

①　Zhang, X. Q. Redefining State and Market：Urban Housing Reform in China [J]. Housing, Theory and Society, 2001, 18：67-78.

②　卢淑华. 住房问题与社会学研究——北京市区居民的住房与房改心态 [J]. 北京大学学报(哲学社会科学版)，1997(6)：14-19.

③　1981年我国第一个房地产开发公司成立(参见：Zhang, X. Q. Institutional Transformation and Marketisation：The Changing Patterns of Housing Investment in Urban China[J]. Habitat International, 2006, 30：327-341)，1997年中国的房地产开发企业已达到了21286家(参见：中华人民共和国国家统计局. 中国统计年鉴2000[Z]. 北京：中国统计出版社，2000：217)。

房或租房来满足自身的住房需求，这样在单位之外便形成了一种市场化的住房制度。

因此，在这一时期，除了城镇居民自建住房之外，我国典型地存在着两种不同的住房制度：一是单位内存在的福利化住房制度，二是单位外存在的市场化住房制度。这两种住房制度也对应着两类不同的住房供给方式，其一是由单位来提供住房，其二是由市场来提供住房。住房制度改革最终要使市场在住房资源的配置中发挥基础性的作用①，这必然要求两类不同的住房供给方式最终合并为由市场供给住房这样一种方式，同时也必然要求二元并存的住房制度最终合并为一元化的住房制度。到了 1998 年，我国颁布的《国务院关于进一步深化城镇住房制度改革加快住房建设的通知》（国发〔1998〕23 号）明确提出了这种合并的要求，由此也使改革开放以来我国住房政策的变迁进入了一个新的阶段。

第四节　实现住房制度从二元向一元转变时期的住房政策（1998—2003年）

在 1998 年 3 月份召开的九届全国人大一次会议期间，当时建设部的新任部长俞正声根据国务院安排，到人大北京团听取意见，他讲到，发展住宅消费，培育新的经济增长点，就必须取消福利分房，建立新的消费格局②。同年 6 月，全国城镇住房制度改革与住宅建设工作会议在北京召开，会议提出了深化城镇住房制度改革应把握好的 4 个重点：一是改革城镇住房分配体制，停止住房实物分配，实行住房分配货币化；二是建立以经济适用住房为主体的多层

---

① 党的十八届三中全会（2013 年）通过的《中共中央关于全面深化改革若干重大问题的决定》将市场在资源配置中的基础性作用进一步明确为"决定性作用"，提出"经济体制改革是全面深化改革的重点，核心问题是处理好政府和市场的关系，使市场在资源配置中起决定性作用和更好发挥政府作用"。在本书中，凡涉及 2013 年之前的住房政策，我们仍使用"基础性作用"。

② 韩冰洁. 让住房建设成为新的经济增长点［J］. 瞭望新闻周刊，1998（14）：20-21.

次的新的住房供应体系，满足不同收入群众对住房的需求；三是扩大金融服务，促进住房商品化；四是有步骤地培育和规范住房交易市场。同年7月，《国务院关于进一步深化城镇住房制度改革加快住房建设的通知》(以下简称"房改通知")颁布，这一"房改通知"成为我国实现住房制度从二元向一元转变时期的标志性政策文件。"房改通知"颁布以后，中央陆续出台了一系列的配套法规政策，如国务院于1999年3月颁布了《住房公积金管理条例》(国务院令第262号)，建设部于1999年4月发布了《已购公有住房和经济适用住房上市出售管理暂行办法》(建设部令第69号)。下面我们主要结合1998年的"房改通知"来介绍这一时期住房政策的目标及主要措施，然后对这一时期的住房政策进行评析。

一、实现住房制度从二元向一元转变时期住房政策的目标

与前一时期住房政策的目标比较起来，这一时期住房政策的目标有一个很大的不同就在于明确提出了要停止住房的实物分配，而停止住房的实物分配又意味着切断单位与住房供给之间的联系和真正确立起一元的市场化住房制度。因此，我们可以将这一时期的住房政策称为实现住房制度由二元(福利化与市场化并存)向一元(市场化)转变时期的住房政策。由于两个时期的住房政策在目标上的不同，我们可以判断，实现住房制度由二元向一元转变时期的住房政策相对于上一时期的住房政策发生了大幅度的变迁。

通过住房制度从二元向一元转变时期住房政策的目标我们还可以看出，这一时期的住房政策仍旧遵循了市场化的变迁方向，并且致力于在以前20来年住房制度改革的基础上真正实现住房分配的货币化(使工资中包含有住房消费资金)和住房制度的市场化。

二、实现住房制度从二元向一元转变时期住房政策的主要措施

(一)1998年下半年开始停止住房实物分配，逐步实行住房分配货币化

①职工购房资金来源主要有职工工资、住房公积金、个人住房贷款，以及有的地方由财政、单位原有住房建设资金转化的住房补

贴等；②停止住房实物分配后，房价收入比(即本地区一套建筑面积为 60 平方米的经济适用住房的平均价格与双职工家庭年平均工资之比)在 4 倍以上，且财政、单位原有住房建设资金可转化为住房补贴的地区，可以对无房和住房面积仍未达到规定标准的职工实行住房补贴。

(二)全面推行和不断完善住房公积金制度

①到 1999 年底，职工个人和单位住房公积金的缴交率应不低于 5%，有条件的地区可适当提高；②建立健全职工个人住房公积金账户，进一步提高住房公积金的归集率，继续按照"房委会决策，中心运作，银行专户，财政监督"的原则，加强住房公积金管理工作。

(三)对不同收入家庭实行不同的住房供应政策

①最低收入家庭租赁由政府或单位提供的廉租住房；中低收入家庭购买经济适用住房；其他收入高的家庭购买、租赁市场价商品住房；②重点发展经济适用住房，将经济适用住房的供应放在各类住房供应中的主体性地位，新建的经济适用住房出售价格实行政府指导价，利润控制在 3%以下；③廉租住房可以从腾退的旧公有住房中调剂解决，也可以由政府或单位出资兴建，廉租住房的租金实行政府定价。

(四)积极发展住房金融

①扩大个人住房贷款的发放范围，所有商业银行在所有城镇均可发放个人住房贷款①，取消对个人住房贷款的规模限制，适当放宽个人住房贷款的贷款期限；②对经济适用住房开发建设贷款，实行指导性计划管理，商业银行在资产负债比例管理要求内，优先发

①　1992 年建设银行首家推出职工购建房抵押贷款业务，1998 年的"房改通知"发布之前，也主要是由建设银行垄断房地产金融业务，而"房改通知"的发布则打破了这种局面，1998 年以后，几乎所有的商业银行都逐步开办了个人住房消费信贷业务，个人消费信贷业务量得到迅速增长，个人住房贷款余额在 1999 年和 2000 年的同比增长率分别为 218.60%、148.72%。参见：郁文达.房地产周期和金融政策[J].中国房地产金融，2003(9)：8-11；易宪容.房地产与金融市场[M].北京：社会科学文献出版社，2007：20.

放经济适用住房开发建设贷款；③完善住房产权抵押登记制度，发展住房贷款保险，防范贷款风险，保证贷款安全；④调整住房公积金贷款方向，使住房公积金贷款主要用于职工个人购买、建造和大修理自住住房；⑤发展住房公积金贷款与商业银行贷款相结合的组合住房贷款业务。

（五）进一步推进公有住房改革

①继续推进租金改革，租金改革要考虑职工的承受能力，与提高职工工资相结合；②进一步搞好现有公有住房出售工作，规范出售价格，从1998年下半年起，出售现有公有住房，原则上实行成本价，并与经济适用住房房价相衔接。

（六）进一步培育住房交易市场

①在对城镇职工家庭住房状况进行认真普查、清查和纠正住房制度改革过程中的违纪违规行为，建立个人住房档案，制定办法，先行试点的基础上，并经省、自治区、直辖市人民政府批准，稳步开放已购公有住房和经济适用住房的交易市场；②对已购公有住房和经济适用住房上市交易实行准入制度。

三、对实现住房制度从二元向一元转变时期住房政策的评析

以上6个方面的政策措施都是围绕住房制度改革的进一步深化而展开的，而进一步深化住房制度改革的关键又在于停止住房的实物分配，住房实物分配的停止则意味着职工要通过市场来满足自身的住房需求。为了使职工有能力在市场上购房或租房，一是要保证住房的价格不至于过高①；二是要保证职工具有在市场上购房或租

---

① 有关新闻报道也支持了这一观点。1999年北京商品房平均售价为6249元/平方米，同年上海的房价比北京低1倍多，为2898元/平方米，结果是1999年上半年上海的商品房销售面积是北京的近3倍。而北京推出的经济适用房项目则限定了最高售价，为2650元/平方米，这不再让中低收入家庭感到高不可攀，住房的出售也出现了排队认购、排队交订金的火爆场面。参见：唐敏．住房消费：房价过高是屏障[J]．瞭望新闻周刊，2000(5)：14.

房的资金来源，从而提高其购房或租房的能力①。经济适用住房的重点建设有助于保证房价控制在职工可以承受的范围之内；完善住房公积金制度、发展住房金融等则有助于保证职工购房或租房的资金来源。建设经济适用住房、推行住房公积金制度等在前一个时期的住房政策中已有涉及，不过，尽管两个时期的住房政策都包括这些内容，但在政策力度上，前一时期却不及实现住房制度由二元向一元转变的时期。

另外，改革福利化的住房制度也有利于房地产业的发展，住房制度改革得越深入，就越能够促进房地产业的发展，因为住房制度改革的过程也就是国家与单位为市场让渡出相应职能空间的过程。住房实物分配的停止是对住房制度改革的进一步深化，它能够更加有力地促进房地产业的发展，也有助于使房地产业成为一个新的经济增长点。

住房的实物分配停止以后，单位与住房供给之间的联系便被切断了，职工在住房消费上真正从单位体制中"脱嵌"了出来②。相应地，原来存在的由单位提供住房与由市场提供住房两种不同的方式就合并为由市场提供住房这样一种方式，原来并存的福利化住房制度与市场化住房制度也就转变为一元的市场化住房制度。当然，在停止住房的实物分配之后，单位内还会剩余一些公房，但这些公房的存在已不会对一元的市场化住房制度的确立产生实质性的影响。

在描述和分析了计划经济时期住房制度的特征以及改革开放以来前几个阶段住房政策的变迁之后，我们可以将我国住房制度的变化过程用图 4-1 表示。

住房制度由二元向一元的转变这一目标实现之后，我国住房政策的变迁相应也会进入一个新的阶段，而通过 2003 年以后几年内我国颁布的一系列住房政策文件，我们可以看出这些政策具有一个

①　另外，工资制度改革也是提高职工购房或租房能力的一个重要方面。参见第五章第二节。

②　周大鸣，廖子怡. 变迁中的个人与社会关系——以辽宁鞍钢职工家庭住房为例[J]. 学习与探索，2015(7)：34-38.

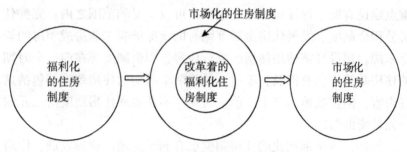

图 4-1　我国住房制度的变化过程

十分明显的特点，即调控住房市场，因而我们也将这一阶段的住房政策称为调控住房市场时期的住房政策。

第五节　调控住房市场时期的住房政策
（2003—2007 年）

　　2003 年 8 月 31 日，《国务院关于促进房地产市场持续健康发展的通知》（国发〔2003〕18 号，以下简称"国发 18 号文"）正式下发，第一次提出房地产业已成为国民经济的支柱产业；9 月 1 日，全国房地产工作会议在北京召开，曾培炎副总理对"国发 18 号文"的贯彻落实进行了部署，建设部长汪光焘对文件的形成过程、起草文件的指导思想以及文件中涉及的几个主要问题作出了说明。

　　2004 年 3 月国土资源部和监察部发布《关于继续开展经营性土地使用权招标拍卖挂牌出让情况执法监察工作的通知》（国土资发〔2004〕71 号），4 月国务院办公厅发布《关于深入开展土地市场治理整顿严格土地管理的紧急通知》（国办发明电〔2004〕71 号），8 月 30 日中国银行业监督管理委员会发布《商业银行房地产贷款风险管理指引》（银监发〔2004〕57 号），这些显示出国家力图通过土地和信贷两个"闸门"来控制住房价格和房地产投资的过快增长。

　　2005 年 3 月 26 日，被称为"老国八条"的《国务院办公厅关于切实稳定住房价格的通知》（国办发明电〔2005〕8 号）出台；2005 年

5月9日，国务院办公厅下达了《国务院办公厅转发建设部等部门关于做好稳定住房价格工作意见的通知》（国办发〔2005〕26号），这一通知被称作"新国八条"；2006年5月17日，温家宝总理主持召开国务院常务会议，提出被称为"国六条"的房地产业6项调控措施；2006年5月24日，国务院办公厅下达了《国务院办公厅转发建设部等部门关于调整住房供应结构稳定住房价格意见的通知》（国办发〔2006〕37号），这一通知被称作"国十五条"。

　　以上文件的名称中已没有再出现"住房制度改革"的字样，这在一定意义上说明随着住房制度从二元向一元的转变，随着市场在住房资源配置中基础性作用的发挥，我国住房政策的着重点已经发生了转变。同样可以从以上文件的名称中看出，我国住房政策的着重点从改革福利化的住房制度转变到了调控住房市场、稳定住房价格、促进住房市场健康发展上来。

一、调控住房市场时期住房政策的目标

　　这一时期住房政策的目标相对于前几个时期体现出明显的不同。前几个时期住房政策的目标在于确立市场化的住房制度（当然，这一目标是分步实现的，不同时期的具体目标事实上还有不同）；而在这一时期，我国市场化的住房制度已经得以确立，住房政策的目标也转变到了通过对住房市场的调控来促进住房市场的健康发展①和进一步完善市场化的住房制度上来。因此，这一时期的住房政策相对于前几个时期发生了大幅度的变迁。

---

　　① 表现为住房市场上供求总量的基本平衡，住房供应结构的基本合理，住房价格的基本稳定等。对于房价的合理与稳定，有着两条基本的判断标准：一是房价收入比控制在合理的区间，住房价格与居民收入大体相适应，住房消费占居民收入的比重过低容易引起人们消费结构的扭曲，而住房消费占居民收入的比重过高又会使住房作为一种消费品的属性发生偏离；二是房地产业的利润率保持在合理的范围，住房价格与成本及合理的利润相匹配，不致发生暴涨暴跌的现象。当然，用于考察房价合理性与稳定性的方式还有其他，诸如将住房价格的变化比率与CPI、GDP变化比率、居民收入变化比率等指标相对比。参见：王炜.房价多少是"合理"[N].人民日报，2012-3-22(17).

但是，住房政策目标的上述转变并不意味着我国住房政策的变迁方向发生了变化，因为在调控住房市场时期，我国住房政策的目标仍旧体现出鲜明的市场化导向①，政府对住房市场的宏观调控可以为市场化住房制度作用的发挥创造有利的条件，也有助于市场化住房制度的进一步完善。

二、调控住房市场时期住房政策的主要措施

(一)搞活住房二级市场

2003 年的"国发 18 号文"规定：①清理影响已购公有住房上市交易的政策性障碍，鼓励居民换购住房；②除法律、法规另有规定和原公房出售合同另有约定外，任何单位不得擅自对已购公有住房上市交易设置限制条件；③各地可以适当降低已购公有住房上市出售土地收益缴纳标准；④以房改成本价购买的公有住房上市出售时，原产权单位原则上不再参与所得收益分配；⑤依法加强房屋租赁合同登记备案管理，规范发展房屋租赁市场。

2006 年的"国十五条"也规定要积极发展住房二级市场，只是其目的更多是为了增加中低价位、中小套型住房的供应，而 2003 年的"国发 18 号文"关于搞活住房二级市场的规定则更多是为了健全住房市场体系。

(二)调整和改善住房供应结构

(1)扩大普通商品住房、经济适用住房和廉租住房的供应规模，提高其在市场供应中的比例。

一是采取必要措施来保证普通商品住房的供应，2003 年的"国发 18 号文"要求多渠道降低普通商品住房的建设成本，以使住房价格与大多数居民家庭的住房支付能力相适应，并逐步实现多数家庭购买或承租普通商品住房。2005 年的"新国八条"要求各地城市规划行政主管部门优先审查中低价位普通商品住房和经济适用住房规划项目，在项目选址上予以保证；同时规定有关部门要对普通商品

---

① 2003 年以后，我国要完善已经确立的市场化的住房制度，这个过程也是不断实现住房制度现代化的过程。

住房建设项目在建筑高度、容积率、绿地、住房销售价位、套型面积等方面提出控制性要求，并将这种要求作为土地出让的前置条件，以保证普通商品住房的有效供应。2006 年的"国六条"要求各地对新建住房结构提出具体比例要求。2006 年的"国十五条"则明确规定，自 2006 年 6 月 1 日起，凡新审批、新开工的商品住房建设，套型建筑面积 90 平方米以下住房（含经济适用住房）面积所占比重，必须达到开发建设总面积的 70% 以上；过去已审批但未取得施工许可证的项目凡不符合上述要求的，应根据要求进行套型调整①。

二是对经济适用住房建设实行相关的支持性措施②，并通过实施和完善相关制度以保证经济适用住房的有效供应③。

三是切实建立和实施廉租住房制度，2003 年的"国发 18 号文"要求建立和完善廉租住房制度；2005 年的"老国八条"要求全面落实廉租住房制度；2005 年的"新国八条"要求扩大廉租住房制度的覆盖面；2006 年的"国十五条"则明确规定 2006 年年底以前所有城市必须建立廉租住房制度④。

（2）严格控制高档商品住房的建设。对此 2003 年的"国发 18 号文"、2005 年的"老国八条"和"新国八条"等都作出了明确规定，具体措施如暂停审批高档商品住房建设项目、提高高档商品住房的开发项目资本金比例和预售条件等。

---

① 从不同政策文件的以上规定我们可以得知，国家关于促进普通商品住房供应方面的措施是越来越严格了，强制性程度也是越来越高了。

② 2003 年的"国发 18 号文"要求通过一系列优惠措施以切实降低经济适用住房建设成本；2005 年的"新国八条"要求各地城市规划行政主管部门对于普通商品住房和经济适用住房规划项目在选址上予以优先保证。

③ 2003 年的"国发 18 号文"要求将经济适用住房严格控制在中小套型，并严格审定销售价格，依法实行建设项目招投标；2006 年的"国十五条"要求各地严格执行经济适用住房管理的各项政策，并针对经济适用住房建设和销售中存在的问题进一步完善经济适用住房制度。

④ 通过不同政策文件所提出的以上要求我们不但可以看出廉租住房制度一开始甚至说在较长的时间内并没有被地方政府加以有效执行，而且可以看出国家在廉租住房制度建设与实施方面的规定是日趋具体与严格了。

　　由以上政策措施我们可以看出，国家力图通过对住房供应结构的调整来增加住房的总体供给量，从而促进住房价格的稳定和房地产经济的平稳运行。

（三）调控土地供应，严格土地管理

　　（1）优先保证普通商品住房、经济适用住房和廉租住房的土地供应，并根据实际情况增加其用地供应量。2003年的"国发18号文"要求优先落实经济适用住房、普通商品住房、危旧房改造和城市基础设施建设中的拆迁安置用房建设项目用地，并提出，普通商品住房和经济适用住房供不应求、房价涨幅过大的城市可按规定适当调剂增加土地供应量；2005年的"老国八条"要求增加普通商品住房和经济适用住房的土地供应；2005年的"新国八条"规定，居住用地和住房价格上涨过快的地方可在严格执行土地利用总体规划和土地利用计划的前提下，适当提高居住用地在土地供应中的比例，着重是增加中低价位普通商品住房和经济适用住房建设用地供应量；2006年的"国十五条"则进一步要求，中低价位、中小套型普通商品住房（含经济适用住房）和廉租住房用地的年度供应量不得低于居住用地供应总量的70%①。

　　（2）严格控制高档商品住房土地供应。2005年的"新国八条"和2006年的"国十五条"都明确要求继续停止别墅类用地供应，以及严格限制高档住房（低密度、大套型）的土地供应。

　　（3）不断加大闲置土地的清理力度，切实提高土地的实际供应总量和利用效率。2003年的"国发18号文"要求限制那些土地供应过量、闲置建设用地过多地区的土地供应。2005年的"老国八条"要求，对于已批准但长期闲置的住房建设用地，严格按有关规定收回土地使用权或采取其他措施进行处置。2005年的"新国八条"规定，对超过出让合同约定的动工开发日期满1年未动工开发的，征收土地闲置费；满2年未动工开发的，无偿收回土地使用权。2006年的"国十五条"则进一步规定，对超出合同约定动工开发日期满1

---

　　① 从以上规定中我们可以看出，国家在普通商品住房等土地供应上的调控力度是不断加大的。

年未动工开发的，依法从高征收土地闲置费，并责令限期开工、竣工；满 2 年未动工开发的，无偿收回土地使用权。此外，对虽按照合同约定日期动工建设，但开发建设面积不足 1/3 或已投资额不足 1/4，且未经批准中止开发建设连续满 1 年的，按闲置土地处置。

（4）严格土地转让管理，依法制止"炒买炒卖"土地行为。对此 2005 年的"新国八条"等予以了明确规定。

以上政策措施对土地供应的调控方向与这一时期国家对住房供应结构的调整方向是一致的，都是为了促进低价位住房的建设，从而扩大低价位住房的供给规模。另外，以上政策措施还在闲置土地清理和土地转让管理等方面作出了严格的规定，以制止囤积土地、炒卖地皮等行为，从而保证土地的有效利用，并促进住房价格的稳定。

（四）合理引导居民的住房消费

2005 年的"老国八条"规定：①要综合采取土地、财税、金融等相关政策措施，利用舆论工具和法律手段，正确引导居民住房消费，控制不合理需求；②要加大宣传力度，适时披露土地供应、住房供求及价格涨落等相关信息，正确引导居民合理消费和心理预期；③要规范引导措施，避免挫伤市场信心，引起房地产市场大的波动。

2006 年的"国十五条"规定，要加强对房地产市场调控政策的宣传，客观、公正报道房地产市场情况，引导广大群众树立正确的住房消费观念。

以上政策措施主要是为了将居民的住房消费需求引导到对普通商品住房的需求上来，从而使居民树立起正确的住房消费观念、形成合理的住房需求，并使居民对住房的消费能够具有一个稳定的预期。

（五）严格控制被动性住房需求

（1）加强拆迁计划管理，合理控制城市房屋拆迁规模和进度，减缓因拆迁而带来的被动性住房需求的过快增长，减轻市场压力。2005 年的"老国八条"、2006 年的"国六条"和"国十五条"对此都予以了明文规定。

（2）城镇建设和房屋拆迁要量力而行，严禁盲目攀比和大拆大建。比如，2006 年的"国十五条"要求，在没有落实拆迁安置房源和补偿政策不到位的情况下，各地不得实施拆迁，不得损害群众合法利益。

控制被动性住房需求可以减轻住房需求对于住房供给的压力，从而有助于住房价格的稳定。

（六）加大对投机性与投资性购房需求的控制力度

2005年的"老国八条"和"新国八条"以及2006年的"国十五条"都明确要求加大控制投机性和投资性购房需求的力度。其中2005年的"新国八条"规定，自2005年6月1日起，对个人购买住房不足2年转手交易的，销售时按取得的售房收入全额征收营业税；个人购买普通住房超过2年(含2年)转手交易的，销售时免征营业税；对个人购买非普通住房超过2年(含2年)转手交易的，销售时按其售房收入减去购买房屋的价款后的差额征收营业税。2006年的"国十五条"为了进一步抑制投机性和投资性购房需求，将"新国八条"中规定的"2年"期限改变为"5年"，并从2006年6月1日起实行，由此严格了征收住房转让环节营业税的规定。

控制投机性与投资性购房需求的政策意图也在于防控因"供不应求"而导致的房价上涨，从而促进住房市场的健康发展。

（七）加强住房信贷管理

（1）严格控制不合理的房地产开发贷款和个人住房贷款。控制不合理的房地产开发贷款是为了抑制房地产开发企业利用银行贷款囤积土地和房源。基于此，2006年的"国十五条"要求提高房地产开发信贷门槛，并作出了以下规定：对项目资本金比例达不到35%等贷款条件的房地产企业，商业银行不得发放贷款；对闲置土地和空置商品房较多的开发企业，商业银行要按照审慎经营原则，从严控制展期贷款或任何形式的滚动授信；对空置3年以上的商品房，商业银行不得接受其作为贷款的抵押物。

控制不合理的个人住房贷款是为了防止居民出现炒买炒卖住房的行为。基于此，2006年的"国十五条"规定：从2006年6月1日起，个人住房按揭贷款首付款比例不得低于30%；同时，考虑到中低收入群众的住房需求，对购买自住住房且套型建筑面积90平方米以下的仍执行首付款比例20%的规定。

（2）加强对房地产开发贷款和个人住房贷款的监督管理。2003年的"国发 18 号文"要求加强房地产贷款监管。2005 年的"新国八条"对人民银行和银监会在房地产贷款监管方面的职责予以了进一步的强调①。

（八）加强住房市场监管和整顿住房市场交易秩序

（1）严厉制止房地产开发企业擅自变更房地产项目、擅自改变套型结构设计的行为。对此，2003 年的"国发 18 号文"、2006 年的"国六条"和"国十五条"都作出了相关规定②。

（2）严厉制止房地产开发企业违规交易、捂盘惜售、囤积房源、恶意炒作和哄抬房价等行为。2003 年的"国发 18 号文"规定，对空置量大的房地产开发企业，要限制其参加土地拍卖和新项目申报。2005 年的"新国八条"和 2006 年的"国十五条"则都规定对这些违法违规行为要严肃查处。

（3）禁止商品房预购人将购买的未竣工的预售商品房再行转让。2005 年的"新国八条"对此有比较详细的规定③。

（4）建立健全房地产市场预警预报体系，加强对商品住房市场和土地市场运行情况的动态监测，增强房地产市场信息透明度。对

---

① "新国八条"规定，第一，人民银行及其分支机构要加大"窗口指导"力度，督促商业银行采取有效措施，加强对房地产开发贷款和个人住房抵押贷款的信贷管理，调整和改善房地产贷款结构。第二，银监会及其派出机构要严格督促各商业银行切实加强贷前调查、贷时审查和贷后检查的尽职工作，建立各类信贷业务的尽职和问责制度；要加大对商业银行房地产贷款的检查力度，切实纠正违规发放贷款行为；对市场结构不合理、投机炒作现象突出，房地产贷款风险较大的地区，要加强风险提示，督促商业银行调整贷款结构和客户结构，严格控制不合理的房地产贷款需求，防范贷款风险。

② 比如，"国十五条"规定：对擅自改变设计、变更项目、超出规定建设的住房要依法予以处理直至没收。

③ 根据《中华人民共和国城市房地产管理法》的有关规定，"新国八条"要求：在预售商品房竣工交付、预购人取得房屋所有权证之前，房地产主管部门不得为其办理转让手续；房屋所有权申请人与登记备案的预售合同载明的预购人不一致的，房屋权属登记机构不得为其办理房屋权属登记手续；实行实名制购房，推行商品房预售合同网上即时备案，防范私下交易行为。

此，2003 年的"国发 18 号文"、2005 年的"老国八条"和"新国八条"，以及 2006 年的"国六条"和"国十五条"等都作出了明确规定。

三、对调控住房市场时期住房政策的评析

以上 8 个方面的政策措施从不同的角度对住房市场进行了调控，有的措施侧重于从供给方面来调控住房市场（如调整和改善住房供应结构、调控土地供应等），有的措施侧重于从需求方面来调控住房市场（如控制被动性住房需求、加大对投机性与投资性购房需求的控制力度等），有的措施则侧重于从规范市场交易秩序的角度来调控住房市场。总之，这一时期国家调控住房市场的措施是多角度、综合性的。通过对住房市场的全方位调控，国家力图促进住房市场的持续健康发展，为市场在住房资源配置中基础性作用的进一步发挥创造有利条件，并促使市场化住房制度的进一步完善。

另外，通过对这一时期先后出现的不同住房政策的对比，我们也可以发现，这一时期的住房政策在具体的措施上是不断趋于完善的，也是不断趋于严格的。这反映出政策工具方面的变化与调整。

在改革开放以后我国住房政策变迁的前 3 个时期，住房政策的着力点总体上都在于如何使福利化的住房制度逐步转变为市场化的住房制度；而到了这一时期，也就是改革开放后我国住房政策变迁的第 4 个时期，住房政策的着力点总体上已放在如何弥补住房市场的不足以及如何进一步完善市场化的住房制度。

然而，住房市场的缺陷与不足有多个方面，住房市场的失灵也有多种表现。住房市场除了可能产生过热或过冷之类的大幅波动问题之外，也难以满足低收入群体的住房需求，因为低收入群体中的相当一部分人根本无力进入住房市场①。相应地，政府要弥补住房

---

①　就住房消费支出占家庭消费总支出的比重而言，低收入家庭的住房消费支出比重是高于中高收入家庭的住房消费支出比重的，这一是说明低收入家庭住房支付能力的欠缺；二是表明低收入家庭难以通过提高住房消费支出比重来克服自身的住房困难。参见：冯俊.住房与住房政策[M].北京：中国建筑工业出版社，2009：174。另外，我国客观上存在居民收入差距过大的事实，这更加凸显了低收入家庭住房支付能力不足的问题。参见：金三林.我国房价收入比的社会差距与住房政策的调整方向[J].经济要参，2007(17)：27-33。

市场的不足，克服住房市场的失灵，一方面要对住房市场进行必要与合理的调控，以促进住房市场的健康发展；另一方面要切实承担起住房保障的责任，以解决低收入群体的住房困难问题。

因此，调控住房市场固然有助于弥补住房市场的失灵，有助于更好地发挥市场化住房制度的作用，但加强住房保障对于市场在住房资源配置中作用的进一步发挥和市场化住房制度的完善同样是十分重要的。事实上，在市场化的住房制度确立之后，要进一步完善这种制度，关键是要合理界定政府与市场各自的职能，以及正确处理政府与市场之间的关系。而政府的职能则表现为弥补市场的缺陷与不足，调控住房市场与加强住房保障都是应包括在这种职能范围之内的，忽略了哪一个方面，都不利于市场化住房制度的完善及市场化住房制度作用的发挥。

在这一时期，我国住房政策强调的是对住房市场的调控，而随着 2007 年《国务院关于解决城市低收入家庭住房困难的若干意见》的颁布，我国明显加大了住房保障的力度，由此我国改革开放后住房政策的变迁进入了一个调控住房市场与加强住房保障并重的时期。

第六节　调控住房市场与加强住房保障并重
时期的住房政策（2007 年至今）

2007 年 8 月 7 日，《国务院关于解决城市低收入家庭住房困难的若干意见》（国发〔2007〕24 号）颁布①，该文件首次明确提出，把

---

①　2007 年，为落实《国务院关于解决城市低收入家庭住房困难的若干意见》，有关部委还发布了一些单项性的规定，其中主要有：国土资源部于 9 月 30 日发布的《关于认真贯彻〈国务院关于解决城市低收入家庭住房困难的若干意见〉进一步加强土地供应调控的通知》（国土资发〔2007〕236 号）；财政部于 10 月 30 日发布的《廉租住房保障资金管理办法》（财综〔2007〕64 号）；建设部、国家发展和改革委员会、监察部、民政部、财政部、国土资源部、中国人民银行、国家税务总局、国家统计局 9 部门于 11 月 8 日联合发布的《廉租住房保障办法》（第 162 号令）；建设部、国家发展和改革委员会、监察部、财政部、国土资源部、中国人民银行、国家税务总局 7 部门于 11 月 19 日联合发布的《经济适用住房管理办法》（建住房〔2007〕258 号）。

解决低收入家庭住房困难纳入政府公共服务职能。同年底，建设部"住房保障与公积金监督管理司"挂牌成立①，强化了政府住房保障工作的组织基础，而在建设部这一新的内设机构成立之前，全国的住房保障工作是由建设部"住宅与房地产业司"主管的，具体事务则由住房保障处负责②。以上事件标志着国家将加强住房保障放在了与调控住房市场相并重的地位③，住房保障在住房政策体系中的地位得到了明显提升，2007 年成为"民生地产"元年并在改革开放以来我国住房政策的变迁中具有了里程碑的意义④，有学者也由此认为中国正在走向一个住房权时代⑤。在 2007 年以后，我国根据客观情势的变化又陆续出台了一系列的住房政策，这些政策同样体现出调控住房市场与加强住房保障两者并重的特征(即坚持"两条腿"走路)。

　　这一时期的住房政策不单单是强调对住房市场的调控，而且更加注重对住房保障的加强，从而更好地弥补住房市场的不足和促进市场化住房制度的完善。相应地，在这一时期，住房政策的目标一方面在于通过调控住房市场来促进住房市场的健康发展，另一方面

---

①　2008 年我国进行了改革开放以来第六次规模较大的政府机构改革，根据十一届全国人大一次会议于 3 月 15 日批准的国务院机构改革方案，组建"住房和城乡建设部"，不再保留建设部，在新成立的住房和城乡建设部的内设机构中，原来的"住房保障与公积金监督管理司"进一步分设为"住房保障司"和"住房公积金监管司"。

②　王子鹏，王伟民，王敬宾，张杰，刘晓云，曾冬梅. 住房保障司低调起步[N]. 中国房地产报，2008-1-7(A01).

③　需要注意的是，国家在 2007 年对住房保障进行加强并不意味着我国以前不存在住房保障政策，这一点在本书的绪论部分我们介绍关于住房保障政策的研究现状时已得到体现。

④　张杰. 设立住房保障司是房改新里程碑[N]. 中国房地产报，2008-1-7(A02).

⑤　张群. 居有其屋——中国住房权历史研究[M]. 北京：社会科学文献出版社，2009：231.

在于通过加强住房保障来促进低收入群体基本住房需求的满足①。这样的目标与前一个时期相比发生了较为显著的变化，这一时期的住房政策相对于前一个时期也发生了大幅度的变迁。另外，在我国住房政策变迁的这样一个阶段，政策变迁仍是遵循着市场化的方向，因为不论是对住房市场的调控还是对住房保障的加强，都有助于弥补住房市场失灵，有助于住房市场在住房资源的配置中发挥出更加有效的作用。

一、2007 年《国务院关于解决城市低收入家庭住房困难的若干意见》

为切实加大解决城市低收入家庭住房困难的工作力度，2007年《国务院关于解决城市低收入家庭住房困难的若干意见》主要规定了以下政策措施：

（一）进一步建立健全城市廉租住房制度

①逐步扩大廉租住房制度的保障范围。城市廉租住房制度是解决低收入家庭住房困难的主要途径，"十一五"期末，全国廉租住房制度保障范围要由城市最低收入住房困难家庭扩大到低收入住房困难家庭。②合理确定廉租住房保障对象和保障标准。廉租住房保障对象的家庭收入标准、住房困难标准和保障面积标准实行动态管理，由城市人民政府每年向社会公布一次。③健全廉租住房保障方式。城市廉租住房保障实行货币补贴和实物配租等方式相结合，主要通过发放租赁补贴，增强低收入家庭在市场上承租住房的能力。④多渠道增加廉租住房房源。要采取政府新建、收购、改建以及鼓励社会捐赠等方式增加廉租住房供应。⑤确保廉租住房保障资金来源。一是地方财政要将廉租住房保障资金纳入年度预算安排；二是

---

① 有人指出，房地产业是一个"经济支柱产业"与"居者有其屋"的民生工程的结合体。参见：黄海洲，汪超，王慧. 中国城镇化中住房制度的理论分析框架和相关政策建议[J]. 国际经济评论，2015(2)：29-54. 事实上，住房不仅具有经济属性而且具有社会属性，住房政策不仅是经济政策而且是社会政策(或者说住房政策是一个既包括经济政策又包括社会政策的政策体系)。

住房公积金增值收益在提取贷款风险准备金和管理费用之后全部用于廉租住房建设；三是土地出让净收益用于廉租住房保障资金的比例不得低于 10%，各地还可根据实际情况进一步适当提高比例；四是廉租住房租金收入实行收支两条线管理，专项用于廉租住房的维护和管理。

（二）改进和规范经济适用住房制度

①规范经济适用住房供应对象。经济适用住房供应对象为城市低收入住房困难家庭，并与廉租住房保障对象衔接。②合理确定经济适用住房标准。经济适用住房套型标准根据经济发展水平和群众生活水平，建筑面积控制在 60 平方米左右。③严格经济适用住房上市交易管理。经济适用住房属于政策性住房，购房人拥有的是有限产权①。④加强单位集资合作建房管理。单位集资合作建房只能由距离城区较远的独立工矿企业和住房困难户较多的企业，在符合城市规划前提下，经城市人民政府批准，并利用自用土地组织实施；各级国家机关一律不得搞单位集资合作建房，任何单位不得新征用或新购买土地搞集资合作建房，单位集资合作建房不得向非经济适用住房供应对象出售。

（三）逐步改善其他住房困难群体的居住条件

①加快集中成片棚户区的改造。棚户区改造要符合以下要求：困难住户的住房得到妥善解决；住房质量、小区环境、配套设施明显改善；困难家庭的负担控制在合理水平。②积极推进旧住宅区综合整治。对可整治的旧住宅区要积极进行房屋维修养护、配套设施完善、环境整治和建筑节能改造，并要力戒大拆大建。③多渠道改善农民工居住条件。用工单位要向农民工提供符合基本卫生和安全条件的居住场所；农民工集中的开发区和工业园区应按照集约用地

---

　　①　《国务院关于解决城市低收入家庭住房困难的若干意见》规定，购买经济适用住房不满 5 年，不得直接上市交易，购房人因各种原因确需转让经济适用住房的，由政府按照原价格并考虑折旧和物价水平等因素进行回购；购买经济适用住房满 5 年，购房人可转让经济适用住房，但应按照届时同地段普通商品住房与经济适用住房差价的一定比例向政府交纳土地收益等价款，政府可优先回购。

的原则，集中建设向农民工出租的集体宿舍；城中村改造时，要考虑农民工的居住需要，在符合城市规划和土地利用总体规划的前提下，集中建设向农民工出租的集体宿舍；有条件的地方可比照经济适用住房建设的相关优惠政策，建设符合农民工特点的住房。

（四）继续抓好国务院关于房地产市场各项调控政策措施的落实

①各地区、各有关部门要在认真解决城市低收入家庭住房困难的同时，进一步贯彻落实国务院关于房地产市场各项宏观调控政策措施。②要加大住房供应结构调整力度，重点发展中低价位、中小套型普通商品住房，增加住房有效供应。③城市新审批、新开工的住房建设，套型建筑面积90平方米以下住房面积所占比重，必须达到开发建设总面积的70%以上；廉租住房、经济适用住房和中低价位、中小套型普通商品住房建设用地的年度供应量不得低于居住用地供应总量的70%。④要加大住房需求调节力度，引导合理的住房消费，建立符合国情的住房建设和消费模式。⑤要加强市场监管，坚决整治房地产开发、交易、中介服务、物业管理及房屋拆迁中的违法违规行为，维护群众合法权益。⑥要加强房地产价格的监管，抑制房地产价格过快上涨，保持合理的价格水平，引导房地产市场健康发展。

关于对廉租住房制度与经济适用住房制度建设等的规定，在前几个时期的住房政策中也有出现，此外，前几个时期国家关于住房公积金制度建设的规定也具有住房保障的作用。但是，这些规定在当时更多的还是服务于福利化住房制度向市场化住房制度的转变或者服务于国家对住房市场的调控，住房保障相应处于一种从属性地位①，这种

---

① 一些学者基于改革福利化住房制度时期我国存在的住房不公平问题，认为政府在改革福利化住房制度的同时要加强在住房保障方面的作用。参见：Lee, J. From Welfare Housing to Home Ownership: The Dilemma of China's Housing Reform [J]. Housing Studies, 2000, 15(1): 61-76; Zhao, Y. S., Bourassa, S. C. China's Urban Housing Reform: Recent Achievements and New Inequities[J]. Housing Studies, 2003, 18(5): 721-744. 但我们认为，在改革福利化住房制度的过程中，我国政府的住房保障功能是难以得到强化的，一是因为当时我国住房政策的重点在于确立市场化的住房制度；二是因为在市场化的住房制度确立之前，我国政府尚无法确定市场与保障之间的边界。

状况与房地产业带动经济增长的功能被过度强调也是密切相关的。而《国务院关于解决城市低收入家庭住房困难的若干意见》的颁布使住房保障从原来的从属地位中摆脱了出来①进而获得一个相对独立的地位②。需要注意的是，《国务院关于解决城市低收入家庭住房困难的若干意见》的颁布并不意味着国家对调控住房市场的忽略，这一政策文件主要是为了加强住房保障的地位，而不是为了降低住房市场调控的重要性，上述政策措施中的第 4 个方面明确体现出国家对住房市场调控的持续关注；另外，我国针对住房市场的调控也在 2007 年出台了专门的政策，比如，中国人民银行和中国银行业监督管理委员会于 9 月 27 日发布了《关于加强商业性房地产信贷管理的通知》（银发〔2007〕359 号），细化并严格了房地产开发贷款、土地储备贷款、住房消费贷款、商业用房购房贷款等管理政策。

二、2008 年以来国家制定的一系列住房政策

（一）2008 年的住房政策

从 2007 年年底开始，我国住房市场逐渐呈现出疲软之势，房

---

①　有学者指出，保障性住房具有的是社会性功能而不是经济性功能，不宜将保障性住房的建设作为调控住房市场的主要工具和手段。参见：张鹏，高波. 我国住房政策的几个重要问题探讨[J]. 现代经济探讨，2013（8）：14-18. 另外，低收入群体的住房困难也不可能靠住房市场调控来解决，因为商品住房市场上的价格涨跌影响到的只是有能力或有可能购买住房的家庭，而对于根本没有能力购房的家庭，住房价格即使被控制在了一个合理水平，仍不会使其购房能力发生明显变化，这些家庭的住房需求仍无法转化为有效的市场需求。参见：陈杰. 城市居民住房解决方案——理论与国际经验[M]. 上海：上海财经大学出版社，2009：104. 还有研究者提出了一个房价控制的标准，认为房价应当控制在不高于收入自高到低排序的前 60% 家庭中最后一户家庭的收入增长。参见：冯俊. 当前城镇住房矛盾与对策[J]. 管理世界，2014（5）：1-4。

②　之所以这样说，至少有以下三方面的原因，第一，"国发〔2007〕24 号文"是首次以国务院的名义颁布的用于解决住房保障问题的政策文件，它并不是由部委颁布的单项规定。这足以说明国家对住房保障重视程度的提高。第二，以前的政策文件虽然对于廉租住房制度的建设等也作出了规定，但在力度上却明显不如"国发〔2007〕24 号文"。第三，"国发〔2007〕24 号文"规定的住房保障措施更具有综合性与全面性，并且这些措施明确地服务于住房保障问题的解决。

屋销售快速萎缩，全国房地产开发景气指数连续回落。面对着严峻的宏观经济形势和房地产经济形势，财政部、国家税务总局于2008年10月22日发布了《关于调整房地产交易环节税收政策的通知》(财税〔2008〕137号)，这一通知为适当减轻个人住房交易的税收负担，支持居民首次购买普通住房，具体规定了以下政策措施：①对个人首次购买90平方米及以下普通住房的，契税税率暂统一下调到1%；②对个人销售或购买住房暂免征收印花税；③对个人销售住房暂免征收土地增值税。

中国人民银行为了支持居民首次购买普通自住房和改善型普通自住房，也于2008年10月22日宣布了如下决定：自2008年10月27日起，将商业性个人住房贷款利率的下限扩大为贷款基准利率的0.7倍；将最低首付款比例调整为20%；下调个人住房公积金贷款利率，其中，5年期以下(含)由现行的4.32%调整为4.05%，5年期以上由现行的4.86%调整为4.59%，分别下调0.27个百分点。

2008年11月5日，国务院总理温家宝主持召开国务院常务会议，研究部署进一步扩大内需、促进经济平稳较快增长的措施，其中第一项措施就是加快建设保障性安居工程。

2008年12月17日，温家宝总理主持召开国务院常务会议，针对当前经济形势研究部署相关的住房政策措施。会议指出：

> 要坚持住房市场化基本方向，坚持对低收入住房困难群众实行住房保障制度的原则，加大政策力度，加快保障性住房建设，进一步鼓励和支持住房消费，保持合理的房地产开发投资规模，促进房地产市场健康发展。①

根据这次会议的精神，2008年12月20日国务院办公厅发布了《国务院办公厅关于促进房地产市场健康发展的若干意见》(国办发〔2008〕131号)，该文件主要规定了以下措施：第一，加大保障性

---

① 新华社.温家宝主持召开国务院常务会议，研究部署促进房地产市场健康发展的政策措施[N].人民日报，2008-12-18(1-2).

住房建设力度。一是争取用3年时间基本解决城市低收入住房困难家庭住房及棚户区改造问题；二是多渠道筹集建设资金，各级政府都要加大对保障性住房建设的投入力度，商业银行要对符合贷款条件的保障性住房建设项目加大信贷支持力度；三是开展住房公积金用于住房建设的试点。第二，进一步鼓励普通商品住房消费。一是加大对自住型和改善型住房消费的信贷支持力度；二是对住房转让环节营业税暂定一年实行减免政策①。第三，支持房地产开发企业积极应对市场变化。一是引导房地产开发企业积极应对市场变化；二是支持房地产开发企业合理的融资需求；三是取消城市房地产税。

2008年我国政府制定的一系列住房政策有一个重要的目的是通过调控住房市场来促进住房市场的健康发展，但通过这些政策我们还可以看出，国家在调控住房市场的同时，并没有将住房保障放在一个次要地位，而是继续对保障性住房的建设给予高度重视，努力将提振住房市场与改善居民基本住房条件结合起来，将房地产发展的支柱性与全体居民住房条件的改善性及居民住房的消费性结合在一起②。

另外，需要注意的是，在对住房市场调控的方向上，2008年的住房政策与2003—2006年的住房政策刚好相反，前者是致力于防控住房市场的过冷，后者则是致力于防控住房市场的过热。也就是说，在2008年，我国的住房市场调控政策发生了转变，这也是改革开放以来我国住房政策变迁的一种情形。

---

① 《国务院办公厅关于促进房地产市场健康发展的若干意见》规定，第一，将现行个人购买普通住房超过5年(含5年)转让免征营业税，改为超过2年(含2年)转让免征营业税；将个人购买普通住房不足2年转让的，由按其转让收入全额征收营业税，改为按其转让收入减去购买住房原价的差额征收营业税。第二，将现行个人购买非普通住房超过5年(含5年)转让按其转让收入减去购买住房原价的差额征收营业税，改为超过2年(含2年)转让按其转让收入减去购买住房原价的差额征收营业税；个人购买非普通住房不足2年转让的，仍按其转让收入全额征收营业税。

② 易宪容. 房地产"新政"的理论基础及政策效应分析[J]. 江苏社会科学，2009(2)：39-46.

（二）2010 年以来的住房政策

1. 2010 年以来的住房市场调控政策

2010 年以来的住房政策仍旧具有"调控住房市场与加强住房保障同时并重"的典型特征，住房市场调控政策根据房地产经济形势的具体状况表现出自身的相机性与灵活性，当房地产市场过热时，相应的调控政策对于房地产市场主要发挥抑制性作用；当房地产市场不景气时，相应的调控政策对于房地产市场主要发挥刺激性作用。但不论住房市场调控政策是具体地发挥出抑制性的作用还是刺激性的作用，其目的都是为了促进住房市场的健康发展与房地产经济的平稳运行。政府在对住房市场进行宏观调控的同时，对于住房保障的责任也时刻未有放松，继续着力于低收入群体基本住房需求的满足，着力于"住有所居"目标的实现。

具体来讲，2008 年调控住房市场的政策效应在 2009 年得到释放，再加上其他一些因素的作用，2009 年我国楼市经历了一个急转向上的行情①，地价与房价重新出现了过快上涨的势头，投机性购房再度活跃，人们对房价上涨的预期明显增强。在这种状况下，2010 年我国的住房市场调控政策发生了再一次的转变，调控方向从防控住房市场的过冷转变到防控住房市场的过热。为了稳定房价和促进房地产市场平稳健康发展，从 2010 年到 2013 年，我国先后密集性地出台了多项住房市场调控政策，这种状况类似于 2003—2006 年我国的住房政策变迁情形。2010 年 4 月 17 日，《国务院关于坚决遏制部分城市房价过快上涨的通知》（国发〔2010〕10 号）发布，这一通知被称作"新国十条"；2011 年 1 月 26 日，《国务院办公厅关于进一步做好房地产市场调控工作有关问题的通知》（国办发〔2011〕1 号）发布；2011 年 7 月 12 日，国务院总理温家宝主持召开国务院常务会议，专题研究部署房地产市场的调控工作并形成五

---

①　2009 年我国商品房平均销售价格比上年增长 23.2%（住宅商品房平均销售价格比上年增长 24.7%），北京、上海、广州、深圳等一线城市房价的上涨幅度更是达到 100%。参见：邓华. 近十五年我国住房政策及供应体系演变研究[J]. 中国房地产，2014（10）：25-32。

条政策意见；2013 年 2 月 26 日，《国务院办公厅关于继续做好房地产市场调控工作的通知》（国办发〔2013〕17 号）发布，这一通知被称作"新国五条"。这几年涉及的住房市场调控措施主要包括：①严格实施差别化住房信贷、税收政策和住房限购措施，坚决抑制投机投资性购房等不合理住房需求，合理引导住房需求；②加大保障性安居工程建设力度①，增加普通商品住房及用地供应，增加住房有效供给；③加强市场监测监管和预期管理，完善房地产市场信息披露制度，比如大力推进城镇个人住房信息系统建设②；④逐步开展个人住房房产税改革试点③；⑤加快建立和完善引导房地产市

---

①　这一时期，保障性住房的结构也在发生调整和完善，公共租赁房作为一种保障性住房的作用日益重要。公共租赁住房最早于 2006 年在深圳出现，2009 年公共租赁住房的概念开始在全国普及，2010 年的"新国十条"与 2011 年的"国办发〔2011〕1 号文"都明确要求增加公共租赁住房的供应，2011 年的《国务院办公厅关于保障性安居工程建设和管理的指导意见》（国办发〔2011〕45 号）明确规定"大力推进以公共租赁住房为重点的保障性安居工程建设"，2012 年住房和城乡建设部发布了《公共租赁住房管理办法》，2013 年年底住房和城乡建设部、财政部、国家发展和改革委员会三部门联合下发了《关于公共租赁住房和廉租住房并轨运行的通知》（建保〔2013〕178 号），要求"从 2014 年起，各地公共租赁住房和廉租住房并轨运行，并轨后统称为公共租赁住房"，从而使公共租赁住房的保障对象涵盖原廉租住房的保障对象和原公共租赁住房的保障对象。由以上可知，公共租赁住房在我国当前的保障性住房体系中居于主体地位。

②　对于城镇个人住房信息系统的建设，2010 年的"新国十条"、2011 年的"国办发〔2011〕1 号文"以及 2013 年的"新国五条"均作了强调。2014 年 3 月发布的《国家新型城镇化规划（2014—2020 年）》又提出，2020 年之前要"建立以土地为基础的不动产统一登记制度，实现全国住房信息联网，推进部门信息共享"。到了 2015 年 3 月 1 日，《不动产登记暂行条例》（国务院令第 656 号）正式实施，国家对土地、海域以及房屋、林木等定着物进行统一登记有了明确的行政法规依据。

③　1986 年国务院颁布了《中华人民共和国房产税暂行条例》（国发〔1986〕90 号），该条例规定对"个人所有非营业用的房产"免征房产税，主要是对生产经营性房产进行征税。2011 年 1 月，上海和重庆开始对个人住房征收房产税的试点，2013 年《国务院办公厅关于继续做好房地产市场调控工作的通知》明确要求"总结个人住房房产税改革试点城市经验，加快推进扩大试点工作，引导住房合理消费"，党的十八届三中全会（2013 年）通过的《中共中央关于全面深化改革若干重大问题的决定》也提出了"加快房地产税立法并适时推进改革"的思路。到笔者对本书进行最后修改的 2016 年 1 月，房产税改革尚未在全国推开，但有不少学者认为，房产税改革是一项长期制度建设层面的议题，这项改革逐步推开的趋向是明确的。参见：廖富洲. 房产税改革：争论与前景[J]. 学习论坛，2013（9）：31-35。

场健康发展的长效机制，这就意味着住房市场调控政策并不是仅仅为了解决短期内的突出矛盾而一味采取应急式的办法。另外，这一期间的调控力度是在不断加大和升级的。比如，从对贷款购买第二套房的首付款比例的规定来看，2010 年的"新国十条"规定，对贷款购买第二套住房的家庭，贷款首付款比例不得低于 50%；到了 2011 年，"国办发〔2011〕1 号文"则将这一比例提高到了不低于 60%。再比如，从对住房限购的规定来看，2010 年的"新国十条"提出，地方人民政府可根据实际情况，采取临时性措施，在一定时期内限定购房套数；到了 2011 年，"国办发〔2011〕1 号文"则明确要求，各直辖市、计划单列市、省会城市和房价过高、上涨过快的城市，在一定时期内，要从严制定和执行住房限购措施①。由此，限购从一种地方政府可自愿选择的政策措施转变为一种强制实行的政策措施。2013 年，"新国五条"进一步要求已实行限购措施的城市对现行住房限购措施予以完善。

　　进入 2014 年，我国住房市场相对于前一时期出现了新的变化，就总体的情况来看，房地产市场渐呈疲弱态势，诸如房地产固定资产投资、商品房销售面积和销售额等指标均说明了这一问题。2014年房地产投资增速从 20%降到 12%，特别是 9 月、10 月投资增速不足 10%②；2014 年一季度全国商品房销售面积 20111 万平方米，同比下降 3.8%，其中住宅销售面积下降 5.7%，全国商品房销售额 13263 亿元，同比下降 5.2%，其中住宅销售额下降 7.7%③，而 2014 年全年商品房销售面积和销售额则有更大幅度的下降，同比分别降低 7.6%和 6.3%④。住房市场的这种变化既有外部环境的原

　　① 在这一要求提出之后，全国 49 个城市实行了限购。参见：秦虹. 对未来住房市场发展的思考[N]. 中国建设报，2014-1-29(001).
　　② 李文姹.2015 年房地产市场稳字当头[N]. 中国房地产报，2014-12-29(A03).
　　③ 张小平. 楼市限购松动，分类调控或是政策首选[N]. 中国经济导报，2014-5-6(B01).
　　④ 唐邦宪. 秦虹：谈不上"救市"，是回归常态[N]. 中国妇女报，2015-4-8(B01).

因，又有自我调整的原因。就外部环境而言，我国经济发展进入新常态，经济结构在优化，经济发展方式在转变，前期刺激性的经济政策也在逐步消化，在这个过程中，经济增速难免有所放缓，过去一味依靠资源的大规模投入来实现粗放型经济高速增长的局面不可能继续下去。这个转型的过程是有代价、有成本、有阵痛的，股市和楼市的震荡波动就是这种阵痛的一个表现。就住房市场的自我调整而言，我国大规模的房地产开发高峰期已经过去①，并且不少城市的商品房库存量已经达到很高的一个程度，面临着强大的"去库存"压力②，在这种状况下，住房市场从之前的扩张期进入了一个调整期，从之前的增量时代进入了一个存量时代。当然，以上两方面的原因是相互关联的，房地产经济的下滑并非突如其来。

需要提及的是，与房地产经济的总体低迷态势相并存，我国住房市场日益显现出区域分化的格局，北京、上海、广州、深圳等一线城市的情况明显好于二线城市③，而三四线城市的商品房库存积

---

① 当前，我国城镇户均住房已经超过 1 套，参见：李伟. 在世界格局变动中把握中国经济新常态[J]. 求是，2015，(18)：27-31。另据统计资料显示，截至 2014 年年底，我国有物业管理的住房超过 200 亿平方米，可供 2.6 亿户、7.4 亿居民居住，而目前我国城镇户籍居民还不到 5 亿人，参见：包宗华. 结构失衡导致城镇住房供应"紧缺"[N]. 中国建设报，2015-12-9。然而，在这种状况下，还有大量的新房在涌向市场，国家统计局数据显示，2015 年前三季度全国有超过 7.9 亿平方米的住宅新开工，超过 48 亿平方米的住宅在施工，3.7 亿平方米的住宅竣工，这意味着之后几年会有约 60 亿平方米的住宅推向市场，参见：陆娅楠. 地产商遭遇"哈姆雷特选择题"[N]. 人民日报，2015-11-16。

② 中国社会科学院于 2015 年 12 月 3 日发布的《中国住房发展报告 2015—2016》指出，目前我国商品住房过剩库存高达 21 亿平方米，其中现房过剩 1 亿平方米，期房过剩 19.923 亿平方米。参见：新华社. 社科院报告：住房政策应转向[N]. 上海证券报，2015-12-4(F02).

③ 这是由于一线城市具有更强的宜居性(这里的宜居性是指一线城市行政级别高、资源集聚，能够给人们提供更多的机会，赋予人们更多幸福的梦想)，因而对外来人口很有吸引力，这使得一线城市有着更为强劲的扩张动力。参见：踪家峰，李宁. 为什么奔向北上广？——城市宜居性、住房价格与工资水平的视角分析[J]. 吉林大学社会科学学报，2015(5)：12-23.

压尤为严重，面临着比较大的房地产市场风险①。

面对住房市场发生的新变化，我国住房市场调控政策出现了又一次的转向，限购、限贷等政策都有了明显的松动。

从 2014 年 4 月份开始，杭州、福州、无锡、郑州、武汉等城市都放松了楼市限购政策，比如，武汉市房管局于 9 月 23 日发布公告，表示在武汉市区购买住房不再实行限购，办理购房手续时，不再核查住房情况，不再要求提供户籍、纳税或缴纳社会保险等相关证明。至此，在武汉实行了 3 年半的限购政策退出了历史舞台②。2014 年 9 月 26 日，中国人民银行和中国银行业监督管理委员会发布《关于进一步做好住房金融服务工作的通知》（银发〔2014〕287 号），对住房信贷政策作出了调整，比如，该通知要求，对拥有 1 套住房并已结清相应购房贷款的家庭，为改善居住条件再次申请贷款购买普通商品住房，银行业金融机构执行首套房贷款政策（最低首付款比例为 30%）。

2015 年的住房市场调控政策延续了上一年的调控方向，李克强总理在 3 月 5 日所作的政府工作报告中，明确要求"稳定住房消费"，坚持分类指导，因地施策，落实地方政府主体责任，支持居民自住和改善性住房需求，促进房地产市场平稳健康发展。短短二十来天之后，中央政府多个部门在几天内密集出台楼市调控新政策。2015 年 3 月 25 日，国土资源部、住房和城乡建设部联合发布《关于优化 2015 年住房及用地供应结构促进房地产市场平稳健康发展的通知》（国土资发〔2015〕37 号），明确作出对优化住房供应套型结构的规定。该通知提出，对于在建商品住房项目，各地国土资源、城乡规划主管部门在不改变用地性质和容积率等必要规划条件的前提下，允许房地产开发企业根据市场需求对套型结构进行适当

---

① 过多的商品房库存量意味着楼盘的开发速度与开发规模明显脱离了当地城镇化的实际需要。参见：[日]福本智之.从日本的经验看中国住房市场发展阶段与风险[J].清华金融评论，2015(3)：107-110；陆娅楠.地产商遭遇"哈姆雷特选择题"[N].人民日报，2015-11-16.

② 马振华.武汉全面取消商品住房限购[N].长江日报，2014-9-24(006).

调整，以满足合理的自住和改善性住房需求①。2015 年 3 月 30 日，中国人民银行、住房和城乡建设部、中国银行业监督管理委员会三部门联合发布《关于个人住房贷款政策有关问题的通知》（银发〔2015〕98 号），对住房信贷政策作出进一步调整，该通知提出，对拥有 1 套住房且相应购房贷款未结清的居民家庭，为改善居住条件再次申请商业性个人住房贷款购买普通自住房，最低首付款比例调整为不低于 40%。这一比例相对于 2010 年的"新国十条"和 2011 年的"国办发〔2011〕1 号文"所规定的相关比例，都有明显降低。同一日，财政部和国家税务总局发布《关于调整个人住房转让营业税政策的通知》（财税〔2015〕39 号），调低了转售二套房营业税的免征期限。

除了限购、限贷等政策的松动之外，各地的住房公积金政策也发生了明显的调整②，诸如减少住房公积金贷款前置条件，提高住房公积金贷款额度，延长住房公积金贷款年限，扩大住房公积金支取范围，降低首付款比例，等等③。2015 年 11 月 20 日，国务院法制办在其官方网站上公布了住房和城乡建设部起草的《住房公积金管理条例(修订送审稿)》，向社会公开征求意见，《住房公积金管理条例》的这次修订相距上次修订（2002 年）已时隔 13 年，也是1999 年国务院颁布《住房公积金管理条例》后的第二次修订，在《住房公积金管理条例(修订送审稿)》中，住房公积金的提取条件和使用范围均有所放宽。

---

①　这一规定相对于先前"两个 70%"的政策发生了明显变化，"两个 70%"的政策参见 2006 年《国务院办公厅转发建设部等部门关于调整住房供应结构稳定住房价格意见的通知》("国十五条")以及 2007 年《国务院关于解决城市低收入家庭住房困难的若干意见》。

②　住房公积金政策属于住房保障政策的一个组成部分，但在现实中，这种政策的确也发挥出调控住房市场的作用。

③　参见：张妍. 我省调整住房公积金政策[N]. 吉林日报，2015-6-24(001)；陈淦璋. 调高贷款上限，提高贷款比例，减少前置条件——省直单位住房公积金贷款新政解读[N]. 湖南日报，2015-5-8(003)；谭勇. 漯河持续出台住房公积金新政促进住房消费[N]. 河南日报，2015-7-27(004).

2. 2010 年以来的住房保障政策

不过，调控住房市场并不是 2010 年以来我国住房政策的全部，另一方面，我国也在加大住房保障的力度，"两条腿"走路的政策特点更加突出。《中华人民共和国国民经济和社会发展第十二个五年规划纲要》(简称"'十二五'规划纲要")在确定 2011—2015 年经济社会发展的主要目标时，明确提出"城镇保障性安居工程建设 3600 万套"①。2011 年 2 月 24 日，时任中共中央政治局常委、国务院副总理的李克强同志在全国保障性安居工程工作会议上对坚持"两条腿"走路的住房政策进行了阐释：

> 实践证明，城镇住房市场化改革极大地调动了各方面投资建设住房的积极性，极大地改善了群众的住房条件，主要依靠市场满足群众多层次的住房需求这一方向是正确的，是符合发展社会主义市场经济要求的。今后，应当继续发挥市场配置资源的基础性作用，使多数居民能够通过购买住房或市场租房满足住房需求。同时应当看到，商品住房市场不可能解决所有群众的基本居住问题。住房是价值量很大的消费品，低收入家庭甚至一些中等偏下收入家庭经济能力弱，不具备在市场上购房或租房的条件，需要政府履行公共服务职能，保障这些家庭的基本住房条件。对此，务必在思想上有清醒认识，在实际工作中认真对待。总之，应当坚持"两条腿"走路，形成政府保障和市场机制结合的住房供应体系。②

2011 年 9 月底，国务院办公厅发布了《关于保障性安居工程建

---

①　另外，"'十二五'规划纲要"对于保障性住房的建设和供给还提出了具体的要求：第一，多渠道筹集廉租房房源，完善租赁补贴制度；第二，重点发展公共租赁住房，逐步使其成为保障性住房的主体；第三，加快各类棚户区改造，规范发展经济适用住房；第四，建立稳定投入机制，加大财政资金、住房公积金贷款、银行贷款的支持力度，引导社会力量参与保障性住房建设运营。

②　李克强. 大规模实施保障性安居工程，逐步完善住房政策的供应体系[J]. 求是，2011(8)：3-8.

设和管理的指导意见》（国办发〔2011〕45 号），这是继 2007 年《国务院关于解决城市低收入家庭住房困难的若干意见》之后中央发布的又一份专门针对住房保障的正式文件，这一文件对于"大力推进以公共租赁住房为重点的保障性安居工程建设"提出了具体要求，并在土地供应、政府投入、企业债券融资、信贷支持、税费减免等方面制定了一系列配套性的政策措施。

　　2012 年 11 月 8 日，党的十八大召开，"建立市场配置和政府保障相结合的住房制度"被写入了"十八大报告"之中，使得中央关于住房政策坚持"两条腿"走路的要求更加清晰、明确，同时这一要求也上升到了一个新的高度，具有了更强的规范性和约束力。2013 年 10 月 29 日下午，中共中央政治局就加快推进住房保障体系和供应体系建设进行第十次集体学习。习近平在主持学习时发表了讲话，他指出，加快推进住房保障和供应体系的建设，要处理好四个关系，即处理好政府提供公共服务和市场化的关系、住房发展的经济功能和社会功能的关系、需要和可能的关系、住房保障和防止福利陷阱的关系。同时，他还对我国住房改革总的方向予以了强调，即"构建以政府为主提供基本保障、以市场为主满足多层次需求的住房供应体系"①。习近平总书记的以上讲话精神与中央关于住房政策坚持"两条腿"走路的要求是一致的。

　　即便是我国房地产市场进入低迷时期的 2014 年之后，我国政府也并未因提振房地产经济而放松在住房保障方面的职责。

　　2015 年 3 月 15 日，国务院总理李克强在十二届全国人大三次会议记者招待会上答中外记者问时明确讲道，"中国还是一个发展中国家，住房既是经济问题，更是民生问题。中国政府要做的，就是要为低收入住房困难群体提供住房保障"②。2015 年 12 月的中央经济工作会议又提出"以满足新市民住房需求为主要出发点"深

---

　　① 习近平. 把住房保障和供应体系建设办成一项德政工程［EB/OL］.［2013-10-30］. http：//news. xinhuanet. com/politics/2013/10/30/c_117937412. htm.
　　② 纪睿坤. 楼市调控方向定调：支持自住性、改善性住房需求［N］. 21 世纪经济报道，2015-3-17（005）.

化住房制度改革，通过加快农民工市民化和提高户籍人口城镇化率等"供给侧"改革来化解房地产库存。这突出了住房作为一种生活必需品的社会属性，也彰显了住房制度改革的公平性导向①。

　　总之，2007年和2008年以来的住房政策仍旧遵循了市场化的政策变迁方向，但在政策目标上与改革开放后我国住房政策变迁的前4个时期都有着明显的不同，表现在同时强调了住房市场的健康发展（通过对住房市场的调控）和低收入群体基本住房需求的满足（通过对住房保障的加强）。在可以预见的时间内，我国的住房政策变迁仍将处于调控住房市场和加强住房保障两者并重的阶段，继续体现出"两条腿"走路的特征，一方面着力解决住房市场中的问题，以促进住房市场的健康发展，提高住房市场的运行效率；另一方面着力解决住房保障中的问题，以促进低收入群体基本住房需求的满足，维护居住的公平正义。

第七节　对改革开放以来我国住房政策变迁轨迹的描绘

　　至此为止，我们已经分析了改革开放以来我国5个时期的住房政策，并对计划经济时期我国福利化的住房政策作了介绍。根据以上分析，我们可以将改革开放以来我国住房政策变迁的轨迹简要描绘出来，如图4-2所示。

　　借助于图4-2，我们对改革开放以来我国住房政策变迁的轨迹进一步作出以下几点说明：

　　（1）福利化与市场化是两种不同的住房政策变迁方向，计划经济时期我国的住房政策变迁遵循的是福利化的方向，改革开放以来我国的住房政策则一直在沿着市场化的方向发生着变迁。由于这种方向上的转变②，我国住房政策变迁的轨迹出现了断裂（发生在

---

①　杜晓.新一轮住房制度改革彰显公平[N].法制日报，2015-12-23(007).

②　住房政策的这一转变无疑属于倡导联盟理论所讲的重大政策变迁（同时也是大幅度的政策变迁），因为它意味着核心的住房政策观念从福利化转变为市场化。

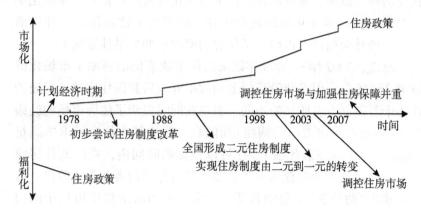

图 4-2 改革开放以来我国住房政策的变迁轨迹

1978 年，1978 年也成为我国住房政策变迁中一个重要的时间节点）。

（2）在改革开放以来我国住房政策变迁的不同时期，住房政策具有不同的目标，第一个时期住房政策的目标主要在于探索改革福利化住房制度的方案与措施，第二个时期住房政策的目标主要在于在全国范围内推进住房制度改革（表现为二元住房制度在全国的形成），第三个时期住房政策的目标主要在于停止住房的实物分配（表现为住房制度由二元向一元的转变和一元的市场化住房制度的确立），第四个时期住房政策的目标主要在于促进住房市场的健康发展（通过调控住房市场），第五个时期住房政策的目标主要在于促进住房市场的健康发展（通过调控住房市场）与促进低收入群体基本住房需求的满足（通过加强住房保障）。由于这种目标上的不同以及相应的大幅度政策变迁的发生，我国住房政策变迁的轨迹也出现了断裂（发生在相邻两个时期的转折处，分别在 1988 年、1998 年、2003 年和 2007 年，这些年份均为我国住房政策变迁中重要的时间节点①）。

---

① 包含 1978 年在内的这些时间节点在我国改革开放以来住房政策的变迁中均具有里程碑式的意义。

（3）在改革开放以来我国住房政策变迁的同一个时期，住房政策变迁的轨迹是平滑而连续的，因为住房政策既没有发生方向上的转变，又没有发生目标上的变化，至多是发生了工具上的调整，而这种调整属于小幅度的政策变迁。

（4）改革开放以来我国住房政策的变迁具有阶段性推进的特征，从住房制度改革的开始到市场化住房制度的确立，我国的住房政策共经历了3个变迁阶段或时期；而从住房制度改革的开始到政府和市场在住房领域内关系的清晰界定（表现为政府明确地承担起了调控住房市场和加强住房保障的责任），我国的住房政策共经历了5个变迁阶段或时期。这反映出我国的住房制度改革以及改革开放以来我国的住房政策变迁具有典型的渐进性质①。虽然相邻两个时期的住房政策在目标上存在着差异，但它们又具有内在的联系，后一时期住房政策的演进正是建立在前一时期住房政策演进的基础之上②。

（5）改革开放以来我国住房政策变迁的轨迹具有"间断均衡"的特征，这与间断均衡理论对政策变迁轨迹的描述是相一致的，与我们在第三章对政策变迁轨迹所进行的理论分析也是相一致的。但是，间断均衡理论对政策变迁过程出现间断情况的原因分析是否适合于解释改革开放以来我国住房政策变迁的轨迹，还有待于我们作进一步分析③。

---

①　有不少学者认为我国住房制度改革具有渐进性质，参见：Zhang, X. Q. Institutional Transformation and Marketisation: The Changing Patterns of Housing Investment in Urban China[J]. Habitat International, 2006, 30: 327-341；Zhou, N., Logan, J. R. Market Transition and the Commodification of Housing in Urban China[J]. International Journal of Urban and Regional Research, 1996, 20(4): 400-421，我们的研究支持了这一观点。此外，我们的研究还表明改革开放以来我国的整个住房政策变迁过程都具有渐进性。

②　间断均衡理论更多强调了大幅度政策变迁发生时前后政策之间的差异；而我国的住房政策变迁过程则显示，即便是发生了大幅度的政策变迁，变迁前后的政策也可能存在着密切的关系。

③　下一章将会对改革开放以来我国大幅度的住房政策变迁发生的原因进行分析。

本 章 小 结

　　相对于计划经济时期的住房政策，改革开放后我国的住房政策发生了方向性的转变。1978年以来，我国住房政策的变迁共经历了5个时期。第一个时期为1978—1988年，在这一时期，我国进行了对住房制度改革的初步探索和尝试，共开展了3次房改试点，其中第一次试点表现为以全价出售公房，第二次试点表现为补贴出售公房，第三次试点表现为在提高公房租金的同时发放住房补贴。第二个时期为1988—1998年，在这一时期，我国出台了统一的房改政策，将住房制度改革在全国范围内予以推开，全国逐步形成了二元化的住房制度，即单位之内仍实行着具有福利化色彩的住房制度，单位之外则实行了市场化的住房制度。第三个时期为1998—2003年，在这一时期，国家决定停止住房的实物分配，同时也宣布了福利分房制度的终结，从而最终使二元并存的住房制度转变为一元的市场化住房制度。第四个时期为2003—2007年，在这一时期，我国将住房政策的重点放在了对住房市场的调控上来，努力实现住房价格的稳定和促进住房市场的健康发展。第五个时期为2007年到现在，在这一时期，国家加强了住房保障的力度，一方面努力促进住房市场的健康发展，另一方面努力满足低收入群体的基本住房需求，从而使住房政策的变迁进入了一个调控住房市场与加强住房保障两者并重的新阶段。在不同的时期，我国的住房政策有着不同的具体目标，这使改革开放以来我国住房政策变迁的轨迹在从一个时期到另一个时期的转折处发生了断裂，也使改革开放以来我国住房政策的变迁轨迹具有了"间断均衡"的特征。

第五章

改革开放以来我国住房政策变迁的动力分析

改革开放以来我国住房政策的变迁是怎样发生的？有哪些因素推动着改革开放以来我国住房政策的变迁？这些因素对改革开放以来我国住房政策变迁的作用方式又是怎样的？在本章中，我们借助第三章所提出的政策变迁动力分析框架，来具体探讨以上问题，并对政策变迁动力分析框架作出检验。

根据上一章对改革开放以来我国住房政策变迁轨迹和过程的分析，我们以下列 8 种典型的住房政策变迁情形作为分析和解释的对象：①改革开放之初我国开始住房制度改革；②1988 年我国出台统一的房改政策；③1991 年我国重新将房改提上议事日程；④1998 年我国出台停止住房实物分配政策；⑤2003 年我国出台住房市场调控政策；⑥2003—2006 年住房市场调控措施的变化；⑦2007 年我国大力加强住房保障；⑧2008 年我国转变住房市场调控政策①。

---

① 由于 2010 年以来的住房市场调控政策变迁情形在以前也出现过，本章不再专门对 2010 年以来住房市场调控政策的变迁情形进行分析。

本章第一节分析改革开放以来我国住房政策变迁的内部动力因素，第二节分析改革开放以来我国住房政策变迁的外部动力因素。通过前两节的分析，我们将对政策变迁动力分析框架进行初步检验。最后，我们将对政策变迁动力分析框架予以进一步的检验，以完善这一框架并对改革开放以来我国住房政策变迁的原因得出更为全面和深入的认识。

第一节　改革开放以来我国住房政策变迁的内部动力因素

在这一节中，我们将对改革开放以来我国住房政策变迁的内部动力进行分析，也就是分析改革开放以来我国住房政策变迁的内部动力因素。通过本节的分析，我们主要回答以下问题：政策变迁动力分析框架中的 5 个内部因素是否真正推动了改革开放以来我国住房政策的变迁？如果这 5 个因素的确是改革开放以来我国住房政策变迁的内部动力因素，那么它们又是在以何种方式推动着改革开放以来我国住房政策的变迁？在回答以上问题的基础上，我们对政策变迁动力的分析框架作出部分检验（即检验框架中内部动力因素对政策变迁的影响机制），并对改革开放以来我国住房政策变迁的原因得出相应的认识。下面我们将结合改革开放以来我国住房政策变迁的具体实际，逐一对 5 个内部动力因素进行分析。

一、问题及其严重性的变化

这里的问题是指住房领域内的问题，问题及其严重性的变化一是表现为住房领域内新问题的产生，二是表现为住房领域内原问题的加重或减轻。在这一部分中，我们将通过考察 1998 年、2003 年和 2008 年我国所发生的 3 次住房政策变迁情形，来具体分析问题及其严重性的变化这一因素对于改革开放以来我国住房政策变迁的影响作用及作用方式。

（一）对于 1998 年停止住房实物分配政策出台的作用

我们在上一章对改革开放以来我国住房政策变迁过程的描述中

已经指出，我国于 1998 年 7 月颁布的《国务院关于进一步深化城镇住房制度改革加快住房建设的通知》（国发〔1998〕23 号）对停止住房实物分配提出了明确要求，这宣布了我国由双轨并行的住房制度向一元的市场化住房制度的转变。

　　到了 1998 年，我国的住房制度改革已经开展了 20 来年，在这 20 年中，客观地讲，我国住房制度改革的成绩是显著的。在 1978—1999 年，全国城市人均居住面积从 3.6 平方米提高到了 9.8 平方米，住房成套率也有明显提升①。然而，亚洲金融危机的影响使当时我国住房领域内的一些问题变得严重并进一步地凸显出来，最直接地呈现在人们面前的问题就是房地产业对经济增长的拉动力不足。这一问题又具体表现在：人们对商品住房的有效需求没有得到充分释放②、住房市场规模小且成熟度不高、住房消费占居民家庭消费总支出的比重仍旧较低、房地产业对国民经济增长的贡献率偏低，等等。

　　这一问题的凸显促使了政府去寻求相关的解决方案。那么，房地产业对经济增长的拉动力为何会显得不足？其中一个带有根本性的原因就是住房制度的改革仍不彻底，公房租金远未达到市场化的水平③，福利化的住房制度在单位内部仍旧发挥着作用，单位仍旧在以不同的方式向自己的职工提供着住房。比如，当时的商品房很

---

　　①　比如上海市区住房成套率由 1990 年的 31.6% 提高到了 1998 年的 68 %。参见：王晶，莫自元. 住房——普遍短缺及解决之道[J]. 城市问题，2001(1)：28-31.

　　②　在计划经济时期，住房消费支出占城镇居民家庭总消费支出的比重不足 1%，在住房制度改革实行了十几年之后，这一比重仍然较低，1994 年为 2.8%，1995 年为 3%，而在西方发达国家，居民家庭的住房消费支出一般要占总消费支出的 25% 以上。参见：孙明泉，刘方棫，杨圣明，尹世杰. 住房消费：国民经济新的增长点[N]. 光明日报，1996-9-26(5).

　　③　1996 年度在 35 个大中城市，居民住房租金支出占双职工家庭收入的比重仅为 3.64%。由于公房租金较低，不少居民经过权衡，认为租房比买房更为合算，这极大制约了他们购买住房的意愿。参见：中国社会科学院财贸所"中国住房制度改革研究"课题组. 关于深化城镇住房制度改革的总体设想（下）[J]. 财贸经济，1998(1)：48-53.

大一部分都出售给了国有单位（表现为集团式消费），然后再由单位以实物形式向职工进行分配，1996 年单位购买的商品住房占商品住房出售量的比例为 46.8%①；在广州市，1990—1998 年约 35% 的商品住房销售给了单位用户②；在上海市，1991—1997 年的新建住房有 4600 万平方米通过单位分配的途径进入了旧体制，而同期出售给个人的住房只有 3400 万平方米③。可以说，出售给国有单位的这部分商品住房虽然在生产上实现了市场化，但在分配上却未实现真正的市场化。

在这样的状况下，单位的职工就没有积极性去购买商品住房，很多职工仍在等待着通过单位分配来获得住房④，相应地，当时的住房市场也显得不够活跃。为了激发城市居民的购房热情，给那些还在犹豫是否买房的人打一剂"强心针"⑤，以进一步释放人们对商品住房的需求和繁荣住房市场，就必须深化住房制度改革，切断单位和住房供给之间的联系，也就是说要停止住房的实物分配，使居民真正通过市场来满足自身的住房需求。

因此，如果房地产业对经济增长拉动乏力这一问题在 1998 年没有显得十分紧迫与严重，那么我国关于停止住房实物分配的政策可能还要晚一些时间出台。可见，问题及其严重性的变化这一因素对于我国住房政策的变迁具有显著而直接的影响作用。当然，如果政府对问题视而不见或者面对问题束手无策（或者说没有可行的方案可以利用），政策的变迁也不会发生，政策变迁之所以能够实现，是因为在房地产业对经济增长的拉动力不足这一问题凸显后，

---

① 参见：Zhang, X. Q. Redefining State and Market: Urban Housing Reform in China[J]. Housing, Theory and Society, 2001, 18: 67-78.

② 魏万青. 制度变迁与中国城市居民住房不平等的演化特征[J]. 江汉论坛, 2014(5): 136-140.

③ 韩冰洁. 让住房建设成为新的经济增长点[J]. 瞭望新闻周刊, 1998(14): 20-21.

④ 田吉龙. 加快城镇住房制度改革，使住宅业真正成为新的经济增长点[J]. 中国软科学, 1998(2): 94-98.

⑤ 方可. 中国城市住房改革：回顾与展望[J]. 时代建筑, 2004(5): 26-29.

问题、决策者的重视和可行的方案三者最终实现了结合。

（二）对于2003年调控住房市场政策出台的作用

2003年8月，国务院下发了《国务院关于促进房地产市场持续健康发展的通知》（国发〔2003〕18号），这一通知明确体现出国家对住房市场进行调控的意图。实际上，早在这一通知下发之前，央行就于当年6月发布了旨在调控住房市场的《中国人民银行关于进一步加强房地产信贷业务管理的通知》（银发〔2003〕121号）。而在2003年之前，我国的住房政策是以改革福利化的住房制度为着重点的，在1988年我国制定了统一的房改政策之后的10余年里，我国所颁布的一系列具有标志性意义的住房政策文件的名称中都带有"住房制度改革"的字样。那么，为何我国的住房政策在2003年会发生上述转变？这不能不说是与我国住房问题及其严重性的变化具有直接关系，首先表现为商品住房价格的不断上涨（见图5-1）和房地产投资的过热（见图5-2），从图5-1可以看出，2003年全国商品住房平均销售价格为2197元每平方米，而当年城镇居民家庭人均可支配收入为8472.2元[1]，这意味着一个城镇居民全年的可支配收入仅能购买不足3.9平方米的商品住房。下面的事例也反映出当时房地产市场的热度以及房价的上涨状况：

　　　　事例一：2001年，有兄弟两人做生意赚了30万元，每人分得15万元，哥哥炒股，弟弟买了栋楼，2003年10月一结账，哥哥的钱还剩下6万元，而弟弟的楼卖了56万元，还觉得卖贱了。[2]

　　　　事例二：C先生是中部地区某省会城市的一名专业技术人员，收入在当地属于中上等水平，2000年的时候有亲戚动员他购买一个新开发楼盘的商品住房，价格在1700元/平方米左

---

　　①　中华人民共和国国家统计局. 中国统计年鉴2013〔Z〕. 北京：中国统计出版社，2013：378.

　　②　卜凡中. 房子那些事儿〔EB/OL〕.〔2010-05-19〕. http://zqb.cyol.com/content/2010-05/19/content_3238271.htm.

右，但当时 C 先生手里没钱，未能购买。到了 2003 年，C 先生有了一定的积蓄，想在市场上购买住房，但此时那个楼盘的住房价格已增长了 1 倍以上，用自己的积蓄和不断增长的房价相比，C 先生产生了一种望房兴叹之感。①

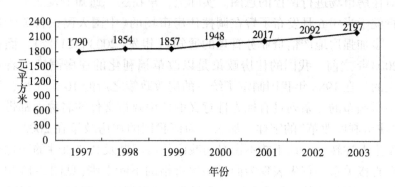

图 5-1　全国商品住房平均销售价格（1997—2003 年）

资料来源：中华人民共和国国家统计局. 中国统计年鉴 2008[Z]. 北京：中国统计出版社，2008：225.

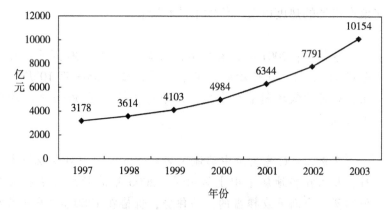

图 5-2　全国房地产开发企业投资完成额（1997—2003 年）

资料来源：中华人民共和国国家统计局. 中国统计年鉴 2008[Z]. 北京：中国统计出版社，2008：219.

---

①　根据 2009 年 9 月 20 日对 C 先生的访谈记录整理而来。

　　以上问题对于我国房地产经济以至整个国民经济的健康运行都产生了明显不利的影响,同时,房价的过高还使得那些具有购房需求的广大居民增加了许多焦虑和不满。

　　另外,住房价格过高和房地产投资过热还只是问题及其严重性变化的一个方面,问题及其严重性的变化还有其他两个方面的表现,一是房地产业对经济增长拉动力不足的问题已被消除,到了2003年,房地产业"已经成为国民经济的支柱产业"①,从表5-1中可以看出,全国房地产开发企业投资完成额占同期GDP的比例从1998年的4.3%上升到了2003年的7.5%。此外,根据表5-1中的数据我们可以测得,全国房地产开发企业投资完成额的增长率与GDP的增长率两者的相关系数为0.93②,表明两者存在高度正相关关系。二是住房制度市场化不足的问题也得到了很大程度上的解决,1998年《国务院关于进一步深化城镇住房制度改革加快住房建设的通知》要求停止住房的实物分配以后,我国的住房制度改革取得了突破性进展③,房地产市场发展迅猛,住宅建设保持快速增长④,住房分配的货币化改革有了实质性推进,居民家庭的住房消费支出明显增加,不少城镇家庭通过购买原来承租的单位公房⑤或者通过在市场上购买商品住房而成为有产者⑥,到了2003年,原

----

　　① 参见2003年的《国务院关于促进房地产市场持续健康发展的通知》(国发〔2003〕18号)。

　　② 相关系数的计算方法参见:朱洪文.应用统计[M].北京:高等教育出版社,2004:215.

　　③ 徐挺立.从实物分房到住房分配货币化,从居者忧其屋走向居者优其屋——改革开放30年房地产业成为中国国民经济的支柱产业[N].中华建筑报,2008-10-21(008).

　　④ 2000—2003年,房地产开发企业住宅竣工套数分别为2139702套、2414392套、2629616套、3021134套。参见:中华人民共和国国家统计局.中国统计年鉴2013[Z].北京:中国统计出版社,2013:211.

　　⑤ 这部分住房又称"房改房",即在房改中出售的公有住房。

　　⑥ 2002年1—11月,个人购买商品住房面积占商品住房销售面积的比例达到94.3%。参见:刘洪玉,张红.房地产业与社会经济[M].北京:清华大学出版社,2006:20.

来的二元住房制度总体上已实现向一元的市场化住房制度的转变。当然，随着住房制度改革的推进，城镇居民的住房条件也发生了明显改善，L 同学的经历便很有代表性：

表 5-1   全国房地产开发企业投资完成额与 GDP 的关系(1998—2003 年)

年份	1998	1999	2000	2001	2002	2003
全国房地产开发企业投资完成额(亿元)	3614	4103	4984	6344	7791	10154
同比增长率	/	14%	21%	27%	23%	30%
GDP(亿元)	84402	89677	99215	109655	120333	135823
同比增长率	/	6%	11%	11%	10%	13%
全国房地产开发企业投资完成额占同期 GDP 的比例	4.3%	4.6%	5.0%	5.8%	6.5%	7.5%

资料来源：中华人民共和国国家统计局. 中国统计年鉴 2008[Z]. 北京：中国统计出版社, 2008：37, 219.

    L 同学是一名建筑工程系的在读研究生，出生于 1986 年，他回忆道，6 岁以前他们家居住在爸爸单位的筒子楼，一家三口的居住空间就是一间十几平方米的房子，一推开房门，室内的角角落落便会一览无遗，厕所和水管间是全楼道居民共用的，由于居室面积小，每家每户只能在楼道里做饭，所以一到做饭时间，楼道里的锅碗瓢盆声响便很是热闹。后来，爸爸单位搞集资建房，他们家分到了一套两居室的住房，面积有 60 多平方米，房内也有了独立的厨房和卫生间，所有的活动都可以在室内完成，生活方便了许多。到了 2002 年，房地产市场日渐活跃起来，并且家里有了一定的积蓄，于是家里在外边购买了一套 130 多平方米的商品房，家也从原来的单位家属院搬到了商品房小区，这时居住的空间不仅更大了，而且由于小区有专门的物业进行管理，居住的环境也更加整洁、舒适了。①

正是由于以上两个方面的变化，房价过高和房地产投资过热的问题才会显得更加突出，这种问题也才会吸引政府更多的注意力。为了解决这种问题，为了稳定房地产经济、促进住房市场健康发展，也为了将房价控制在广大居民可以接受的范围之内，我国政府对住房市场的宏观调控给予了前所未有的重视，并出台了一系列调控住房市场的政策措施。

因此，2003 年我国调控住房市场政策的出台既与新问题的产生有关，也与原问题的消减有关，这再一次表明问题及其严重性的变化对于改革开放以来我国住房政策变迁具有直接而重要的影响作用。

(三) 对于 2008 年转变住房市场调控政策的作用

受美国次贷危机和全球金融危机的影响，我国房地产经济于 2007 年年底开始下滑，逐步由热转冷 (见图 5-3)。就住房价格而言，2007 年 10 月底全国商品房价格同期上涨 15.32%②，而在 2008 年 2 月以后，全国 70 个大中城市房价同比涨幅加速递减，10 月份已降至 1.6%③，有些地方的房价甚至出现了大幅度的下跌④。就商品房销售情况而言，2008 年相对于 2007 年，房地产开发企业住宅销售套数下降 11%，净减少 685436 套⑤；2007 年 1—10 月，

---

① 根据 2010 年 6 月 30 日对 L 同学的访谈记录整理而来。

② 陈杰. 二〇〇七年中国房地产业发展回顾与展望[J]. 西部论丛，2008 (1)：45-46.

③ 孟坚. 牛去熊来，高房价时代渐行渐远[N]. 中国证券报，2008-12-13 (A13).

④ 童可. 上海易居房地产研究院发布研究报告指出：2010 年全国楼市有望触底反弹[N]. 证券时报，2008-11-21(B05).

⑤ 中华人民共和国国家统计局. 中国统计年鉴 2013[Z]. 北京：中国统计出版社，2013：211.

全国商品房销售面积同比增长 31.35%，商品房销售额同比增长 51.47%①，然而到了 2008 年 1—11 月，全国商品房销售面积同比下降 18.3%，其中商品住房销售面积下降 18.8%，商品房销售额同比下降 19.8%，其中商品住房销售额下降 20.6%②。

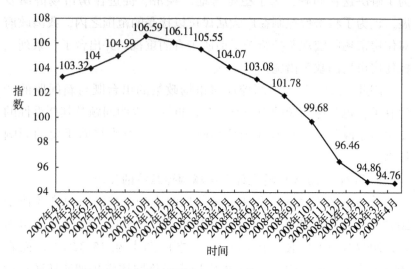

图 5-3　国房景气指数（2007 年 4 月—2009 年 4 月）

资料来源：http://app.finance.ifeng.com/data/indu/jgzs.php？symbol = 102& begin_day = 2007-01-01&end_day = 2008-12-30；http://app.finance.ifeng.com/data/ indu/jgzs.php？symbol = 102&begin_day = 2008-01-01&end_day = 2009-12-30.

　　住房市场的不景气这一新的问题引起了政府的高度关注，因为房价的大幅下降至少会产生以下几个方面的危害，第一，使居民的住房资产大幅度缩水。由于当时我国普遍实行 20%～30% 的房地产贷款首付标准，如果房价下跌的幅度过大，那么很大一部分购房者即便将房子卖掉也无法偿还贷款。SOHO 中国联席总裁潘石屹讲

---

　　① 陈杰. 二〇〇七年中国房地产业发展回顾与展望[J]. 西部论丛，2008
（1）：45-46.

　　② 方烨. 国房景气指数连续 12 个月回落[N]. 经济参考报，2008-12-15
（06）.

道："楼市大跌，将让中国产生一大批负资产家庭。"①第二，加重购房者的观望情绪。我国居民的住房消费心理是"买涨不买跌"②或者说是"越涨越买"③，房价的下跌会使人们的观望心理更加强烈，这又将导致住房经济形势的进一步恶化。第三，极易引发金融风险甚至是金融危机。房价的大幅度下跌会使房地产开发商与商业银行间的信用链条发生断裂④，房地产开发商的投资无法收回⑤，也难以偿还银行贷款，于是银行将形成大量的呆账、坏账。而当时我国房地产开发资金的一半以上都直接或间接来自银行贷款⑥，可以想

---

①　齐琳. 楼市博弈中小开发商"难过"，圈地局面已经终结[N]. 北京商报，2008-06-24.

②　住房既是一种消费品又是一种投资品。就住房的消费品属性而言，当住房价格呈不断上升态势时，担心房价进一步上涨的心理将会刺激居民购买住房的行为；当住房价格呈不断下降的态势时，对房价进一步下降的预期则会拖延居民购买住房的行为。就住房的投资品属性而言，住房价格越是上涨，越能显示住房作为一种投资品的价值，由此吸引更多的资金进入住房市场；住房价格越是下跌，越会打压人们投资住房的信心，使得人们没有动力将资金投向住房市场。可以说，就住房作为一种投资品的属性而言，人们"买涨不买跌"的心理更加突出。Wong 通过研究发现，房价与交易量存在很强的正相关关系。转引自：易宪容. 房地产"新政"的理论基础及政策效应分析[J]. 江苏社会科学，2009(2)：39-46。

③　房价的不断上涨很容易引起人们的恐慌性购房行为。

④　黄金初. 调控新政对房地产市场的影响[J]. 郑州大学学报(哲学社会科学版)，2007(4)：124-127.

⑤　房地产开发商的投资涉及在拿地、原住户的搬迁安置、广告、小区基础设施建设等多方面的花费，如果因银行不愿提供贷款而使房地产开发商的资金链条断裂，房地产开发项目可能无法完成(导致"烂尾楼"的出现)，之前的投资将前功尽弃；即便楼房建成，如果房子卖不出去，房地产开发商的资金链条也会断裂，前期的投资同样无法收回。可见，房地产开发商资金链条的断裂一是因为银行贷款的不能接续，二是因为商品房的出售困难，而这两个原因又是密切关联的，商品房的出售越是困难，银行就越不情愿向开发商提供贷款。于是，当房地市场一旦进入"寒冬"，房地产开发企业先前在房地产市场火爆时到处拿地或不惜成本拿地的行为很可能给它们招致灾难。

⑥　任卫东，段丽娟. 北京房价缘何井喷[J]. 瞭望新闻周刊，2007(3)：49；王晓瑜，郭松海，张宗坪. 住房社会保障理论与实务[M]. 北京：中国经济出版社，2006：17。

象，房价的大幅下跌将给银行系统带来多么大的金融风险①。第
四，房地产业是一个劳动密集型产业，吸纳就业人口的能力较强
（见图 5-4），房价的大幅下跌和房地产经济的过度下行势必会对就
业构成冲击。

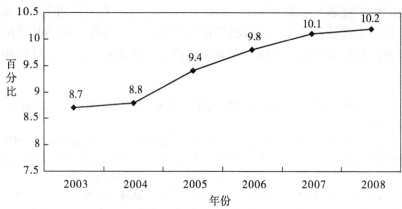

图 5-4　房地产业和建筑业城镇单位就业人员
占城镇单位就业人员的比重（2003—2008 年）

资料来源：中华人民共和国国家统计局. 中国统计年鉴 2013[Z]. 北京：中
国统计出版社，2013：125-126.

　　为了避免住房市场的不景气所可能导致的严重后果，我国从省
市到中央的各级政府都采取了积极的应对措施，最先出台相关政策
的是省市政府，2008 年下半年我国不少省市纷纷推出了救市"新
政"（见表 5-2）。有的地方政府出于"救市"的迫切心理②，甚至出

----

　　① 有学者指出，相对于房价的大幅涨跌，银行风险才是"心头大患"。参
见：徐滇庆. 房价与泡沫经济[M]. 北京：机械工业出版社，2006：Ⅶ.
　　② 与"救市"的迫切心理相反，地方政府对于控制房价上涨的积极性则不
高，这也是造成 2008 年之前的几年内楼市一路高歌猛进的一个重要原因。对此，
王石讲出了一定的道理："地方政府对宏观调控的态度一直非常微妙——中央要
调整房价，地方政府当然不能不响应，但是又不愿意看到房价真的降下来，因为
这和地方的利益息息相关。"参见：王石. 大道当然：我与万科（2000—2013）
[M]. 北京：中信出版社，2014：192.

台了明显有失公平的土政策，如福建省某县级市于 2008 年 9 月出
台了一项中考"购房加分"政策：应届初中毕业生中 2007 年 9 月至
2009 年 6 月 1 日在当地城区购置商品房，购房总金额达到 25 万元，
已付清总房款或办妥按揭贷款手续的购房户（持房管局备案的购房
合同及购买商品房享受相关优惠政策手册、发票、贷款合同）子女
享受十分照顾，免收学费、择校费减半①。

表 5-2 各地的"救市"政策（部分）

城市	优惠政策	备注
上海	上调补充住房公积金贷款额度，双职工家庭最多可贷到 60 万元	上海市公积金管理中心发布《关于再次调整本市住房公积金贷款额度上限的通知》
南京	发放购房补贴：90 平方米以下补贴 1%，90 平方米以上 0.5%	在 2008 年 10 月 1 日至 2009 年 9 月 30 日期间，凡购买该市普通商品住房和二手房的，均可享受住房补贴
河南	公积金贷款两成首付，贷款最长期限 30 年；首套商品房购买者房贷利率优惠；省内购房，可异地申请住房公积金贷款	购买经济适用房的，免除房地产交易契税；购买普通商品房的，可按一定比例减免房地产交易契税
厦门	放宽普通住房标准；90 平方米以下保障性住房，贷款利率下调，两成首付，最长贷款期限 20 年	新增"购买 70~80 平方米商品住房可办理不超过 2 人的常住户口"的政策

资料来源：各地房地产新政一览［N］. 证券日报，2008-10-24（A3）.

---

① 这项政策将"购房加分"附加到中考加分政策之上，让中考加分政策承担
了教育以外的并且原本不应当承担的功能，直接破坏了教育的公平性，因而受到
了社会各界的广泛质疑，事实上，这项极其不具有公平性的中考加分政策也根本
没能真正付诸实施。参见：柏必成. 从内容附加到功能附加：附加性政策执行何
以可能——基于两个典型案例的研究［J］. 行政科学论坛，2015（2）：34-44.

从 2008 年 10 月 22 日开始，中央政府也开始推出一系列新的住房市场调控政策，这些政策相对于我国在 2003 年以后几年里实行的住房市场调控政策发生了明显转变，住房市场调控政策从以防控住房市场的过热为导向转变为以刺激不景气的住房市场为导向。相应地，2008 年前后我国的住房市场调控政策在内容上也形成了明显的对比。比如，2006 年的"国十五条"规定，从 2006 年 6 月 1 日起，对购买住房（包括普通住房）不足 5 年转手交易的，销售时按其取得的售房收入全额征收营业税；个人购买普通住房超过 5 年（含 5 年）转手交易的，销售时免征营业税。而 2008 年 12 月 22 日《国务院办公厅关于促进房地产市场健康发展的若干意见》（国办发〔2008〕131 号）则规定，对个人购买普通住房不足 2 年转让的，销售时按其转让收入减去购买住房原价的差额征收营业税；个人购买普通住房超过 2 年（含 2 年）转让的，销售时免征营业税。很明显，国家放松了对征收住房转让环节营业税的规定，其目的在于刺激居民的购房需求和活跃住房市场。

由以上分析我们可知，2008 年我国住房市场调控政策的转变是直接由住房市场的不景气这一新问题的出现而引起的，问题及其严重性的变化这一因素又一次地显示了其对改革开放以来我国住房政策变迁的促动作用。

通过对 1998 年、2003 年和 2008 年 3 次住房政策变迁情形中问题及其严重性的变化这一因素作用的考察，我们可以确定问题及其严重性的变化是改革开放以来我国住房政策变迁中一个重要的动力因素，并且这一因素的作用是直接的。至于这一因素的作用是否在所有情况下都会引起政策的变迁，以及所有情况下的政策变迁是否都离不开这一因素的作用，接下来我们还会予以进一步探讨。

二、政策制定者关注度的提高

这里政策制定者关注度的提高是指决策者对相关问题引起了更高程度的重视，比如对某问题从不重视到重视，或者从重视程度较低到重视程度较高。下面我们将通过对改革开放之初、1991 年和 2007 年 3 次住房政策变迁情形的考察，来具体分析政策制定者关注度的提高在改革开放以来我国住房政策变迁中的作用以及这种作用的方式。

（一）对于改革开放之初我国开始实施住房制度改革的作用

从 1978 年 9 月邓小平同志关于如何解决住房困难问题的谈话开始，我国的住房制度改革逐步拉开了序幕，1979 年我国开始在西安和南宁等城市进行以全额成本价向职工出售公房的试点，1980年 6 月中共中央、国务院在批转《全国基本建设工作会议汇报提纲》中正式提出实行住房商品化政策①。

实施住房制度改革意味着我国将打破计划经济时期实行的福利分房制度，也意味着我国将实行新的住房政策，从而逐步实现住房的商品化。那么，为什么我国的住房政策会在改革开放之初发生不同于计划经济时期的重大转变？是由于住房问题及其严重性发生了变化吗？我们下面就来分析这个问题。

改革开放之初，我国的确存在着严重的住房问题，这些问题主要有：

（1）住房资金不能实现投入产出的良性循环，经济效率低下。这是因为住房是被当作一种福利品无偿向职工分配的，住房资金投入后没有收回的渠道。

（2）国家背上了沉重的财政负担。这是因为国家对职工的住房采取了"包下来"的做法，成为唯一的住房投资主体，而住房投资又无法收回，并且还要不断追加资金对住房进行维修和保养（由于"租不养房"），其结果只能是住房建得越多，国家的财政负担和包袱就越重。

（3）居民的住房条件十分落后。一是表现为住房的严重短缺②；二是表现为住房质量不高，住房失修、失养现象严重。关于当时住

---

① 张京，侯浙珉，金燕．房改：无限需求的终止[M]．北京：中国财政经济出版社，1992：2.

② 1978 年，我国城市人均居住面积仅有 3.6 平方米，1/3 的家庭面临着住房困难。参见：Zhang, X. Q. Redefining State and Market：Urban Housing Reform in China[J]. Housing, Theory and Society, 2001, 18：67-78.

房条件的窘迫，存在着不少典型事例：

事例一：吴奶奶是中科院生物学地学部的退休职工，1978年之前，吴奶奶一家10口人(吴奶奶夫妇、吴奶奶的婆婆和吴奶奶的7个儿女)挤住在位于地安门的单位大院宿舍内一间20平方米的平房中，房子一进门便是一个大通铺，上面整整齐齐地摆放了10个枕头，夜晚睡觉都只能保持一个姿势。①

事例二：已退休的包先生曾是福建省建委房管处负责人，在他的记忆里，1978年以前他们一家老小挤着一间公房，一个楼层只有一个卫生间，人们上厕所、洗澡都是排队。②

事例三：D学校是位于我国中部地区某省会城市的一家事业单位，主要从事教育培训工作，1978年以前，该单位很少建房，房源非常紧缺，等待分房的职工排起了长队，即便是已经结婚的年轻职工，如果能够分到筒子楼内的一间住房，那也会感到十分欣喜。另外，有的年轻职工因没有分到住房(只能通过借住亲戚家等权宜之计来解决居住问题)，也延迟了生育孩子的时间。③

第三个问题与前两个问题存在着密切的关联，住房资金不能实现投入产出的良性循环使得住房的简单再生产不能维持，住房的扩大再生产更是不可能；沉重的财政负担也使得国家难以投入更多的住房资金。另外，该问题的产生还与计划经济时期盛行的"先生

---

① 齐琳. 吴奶奶的"住房记忆"，人们曾为了分房而结婚[EB/OL]. [2008-11-07]. http://news.xinhuanet.com/house/2008-11/07/content_10319870.htm.
② 林海峰. 忧居到有居，老房改"回首"解困三部曲[EB/OL]. [2008-11-07]. http://news.xinhuanet.com/house/2008-11/07/content_10320102.htm.
③ 根据2015年9月2日对D学校老职工L先生的访谈整理而来。

产，后生活"①、"先治坡，后治窝"②的思想观念有着很大的关系。除了这三个问题之外，在福利分房的制度背景下，住房分配不公的问题也是存在的③，福利分房与住房公平之间并不能简单地划上等号。

　　然而，以上问题并不是在 1978 年才产生，并且这些问题也不是到了 1978 年才变得严重起来，事实上这些问题在计划经济时期就已经十分严重，因此并不能说是住房问题及其严重性的变化引起了改革开放之初我国住房政策的转变④。引起这种转变的最直接原因是政策制定者关注度的提高，也就是决策者对已经存在的住房问题引起了高度重视，邓小平同志于 1978 年和 1980 年两次关于住房问题的谈话就是明证⑤。如果以上问题没有引起决策者的关注，那么我国的住房政策就很可能还会按照计划经济时期的老路延续下去，而不会发生什么实质性的转变。

　　因此，改革开放之初我国住房政策相对于计划经济时期住房政

---

　　① 参见：Zhao, Y. S., Bourassa, S. C. China's Urban Housing Reform: Recent Achievements and New Inequities[J]. Housing Studies, 2003, 18(5): 721-744; Wang, Y. P., Murie, A. The Process of Commercialisation of Urban Housing in China[J]. Urban Studies, 1996, 33(6): 971-989.

　　② 康天锦，王美贤. 城镇住房制度改革百题问答[M]. 北京：经济日报出版社, 1988: 39.

　　③ 有不少学者都讲到了这一问题，参见：文魁. 中国住房分配工资化改革的机理分析[J]. 管理世界, 2000(1): 72-78; 杨重光. 住房建设为新的经济增长点需要解决的几个认识问题[J]. 理论前沿, 1998(12): 22-23; Lee, J. From Welfare Housing to Home Ownership: The Dilemma of China's Housing Reform[J]. Housing Studies, 2000, 15(1): 61-76; Zhao, Y. S., Bourassa, S. C. China's Urban Housing Reform: Recent Achievements and New Inequities[J]. Housing Studies, 2003, 18(5): 721-744.

　　④ 一些学者认为我国的住房制度改革是由住房短缺等严重的问题而引起的。参见：Wang, Y. P., Murie, A. The Process of Commercialisation of Urban Housing in China[J]. Urban Studies, 1996, 33(6): 971-989。我们则认为，住房短缺等问题的存在对于我国住房制度改革的发生是必不可少的，但其并不是引起我国制度改革的直接原因。

　　⑤ 关于两次谈话的内容我们在第四章第二节已经作了说明。

策的变迁是由政策制定者关注度的提高这一因素而直接引起的。这体现出政策制定者关注度的提高对于政策变迁的重要作用。当然，改革开放之初我国住房政策的转变之所以成为现实，也是因为决策者能够采取那些改革福利分房制度的政策方案，比如出售公房等。如果决策者根本无法采取出售公房等改革方案，那么政策的变迁就不可能发生。

（二）对于1991年我国重新将住房制度改革提上议事日程的作用

1988年《在全国城镇分期分批推行住房制度改革的实施方案》设想，用3～5年的时间，在全国城镇分期分批把住房制度改革推开。然而，在1988年以后的最初几年里，我国的住房制度改革并没有取得明显进展，甚至可以说是基本上陷入了停顿，虽然不少城市都推出了本地区的房改方案，但这些方案并没有真正被付诸实施①。住房制度改革的这种停滞局面直到1991年才被打破，其标志就是1991年《国务院关于继续积极稳妥地开展城镇住房制度改革的通知》（国发〔1991〕30号）和《国务院办公厅转发国务院住房制度改革领导小组关于全面推进城镇住房制度改革意见的通知》（国办发〔1991〕73号）这两个文件的发布。有学者指出，1991年是我国第二轮房改的起点②。

那么，促使国家在1991年将住房制度改革重新提上议事日程的直接动力是什么呢？是由于问题发生了变化？或者由于政策制定者对原有问题给予了更高程度的关注？还是由于其他方面的因素？

1978年住房制度改革开始推行之后，我国的住房问题在不算很长的时期内就发生了一些明显的变化。这些变化主要表现在，第一，中央政府在住房投资上的负担减轻，单位在住房投资上的负担加重。住房制度改革以后，我国的住房投资主体发生了很大变化，

---

①　Wang, Y. P. , Murie, A. The Process of Commercialisation of Urban Housing in China[J]. Urban Studies, 1996, 33(6)：971-989；张汉如. 关于我国住房制度改革的几个问题[J]. 河南财经学院学报，1992(4)：60-64，66.

②　张京，侯淅珉，金燕. 房改：无限需求的终止[M]. 北京：中国财政经济出版社，1992：150.

住房投资逐步由以中央政府为主转变为以单位为主①。第二，1978年后城镇住房建设投资有了明显增加，住房投资不足的问题有所缓解。在新中国成立以后的前30年中，城镇住房建设投资仅占同期国民生产总值的0.77%，而在1979—1985这7年时间内，城镇住房建设投资占同期国民生产总值的比重达到了3.21%②。第三，住房消费占职工消费总支出的比重过低在很大程度上造成了消费结构的畸形。在1978年后我国实施住房制度改革的较长一段时间内，职工住房消费占总消费支出的比重甚至比改革开放之前还要低。1963年城市房租一般占家庭收入的2.3%；而根据1985年国家统计局对47个城市6061户职工家庭的调查，平均每人每月用于房租的支出只占全部收入的1.3%③。住房消费支出的过低比重首先是由低租金造成的，1987年之时全国平均每平方米房租仅0.13元④，其次也是由于改革开放以后我国职工收入的增长。过低的住房消费支出使得居民将更多的购买力集中在了冰箱、彩电、洗衣机等高档消费品上，形成高档消费品"超前"的格局，以至于我们这个发展中国家出现了消费的畸形和"早熟"现象⑤。

　　以上变化是客观发生的，然而这些变化并不是在1991年才发生的，这些变化是相对于计划经济时期或改革开放之初的，到了1991年，这些变化了的问题已经成为"老问题"，而非意味着"新变化"，因此不能说是这些变化直接引起了1991年住房政策的变迁。此外，住房制度改革所瞄准的那些更为关键的问题，比

---

　　① 相关情况可见第四章第二节。

　　② 叶如棠. 中国住房的现状与发展[J]. 中国建设，1987(7). 转引自：康天锦，王美贤. 城镇住房制度改革百题问答[M]. 北京：经济日报出版社，1988：6.

　　③ 朱剑红，王国净. 住房·住房[M]. 沈阳：辽宁人民出版社，1988：60.

　　④ 高尚全. 把城镇住房制度改革摆到一个重要地位上来——国家体改委副主任高尚全就住房制度改革问题答本报记者问[N]. 建设报，1987-8-28.

　　⑤ 人民日报评论员. 把住房制度改革摆到重要位置[N]. 人民日报，1987-8-3.

如住房短缺①、住房资金不能实现投入产出的良性循环等，相对于以前并没有发生什么明显变化，仍旧显得相当严重。从这一点来看我们也不能说是由于问题及其严重性的变化而直接引起了国家于1991年将住房制度改革重新提上议事日程。

当然，住房制度改革被重新提上议事日程还可能是因为政策制定者找到了更为可行的问题解决方案。我们认为这一原因是存在的，但并非主要的原因。相对于1988年的房改政策，1991年的房改政策有一个重要的变化就是作出了关于全面推行住房公积金制度的规定。建立和完善住房公积金制度是一项新的房改措施，这一措施的明确对于1991年我国住房政策的变迁不无关系。有学者指出1991年5月1日《上海市住房制度改革实施方案》的出台推进了全国的房改②，其中有一个重要的原因就是上海的《住房制度改革实施方案》首先采取了"推行住房公积金制度"这一房改措施。因此，新的措施和办法的出现与政策变迁之间的关联是不容忽视的，决策者找到了住房公积金制这样一种房改措施的确是1991年住房制度改革被重新提上议事日程的一个实际原因。然而，这个原因并不是主要的原因，对比1991年与1988年两个年份的房改政策，我们可以发现，除了关于住房公积金制度的规定之外，两个年份的房改政策并没有很大的不同，显现了高度的延续性，甚至可以说1991年

---

①　尽管1978年后我国的住房投资数额有了大幅增加，我国的建房面积和建房速度也得到了大幅增长，但住房短缺的问题仍没有得到有效缓解。据统计，仅"六五"期间（1981—1985年）国家用于城镇住房建设的投资总额即达1000多亿元，占全国同期基本建设投资总额的21.8%，共建造住房6.48亿平方米，相当于前30多年城镇建房的总和；我国的住房建设速度也超过了世界经济发达国家的高峰速度。但是，当时城镇中无房户、拥挤户和不方便户仍有1000多万户，平均每4户人家就有一户为住的问题发愁。参见：高尚全. 把城镇住房制度改革摆到一个重要地位上来——国家体改委副主任高尚全就住房制度改革问题答本报记者问[N]. 建设报，1987-8-28.

②　参见：张京，侯浙珉，金燕. 房改：无限需求的终止[M]. 北京：中国财政经济出版社，1992：150；Wang, Y. P., Murie, A. The Process of Commercialisation of Urban Housing in China[J]. Urban Studies, 1996, 33(6)：971-989.

的房改政策措施有不少都是对 1988 年房改政策措施的重申，因此
1991 年住房政策的变迁并不主要是因为决策者找到了更为可行的
政策方案，1991 年的房改政策措施中有不少事实上都早已存在。

于是，问题既已存在，可行的政策方案也没有成为政策变迁的
明显障碍，在这种情况下，如果新的政策没有出台，政策的变迁没
有发生，那么其原因只能是决策者对问题没有引起足够的关注。实
际上，也正是由于政策制定者对已有的住房问题重新引起了关注，
才直接使住房制度改革在 1991 年被重新提上了议事日程以及使相
应的政策变迁得以发生。政策制定者注意力的这种变化可以从"国
发〔1991〕30 号文"名称中的"继续"两字中得到一定程度的体现，
"继续"两字意味着政策制定者对住房制度改革问题重新引起了
重视。

通过以上分析我们可知，政策制定者关注度的提高能够直接促
进政策变迁的发生；另外，政策的变迁可能并不是仅仅由于某一种
因素的直接作用，而是存在着多种因素的直接作用，在 1991 年的
住房政策变迁中，政策制定者关注度的提高和解决方案可行性的增
强这两个因素都发挥了直接的促进作用，尽管后一个因素的作用不
是主要的。

（三）对于 2007 年我国大力加强住房保障的作用

从 2003 年开始，我国就将住房政策的重点定位在了对住房市
场的调控上，这种状况一直持续到 2007 年才发生变化，变化的标
志是 2007 年 8 月 7 日《国务院关于解决城市低收入家庭住房困难的
若干意见》（国发〔2007〕24 号）的颁布。"国发〔2007〕24 号文"把
"保障性住房"提到了前所未有的高度[1]，这一文件的颁布意味着我
国住房政策的重点从以调控住房市场一个方面转变到了调控住房市
场和加强住房保障两个方面。正是由于这种转变，时任全国工商联
房地产商会会长的聂梅生将"国发〔2007〕24 号文"的实施视为"继

---

[1] 张元端．住房制度改革进入保障阶段[N]．中国建设报，2007-12-26
（002）．

1998 年房改之后的又一次真正意义上的房改"①。

　　很明显，2007 年我国住房政策的转变是为了更好地解决住房保障问题，那么，我们是否可以说是由于住房保障问题的出现而引致了 2007 年住房政策的变迁呢？很难这样讲。因为住房保障问题并不是在 2007 年才出现，也不是在 2007 年才变得严重起来，自从1998 年停止住房实物分配以后，我国的保障性住房早已是欠账严重②。据建设部 2006 年城镇廉租住房制度建设通报显示，2006 年全国仍有 145 个城市（4 个地级城市，141 个县级城市）尚未建立廉租住房制度；另据建设部、民政部的有关调查显示，截至 2006 年年底，廉租住房只解决了 26.8 万户住房困难家庭的住房问题，仅占廉租住房应覆盖面积的 6.7%③。经济适用住房的建设情况也不容乐观，在 1998—2006 年，经济适用房投资在商品住房投资中的比重 1999 年最高为 16.6%，2005 年最低仅为 4.8%④，经济适用住房的投放量与需求量之间存在着巨大缺口⑤。不仅如此，经济适用住房并非都被用于解决中低收入家庭的住房困难问题⑥，首先，受赢利动机的驱动，房地产开发企业一是容易通过增加实际开发成本与名义开发成本来提高售价，二是容易擅自通过提高户型标准、豪华装修等方式来迎合高收入群体的住房需求，这样就可能使所谓的经济适用住房实际上变得既不"经济"又不"适用"⑦，从而导致经

---

　　① 杨丽萍．"国发 24 号文"是再一次房改——访全国工商联房地产商会会长聂梅生[J]．新华月报，2007(10 上)：48.

　　② 颜芳．建和谐城市，首先要建好经适房[N]．新华日报，2008-11-5(A05).

　　③ 尚教蔚．保障性住房是解困的主渠道[J]．中国房地信息，2007，(9)：20-23.

　　④ 尚教蔚．保障性住房是解困的主渠道[J]．中国房地信息，2007，(9)：20-23.

　　⑤ 侯建国．人人享有适当的住房[N]．中国国土资源报，2008-6-3(003).

　　⑥ 佘宇．我国经济适用住房政策的效果评估与发展前景研究[M]．北京：中国发展出版社，2012：42-57.

　　⑦ 仝德，刘青．我国中低收入家庭住房保障政策评价——以北京为例[J]．中国房地产，2008(6)：61-63.

济适用住房政策的瞄准对象和目标群体定位发生偏移。其次，由于政府补贴的存在，经济适用住房的售价明显要低于商品住房的售价，这使经济适用住房对众多家庭来讲都具有强烈的吸引力，而经济适用住房的稀缺性又会带来人们对这种资源的激烈争夺，以致使一些人不惜运用正常程序之外的不当手段，千方百计地钻政府监管的漏洞，导致社会上骗购和超标准购买经济适用住房的现象屡见不鲜。

另外，在"国发〔2007〕24号文"出台之时，住房市场中的房价过高等问题也没有得到有效解决。国家发改委、国家统计局公布的数据显示，2007年6月份全国70个大中城市房屋销售价格同比上涨7.4%，涨幅比上月高0.8个百分点。北海、深圳、南京、北京、石家庄房价同比涨幅均在10%以上，位列前五①。2007年我国房地产投资额占固定资产投资额的比重达到21.5%，比2003年又上升了3个百分点以上，局部地区房地产投资额占固定资产投资额的比重甚至超过了50%②。

因此，2007年的住房政策变迁并不是问题及其严重性的变化这一因素直接推动的结果。如果说住房保障问题是一个新出现的问题，那么这是相对于计划经济时期或者是相对于1998年之前的，而不是相对于2007年之前的。住房保障问题在1998—2007年这几年内就已经凸显，但这并没有使政府将住房保障放在一个与住房市场相并重的地位。从这里我们也可以看出，问题及其严重性的变化这一因素并不必然引起政策的变迁。

而2007年之前的几年里严重的住房保障问题之所以未能引起像2007年那样的政策变迁，很重要的一个原因是政策制定者还缺少对住房保障问题的充分关注，当时政策制定者的注意力主要集中在了住房市场的健康发展上。到了2007年，政府对于居民的住房权有了更高程度的关注，对于住房保障问题的解决表现

① 天宇，华云. 房价：考量政府执政[J]. 记者观察，2007(16)：34-39.
② 熊方军，马永开. 中国房地产市场非均衡性与分类宏观调控[M]. 北京：科学出版社，2009：3.

出更大的决心，这直接促成了住房政策的转变。此外，2007年住房政策的变迁与解决方案可行性的增强也不无关系。2003年后的几年里国家对住房市场进行调控主要是为了促进住房经济的平稳运行，但也有一个比较隐含的意图是通过控制房价以使广大居民能够买得起房，事实证明，这一意图并没有通过住房市场调控政策得以实现，这在客观上提醒了政策制定者去寻求更为可行的方法。需要指出的是，2007年住房政策的转变并不主要是由于解决方案可行性的增强，因为2007年之前国家出台的一系列住房市场调控政策本身不是针对住房保障问题的，政策制定者也不是由于没有找到解决住房保障问题的可行方案而未能早一点实现2007年那样的住房政策变迁。

通过对改革开放之初、1991年和2007年3次住房政策变迁情形的上述分析，我们可以确定政策制定者关注度的提高是改革开放以来我国住房政策变迁的一个重要动力因素，并且这一因素的作用是直接的。

三、解决方案可行性的增强

前面我们已经提到，解决方案可行性的增强①具有两重含义：一是原来不具有可行性的方案现在具有了可行性；二是新出现的方案比原来的方案更加具有可行性。因此，当原来不可行的方案变得可行时，我们说解决方案的可行性增强了；当出现了比原方案更具有可行性的新方案时，我们也说解决方案的可行性增强了。下面我们将通过对1988年国家出台统一的房改政策以及2003—2006年住房市场调控措施的变化等政策变迁情形的考察，来具体分析解决方案可行性的增强这一因素在改革开放以来我国住房政策变迁中的作用以及这种作用的方式。

（一）对于1988年国家出台统一房改政策的作用

1988年2月，我国发布了《国务院关于印发在全国城镇分期分

① 需要指出的是，解决方案可行性的增强首先是政策制定者的一种主观认知，至于方案的可行性是否真正得到了增强，还有待于接受实践的检验。

批推行住房制度改革实施方案的通知》（国发〔1988〕11号），这意味着用于指导全国范围内住房制度改革的统一政策正式产生。另外，新出台的房改政策与改革开放之初我国房改试点中所采取的"出售公房"措施具有显著的不同，因为1988年的房改政策将"提高公房租金"这样的措施放在了一个十分重要的位置。这种转变的发生是不是由于问题及其严重性的变化？或者是由于政策制定者关注度的提高？

前文已经指出，相对于计划经济时期，我国住房领域内的问题在1980年前后已经产生一些变化。但是，这种变化并不是引起政策变迁的主要原因，因为诸如住房资金不能实现投入产出的良性循环等更为根本性的问题仍没有得到多少缓解，不论是房改之初的出售公房，还是1988年的住房改革政策，它们实质上都在致力于解决共同的住房问题。因此，1988年的住房政策变迁并不是因问题及其严重性的变化而直接引起的。

此外，1988年住房政策的变迁也很难从政策制定者关注度的提高上得到解释。从改革开放之初到1988年，政府对于改革住房制度的尝试和努力一直没有停止，一次房改试点结束，国家会在总结经验教训的基础上立即开展下一次的房改试点，因此可以说国家对住房问题的解决一直都给予了充分的重视，1988年房改政策的出台并不是政策制定者对住房问题的关注程度由弱变强的结果。

于是，对于1988年住房政策的变迁，我们只能从其他方面去找原因。这个原因就在于政策制定者找到了比出售公房更为可行的解决方案，即将提高公房租金作为一项重要内容的房改方案。当这一方案没有被找到时，即便存在决策者对问题的高度重视，1988年的住房政策变迁也不可能发生，因为问题和决策者的重视虽然已经结合起来，但它们却无法实现与可行方案的结合；而当这一方案被找到时，三者的结合便可以实现，相应的政策变迁也得以发生。

事实上，在1988年全国统一的房改政策出台之前，国家之所以要连续进行3次房改试点，其目的就是为了寻求更为可行的解决方案①，方案可行性的不足一直制约着统一的房改政策的出台。即便是在经历了前两次房改试点后国家于 1986 年已经明确提高公房租金这一总体思路，但提高房租的政策也没有立刻产生。因为提高公房租金还涉及一系列的难题：第一，房租的提高不能不考虑到职工的承受能力，如果职工没有能力承受提高以后的房租，那么提高公房租金的改革根本就无法推进；第二，要使低工资制度下的职工能够负担得起提高后的房租，那么就必须向职工发放住房补贴，如果住房补贴是以货币的形式发放，那么总户数 25% 以上的低于平均住房标准的住户在交纳房租后就会有资金沉淀，这部分沉淀资金由于数量相当可观，将很可能对消费市场形成巨大冲击②。直到这些难题被突破，具有可行性、能够在现实中予以操作的租金改革方案形成后，提高公房租金的政策才在烟台市开始实行，而在烟台市的租金改革取得了成功经验后，1988 年的房改政策才正式推出。

我们在前文考察 1991 年的住房政策变迁时就已经指出方案可行性的增强这一因素对于政策变迁的直接促进作用，但在 1991 年的住房政策变迁中，这一因素的作用不是主要的。然而，对于 1988 年全国统一的房改政策的出台，方案可行性的增强却扮演了关键的角色，直接推动了政策变迁的发生。这更加显现了解决方案可行性的增强这一因素在改革开放以来我国住房政策变迁中的重要作用。

（二）对于 2003—2006 年住房市场调控措施变化的作用

2003—2006 年，我国住房政策的重点都在于调控住房市场，不过，通过对比其间我国出台的一系列住房政策，我们还是可以发现具体的调控措施所发生的一些变化。比如，2006 年的"国十五

---

① 有学者指出，实验是我国住房政策制定过程的一个重要特征。参见：Wang, Y. P., Murie, A. The Process of Commercialisation of Urban Housing in China [J]. Urban Studies, 1996, 33(6)：971-989.

② 林晨，田学祥. 走向住房商品化——中国住房制度改革的思路与实践 [M]. 北京：农村读物出版社，1988：6.

条"相对于 2005 年的"新国八条"加大了对闲置土地的清理力度①。又比如，在对住房转让环节营业税的征收上，2006 年的"国十五条"相对于 2005 年的"新国八条"作出了更加严格的规定（"国十五条"将"新国八条"中规定的"2 年"期限延长为"5 年"），从而加大了对投机性和投资性购房需求的控制力度②。再比如，2006 年的"国十五条"首次采用了"两个 70%"的政策③，从而运用行政指令的方法对普通商品住房等的供应量进行了直接干预。总体来看，在2003—2006 年，我国的住房市场调控政策是日趋严格的。那么，为什么会发生这样的变化？政策方案可行性的增强对于这种变化的发生起到了什么样的作用？

不论是"新国八条"还是"国十五条"，它们都是在致力于解决房价过高和房地产投资过热等问题，因而 2003—2006 年住房市场调控措施的变化并不是由于新问题的出现。另外，在 2003—2006年，国家对房价过高等问题一直给予了高度的关注，否则就不会以那样高的密集度在短短几年内连续出台一系列的调控政策，因此2003—2006 年住房市场调控措施的变化也不是由于国家对住房市场中的问题由不关注而变得关注，或者由关注程度较低而变得关注程度较高。

在决策者对问题保持着高度关注的情况下，政策之所以没有发生变迁，是因为决策者还不明确针对问题的更为可行的解决方案，当更为可行的方案被明确后，政策变迁的发生就顺理成章了。在政策制定者看来，2006 年的"国十五条"比"新国八条"等调控政策更

---

① 参见第四章第五节第三个方面的政策措施。
② 参见第四章第五节第六个方面的政策措施。
③ "两个 70%"的政策是指：第一，自 2006 年 6 月 1 日起，凡新审批、新开工的商品住房建设，套型建筑面积 90 平方米以下住房（含经济适用住房）面积所占比重，必须达到开发建设总面积的 70% 以上，过去已审批但未取得施工许可证的项目凡不符合上述要求的，应根据要求进行套型调整；第二，优先保证中低价位、中小套型普通商品住房（含经济适用住房）和廉租住房的土地供应，其年度供应量不得低于居住用地供应总量的 70%。参见第四章第五节第二和第三两个方面的政策措施。

为可行，为了更有效地解决住房市场中存在的突出问题，政策制定者便将"国十五条"推出了。而"国十五条"之所以没有被在更早的时间推出，是因为政策制定者还不明确以前的有关住房市场调控措施的"不可行"以及"国十五条"的"更可行"。

当然，由于有关住房市场调控措施的不可行，房价过高等问题可能不仅没有得到缓解，反而还会有所加重①，问题的加重会促使政策制定者寻求更为可行的解决方案，从而推动政策变迁的发生。但我们认为，问题的加重在2003—2006年住房市场调控措施的变化中并不起主要作用，因为问题即使没有加重，在问题未能得到缓解的情况下，当更可行的解决方案被明确时，政策的变迁同样会发生。

2003—2006年住房市场调控措施的变化再一次体现了解决方案可行性的增强这一因素的重要作用，这说明解决方案可行性的增强可以被确定是改革开放以来我国住房政策变迁中一个重要的动力因素，并且这一因素的影响作用是直接的。另外，需要指出的是，方案可行性的增强对于1998年我国停止住房实物分配政策的出台也起到了重要作用，我们在第二节分析工资制度改革对于1998年停止住房实物分配政策出台的作用时还会说明这一点。

以上我们共考察了改革开放以来我国住房政策变迁的8次具体情形，并结合这些情形分析了问题及其严重性的变化、政策制定者关注度的提高、解决方案可行性的增强这3个因素的影响作用，通过分析，我们可以得出以下认识：①问题及其严重性的变化、政策制定者关注度的提高、解决方案可行性的增强这3个因素均是改革开放以来我国住房政策变迁中重要的动力因素，并且它们的影响作用是直接的；②3个因素中的任何一个都可能引起政策的变迁，都可能成为政策变迁的触发因素；③住房政策的变迁可能是由3个因素中的多个共同作用的结果，不过它们的作用存在主次之别，并不是同等重要的；④触发因素的作用对于政策变迁是重要的，但政策

---

① 对于具体情况，我们在讨论负面政策效果的反馈这一因素的作用时还会作进一步分析。

变迁的发生最终依赖于问题、决策者的重视和可行的方案三者的连接和结合。

下面我们将分析政策变迁动力分析框架中另外两个内部动力因素的影响作用，为了分析的连贯性起见，我们仍结合刚才考察过的两种具体政策变迁情形。

四、负面政策效果的反馈

负面政策效果的反馈是指决策者认识到了原有政策效果的不理想，问题并没有得到有效解决或真正缓解。在这一部分，我们仍旧通过1988年国家出台统一的房改政策和2003—2006年住房市场调控措施的变化这两种政策变迁情形，来具体分析负面政策效果的反馈这一因素在改革开放以来我国住房政策变迁中的作用。

(一)对于1988年国家出台统一房改政策的作用

1988年房改政策的出台是由于政策制定者找到了更具可行性的解决方案，或者说是直接由于解决方案可行性的增强，那么，更具可行性的方案是如何被明确的呢？

1988年的"房改方案"采纳了"提租补贴，租售结合"①的思路并相应制定了具体的政策措施，这一方案相对于改革开放之初单纯的出售公房更为完善，也更为可行。而这一方案的产生经历了一个漫长的过程，在这一过程中，政策制定者经过了多次尝试(表现为住房制度改革的试点)和不间断的摸索，正是通过一次次的尝试，决策者才逐步确定了可以用于指导全国范围内住房制度改革的政策方案。

尝试的过程是一个逐步积累经验的过程，而经验的积累则来自于政策制定者对既有政策效果的认知，当政策的效果并没有像政策制定者所期待的那样时，政策制定者会进一步去寻求更具可行性的解决方案，从而促使方案可行性的增强。这里面就体现出了负面政策效果的反馈对于方案可行性增强的重要作用。

---

① 张中俊. 中国城镇住房制度改革的实践和探索[J]. 中国房地产金融, 1994(1)：3-13.

　　在住房制度改革开始之时，出售公房这一措施无疑是很具有吸引力的，当时有不少人曾设想，房子一旦出售出去，住房投资便可以收回，相应地，住房的再生产就可以实现，甚至住房的商品化也可以在很大程度上成为现实。然而，不论是以全额成本价出售公房，还是采取"三三制"的办法补贴出售公房，其效果均不理想。比如，1979 年西安市拿出了一栋 7 层楼中的 38 套公寓进行出售，每平方米的售价平均为 150 元，一套约 60 平方米的 3 居室公寓售价大约为 9000 元，到了 1980 年 5 月，仅仅有 18 套公寓出售给了15 户家庭，这 15 户家庭以前都存在着严重的住房困难，并且其中的大部分家庭具有较强的经济承受能力(如可以获得海外亲朋的资助)①。又比如，由于补贴单位和收租单位的分离②，"三三制"补贴出售公房会给企业和地方财政带来巨额的补贴压力，这引起了企业和地方政府的许多抱怨③，也使其没有动力采用"三三制"的办法补贴出售公房。出售公房的效果不佳促使政策制定者更进一步地认识到了低租金的弊端，因为在"租售比"极不合理的情况下④，职工是没有动力去选择支出较多的"买房"方案的。另外，采取提高公房租金的办法相对来讲也有利于房改的起步，公房的租金可以渐进地予以提高，而渐进地提高房租又将在很大程度上缓冲住房制度改革所产生的震荡效应，从而有利于房改的推进。于是，在从出售公房的试验中获得了经验之后，政策制定者对提高公房租金在住房制度改革中的作用有了更明晰和更深入的认识，并最终在 1988 年出台了将提高公房租金作为重要内容的房改方案。

---

　　①　Wang, Y. P., Murie, A. The Process of Commercialisation of Urban Housing in China[J]. Urban Studies, 1996, 33(6)：971-989.

　　②　马建堂，熊贤良. 我国城镇住房制度改革的思路和对策[J]. 改革, 1994(5)：65-71.

　　③　Wang, Y. P., Murie, A. The Process of Commercialisation of Urban Housing in China[J]. Urban Studies, 1996, 33(6)：971-989.

　　④　按照房地产市场的一般规律，合理的住房年租售比是 1：8—1：10，我国 1980 年租售比为 1：145，远远低于合理值比值。参见：何小钢，蓝光喜. 住房制度变迁、市场扭曲与高房价[J]. 湖北经济学院学报，2006(5)：80-85.

由以上分析我们可以得知，对于1988年全国统一的房改方案的出台，负面政策效果的反馈这一因素产生了重要作用，而这种作用又是通过方案可行性的增强得以实现的。当然，负面政策效果的反馈对于问题及其严重性的变化以及政策制定者关注度的提高也会有一定的影响，但这种影响在1988年的住房政策变迁中并不显著，负面政策效果的反馈对于方案可行性的增强这一因素的影响是更为主要的。

（二）对于2003—2006年住房市场调控措施变化的作用

2003—2006年住房市场调控措施变化的直接原因或者直接推动力不在于问题及其严重性的变化，也不在于政策制定者关注度的提高，而在于方案可行性的增强。正是由于政策制定者认为新的调控措施比原来的调控措施更为可行，新的调控措施才得以替代原来的调控措施。那么，是什么原因使政策制定者认识到了原有的调控措施不可行或可行性不足？又是什么原因促使了政策制定者去寻求更为可行的调控措施？其中有一个很重要的原因就是原有调控措施的效果不佳。

在2003—2006年，我国出台住房市场调控措施的目的是为了控制房价和房地产投资过热，然而，在这几年时间内，住房市场一路高歌猛进，我国房价过高和房地产投资过热的问题不仅没有得到缓解，反而有所加重，住房价格连年攀升（见表5-3），房地产投资额也是持续高速增长（见表5-4）。在这种情况下，政策制定者不断认识到原有调控措施效果的不理想，也不断出台新的调控措施。这样2003—2006年我国的住房市场调控措施就呈现出一个比较高的变化频率和比较快的"推陈出新"速度。

表5-3　全国商品住房平均销售价格上涨情况（2003—2006年）

年份	2003	2004	2005	2006
销售价格（元/米²）	2197	2608	2937	3119
同比增长率	/	19%	13%	6%

资料来源：中华人民共和国国家统计局. 中国统计年鉴2008[Z]. 北京：中国统计出版社，2008：225.

表 5-4　全国房地产开发企业投资完成额增长情况（2003—2006 年）

年份	2003	2004	2005	2006
全国房地产开发企业投资完成额(亿元)	10154	13158	15909	19423
同比增长率	/	30%	21%	22%
全社会固定资产投资额（亿元）	55567	70477	88774	109998
全国房地产开发企业投资完成额占同期全社会固定资产投资比例	18%	19%	18%	18%

资料来源：中华人民共和国国家统计局．中国统计年鉴 2008［Z］．北京：中国统计出版社，2008：170，219.

　　一开始我国对住房市场的调控主要是采取了"管严土地，看紧信贷"的办法，也即严格土地和信贷两个"闸门"。如对经营性土地一律实行以"招、拍、挂"方式出让①，而不允许以协议方式出让，从而紧缩地根；又比如将房地产开发项目资本金比例提高到 35%以上②，从而收紧银根。这些措施提高了房地产业的准入门槛，加大了房地产商的经营成本，但是，地根的紧缩在一定程度上引起了住房供应量的减少；而在住房需求刚性的条件下③，因银根的紧缩而给房地产开发商增加的成本又最终转嫁到了购房者的身上④，从

────────────

①　2004 年 3 月发布的《国土资源部监察部关于继续开展经营性土地使用权招标拍卖挂牌出让情况执法监察工作的通知》（国土资发〔2004〕71 号）规定，在 2004 年 8 月 31 日之前，所有的商业、旅游、娱乐和商品住宅等经营性用地必须采用招标拍卖挂牌方式供应。

②　中国银行业监督管理委员会于 2004 年 9 月发布的《商业银行房地产贷款风险管理指引》（银监发〔2004〕57 号）第十六条规定，"商业银行对申请贷款的房地产开发企业，应要求其开发项目资本金比例不低于 35%"。

③　白暴力，欧恒．我国商品住房价格持续上涨的市场机制［J］．教学与研究，2007(9)：20-24.

④　唐敏．房价宏观调控细化［J］．瞭望新闻周刊，2007(42)：70-71.

而引起房价的进一步上涨。以上状况(负面政策效果)促使政府寻求并采取了更进一步的措施来控制房价，比如对普通商品住房建设面积占新开发商品住房建设总面积的比例作出直接规定。

可见，负面政策效果的反馈对于2003—2006年住房市场调控措施的变化具有重要的作用，只不过这种作用是通过解决方案可行性的增强这一因素来发挥的，因此具有间接性。

通过以上结合两种住房政策变迁情形的分析，我们可以确定负面政策效果的反馈是改革开放以来我国住房政策变迁中的一个重要动力因素，并且这一因素的作用是间接的。当然，负面政策效果的反馈并不是在改革开放以来所有的住房政策变迁情形中都发挥了重要作用，比如，1998年停止住房实物分配政策的出台主要是由于新问题的出现，而不是由于原有的政策产生了负面效果。

五、目标群体观念的变化

观念属于心理因素的范畴，政策目标群体是受到政策作用与影响的那些人，政策目标群体的观念便涉及受政策影响作用的那部分人对特定事物合理性的认识，以及对特定政策方案合理性的认知。下面我们主要结合1988年国家出台统一的房改政策这一政策变迁情形，来具体分析政策目标群体观念的转变这一因素的作用。

在计划经济体制下，城市居民(或者说单位的职工)普遍存在着"住房靠国家，分房按等级"的福利观念①，他们认为住房是一种应该适用供给制的福利品，并将福利分房视为社会主义制度优越性的表现②，从而也将住房从观念上排除在了消费性商品之外③。于是，当1978年国家开始进行住房制度改革时，城市居民对住房改革的心理承受能力就显得十分有限，因为房改意味着职工住房需求

---

① 张京，侯淅珉，金燕．房改：无限需求的终止[M]．北京：中国财政经济出版社，1992：11.

② 高尚全．把城镇住房制度改革摆到一个重要地位上来——国家体改委副主任高尚全就住房制度改革问题答本报记者问[N]．建设报，1987-8-28.

③ 张中俊，姚运德．我国住房制度改革思路的探索[J]．中国经济体制改革，1987(9)：17-20.

的满足将由无偿变为有偿，意味着职工早已习以为常①的福利分房制度将被打破。在这种情况下，城市居民难免对房改产生一些不认同、不支持的情绪，这大大降低了以全额成本价出售公房等措施的可行性，并增加了住房制度改革推进的难度。通过对参加"三三制"补贴售房试点的常州、郑州、沙市、四平4个城市的调查，结果表明，对公房出售表示拥护的职工仅在10%~20%，持中间观望态度的占40%~55%，反对、不满的占30%~40%②。人们对补贴售房的态度尚且如此，更不用说对于全价售房了。由此可见，尽管我国前两次房改试点的效果不佳是由多种因素造成的，但城市居民福利住房观念的束缚不能不说是一个重要的原因。

　　不过，随着房改的推进，特别是随着提高公房租金措施的实施，人们的固有观念也受到了很大的冲击与震撼，那种根深蒂固的福利分房观念逐步被打破，人们不再认为住房是一种纯粹的福利品和"免费的午餐"，也不再认为住房需求与支付能力不存在什么关联③。比

---

　　① 需要指出的是，农民对待住房的观念与城市居民在计划经济体制下形成的并且在改革开放之初仍很强烈的福利观念相比，表现出了很大的反差。建造住房是农民十分注重的一件大事，只要条件允许，农民就会将所积攒的钱用于住房的建造，住房的建成会给他们带来很大的成就感和无比的喜悦之情。参见：陈忠实. 寻找属于自己的句子——《白鹿原》写作手记[J]. 小说评论，2007(4)：44-50。这种观念上的反差可以通过城镇居民家庭和农民家庭在住房消费支出上的不同得到一定体现，1981—1984年，我国农民家庭的住房消费支出占家庭消费支出的15.06%，而城镇居民家庭住房消费支出的比例仅为0.87%。参见：贾康，刘军民. 中国住房制度改革问题研究：经济社会转轨中"居者有其屋"的求解[M]. 上海：上海人民出版社，2006：71。

　　② 张京，侯浙珉，金燕. 房改：无限需求的终止[M]. 北京：中国财政经济出版社，1992：5.

　　③ 由于房改前住房是无偿向人们分配，分到什么样的住房（如多大的面积）与一个人或一个家庭的支付能力不存在联系，一些人便滋生了大量不正当的住房需求，不仅自己向公家要房，而且为儿子甚至为孙子要房，正所谓"不要白不要，白给谁不要"，参见：张京，侯浙珉，金燕. 房改：无限需求的终止[M]. 北京：中国财政经济出版社，1992：24；Zhao, Y. S., Bourassa, S. C. China's Urban Housing Reform: Recent Achievements and New Inequities[J]. Housing Studies, 2003, 18(5)：721-744. 于是一些地方出现了不少的"娃娃户"，参见：朱剑红，王国净. 住房·住房[M]. 沈阳：辽宁人民出版社，1988：19；徐永青，毛铁. 住房改革面面观[N]. 建设报，1988-1-20。

如，在烟台的住房制度改革实施后，一些人开始主动地将大房换为小房或退出多住的公房，也有人在先买住房还是先买高档耐用消费品之间选择了前者①。另外，在烟台等市的住房制度改革的影响下，其他城市的居民对于房改的态度也显得积极起来，据1988年1月左右在浙江省余姚市对258名城市居民的抽样调查，结果表明70%的人认为应当进行房改，24%的人认为无所谓，反对的人只有6%②。

政策目标群体观念的上述转变使住房制度改革得到了更多的理解和支持，也使得相关的房改措施具有了更大的可行性，这些为1988年房改政策的出台提供了良好的条件。

事实上，政策目标群体观念的转变这一因素不仅仅促进了1988年住房政策变迁的发生，而且对于1991年我国重新将住房制度改革提上议事日程和1998年停止住房实物分配政策的出台等都具有积极的影响作用③，因为随着城市居民商品化住房观念的日益增强，其对住房制度改革及房改政策的支持度也在相应增强，这对于新的房改政策的出台和住房制度改革的深化无疑都是十分有利的。

通过上述分析我们可以明确政策目标群体观念的转变是改革开放以来我国住房政策变迁中一个重要的动力因素④，并且这一因素的作用是间接的。

至此，我们已经结合改革开放以来我国住房政策变迁的8次具体情形，对问题及其严重性的变化、政策制定者关注度的提高、解决方案可行性的增强、负面政策效果的反馈以及目标群体观念的变

① 朱剑红，王国净. 住房·住房[M]. 沈阳：辽宁人民出版社，1988：81.
② 徐永青，毛铁. 住房改革面面观[N]. 建设报，1988-1-20(1-2).
③ 1998年河北省城调队和河北经贸大学对全省365户城镇居民进行了问卷调查，结果显示，70%以上的人对房改持"赞成"态度，"不赞成"的只占10%。参见：赵宝英. 城镇居民对房改的七种心态[J]. 价格月刊，1998(10)：26.
④ 当然观念与利益也是有关的，人们在房改初期之所以难以接受有关的政策措施，一个重要原因在于房改给人们带来的成本与"阵痛"，任何改革都不是没有代价的，房改也是如此。

化这 5 个因素的作用及作用方式进行了分析，通过分析，我们可以明确这 5 个因素对改革开放以来我国住房政策的变迁均具有重要的推动作用，其中前 3 个因素的作用是直接的，后两个因素的作用是间接的。这一分析结果与前文政策变迁动力分析框架中的相应部分具有一致性，因而框架中内部动力因素对政策变迁的影响机制被予以了大体的验证。

第二节　改革开放以来我国住房政策变迁的外部动力因素

在本节中，我们仍主要结合前面所考察过的 8 种具体的住房政策变迁情形，逐次对政策变迁动力分析框架中经济形势的变化、政治形势的变化、社会形势的变化和其他政策领域的影响 4 个外部动力因素的作用进行分析，从而明确这些因素对改革开放以来我国住房政策变迁的影响机制，并对第三章所提出的政策变迁动力分析框架予以相应的检验。

一、经济形势的变化

经济形势是指经济的总体运行态势，比如经济是平稳地运行还是出现了大的波动。下面我们主要结合 1991 年我国重新将住房制度改革提上议事日程、1998 年停止住房实物分配政策的出台和 2008 年住房市场调控政策的转变等政策变迁情形，来具体分析经济形势的变化这一因素的作用及作用方式。

（一）对于 1991 年我国重新将住房制度改革提上议事日程的作用

就在我国出台统一的住房政策的 1988 年的下半年，我国陷入了严重的通货膨胀危机，虽然通货膨胀问题在前几年就已经存在，但这一问题在 1988 年的下半年变得尤为突出（见图 5-5），整个经济形势面临着存款增长幅度下降、商品供应趋紧、物价扶摇直上的困境①。当时

----

① 苗天青. 我国城镇住房体制改革的困境与出路[J]. 山西师大学报（社会科学版），1996(1)：15-19.

有一个重大事件是"价格闯关"，从计划经济向市场经济转型的一个关键在于价格改革，使价格由政府决定转变为由市场和供求关系决定。为了改革的稳妥起见，我国在价格改革中实行了"双轨制"的办法，形成了计划价格与市场价格双轨并行的局面，同一种商品存在两种价格形成机制。尽管价格双轨制受到了国际经济学界的高度评价，比如澳大利亚经济学家 Tisdell 教授在 1993 年指出中国的价格双轨制是花费成本更少的改革①，但是，价格双轨制也带来了严重的问题，一是两种价格形成机制相互干扰，引起经济秩序的混乱；二是为腐败提供了滋生的温床和条件，一些有权力背景的人费尽心思去谋求双轨价格之间的差价，出现了为群众所深恶痛绝的"官倒"。因此价格双轨制只能是一种过渡性的办法，到了 1988 年，中央下决心闯过价格这一关，认为长痛不如短痛，决定在给居民发放补贴的同时把价格放开，力争短时间内实现双轨并行的价格形成机制向统一由市场形成价格的机制转变。然而，由于短缺经济的存在，供不应求的失衡状态相当突出，价格一经放开，立即引发了大幅度的物价上涨，价格补贴远远跟不上价格上涨的幅度，而物价的大幅上涨又造成了人们心理的极大恐慌，由此导致了一场席卷全国的抢购风潮与挤兑风潮。

　　面对这样的局面，国家不得不将更多的注意力用于对经济问题的治理上来，1988 年 9 月 15 日至 21 日，中共中央政治局召开中央工作会议，决定把 1989 年和 1990 年改革和建设的重点放到治理经济环境、整顿经济秩序（即治理整顿）上来。在 9 月 26 日至 30 日召开的中共十三届三中全会上，中央政治局提出的治理经济环境、整顿经济秩序、全面深化改革的指导方针、政策和措施获得批准，治理经济环境的着重点在于压缩社会总需求、抑制通货膨胀，整顿经济秩序的主要目标在于治理当时经济生活中特别是流通领域中出现的各种混乱现象。

　　事实上，1988 年房改政策所规定的提租补贴措施与治理通货

---

① 王德颖，冯华军. 从莫干山到巴山轮——新时期中青年经济学家智库的破冰之旅[N]. 学习时报，2013-12-30(6).

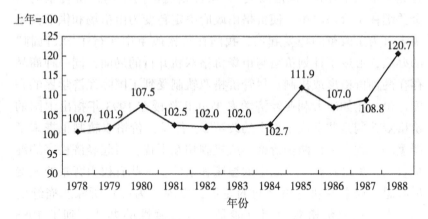

图 5-5　城市居民消费价格指数的变化（1978—1988 年）

资料来源：中华人民共和国国家统计局. 中国统计年鉴 1999［Z］. 北京：中国统计出版社，1999：293.

膨胀问题的要求也是不相一致的，这是因为：面对严重的通货膨胀形势，合理的做法应是实行紧缩性的财政政策与货币政策，减少政府支出与货币供应量；但提租补贴则需要政府拿出一定的启动资金，这意味着要增加政府支出，而增加政府支出对于严重的通货膨胀局面无疑是火上浇油。另外，当时巨额的财政赤字也使政府无法拿出为提租补贴所需要的启动资金。于是，在严峻的经济形势的压力下，政府不得不将原定的房改计划暂时搁置起来，而难以将1988 年的房改政策真正付诸实施①。其中一个重要的表现就是我国在 1988 年下半年及以后的一段时间内出现了第二次低价售房风②，这明显背离了 1988 年房改政策的规定与初衷。

　　到了1991 年，我国前一时期的治理整顿已取得显著成效，通货膨胀的局面得到有效控制，经济秩序有了明显改善，1990 年和

　　①　Shaw, V. N. Urban Housing Reform in China［J］. Habitat International, 2000, 21(2)：199-212.

　　②　第一次低价售房风发生在"三三制"补贴售房试点时期（见第四章第二节），第三次低价售房风发生在 1993 年末（见第四章第三节）。

1991 年我国城市居民消费价格指数分别为 101.3、105.1①，比价格闯关之前的水平还要低一些。经济形势的好转使得政府能够将原来用于治理通货膨胀等问题的注意力转移出来而用于住房改革等领域，也使得政府对房改问题的关注不再受到宏观经济形势的束缚②。

我们在上一节的分析中已经指出，政策制定者关注度的提高是国家在 1991 年将房改重新提上议事日程的主要直接原因；而通过这一部分的分析我们又可以得知经济形势的好转对于当时政策制定者关注度提高的重要意义。由此我们能够明确，经济形势的变化这一因素对于 1991 年我国重新将住房制度改革提上议事日程发挥了重要作用，这种作用又是通过政策制定者关注度的提高得以实现的。

（二）对于 1998 年停止住房实物分配政策出台的作用

1997 年夏，亚洲爆发了一场严重的金融危机，从泰国开始，这场危机迅速波及印度尼西亚、马来西亚、韩国、新加坡、日本等东南亚国家，对这些国家的经济造成了巨大破坏。而这些亚洲国家或地区是我国当时主要的贸易和投资伙伴，因此亚洲金融危机对我国的对外贸易和外资进入也构成了前所未有的冲击，使得我国面临外需不足、出口下降、投资增长乏力的困境。在这样的背景下，从 1997 年第四季度开始，我国宏观经济的景气状况就开始下降，逐步出现了通货紧缩的局面③。为了通过拉动内需来应对亚洲金融危机，也为了实现中央政府为 1998 年所确定的 8% 的经济增长速度这

---

① 中华人民共和国国家统计局. 中国统计年鉴 2010[Z]. 北京：中国统计出版社，2010：307.

② 在宏观经济形势不允许的情况下，政府即便是对房改问题引起了关注，也不能采取实质性的行动，因而宏观经济形势的制约会使政府对房改问题的关注程度不得不降低下来。

③ 1998 年我国的居民消费价格指数低于 100，为 99.2，这是改革开放以来从未出现过的。参见：中华人民共和国国家统计局. 中国统计年鉴 2010[Z]. 北京：中国统计出版社，2010：307.

一目标①，我国于 1998 年宣布实施积极的财政政策和稳健的货币政策，相对于之前的财政货币政策发生了明显转变②。

不过，当时我国已经告别短缺经济时代，供过于求的商品越来越多，根据有关部门的统计，500 多种工业消费品的生产能力闲置率达到 40%③。短缺经济时代的结束意味着政府已不可能通过扩大产品的生产能力来拉动经济增长，另外，随着改革的推进，以实物分配的福利品将越来越少，居民的预期支出增加，再加上消费信贷服务体系不健全、实际利率过高等因素，居民的消费需求也呈现一种增长趋缓的态势。

客观的形势要求政府寻求新的经济增长点，同时使国家对房地产业有了更多的期待，1998 年 6 月举行的全国城镇住房制度改革与住宅建设工作会议明确将"加快住房建设，促进住宅业成为新的经济增长点，不断满足城镇居民日益增长的住房需求"作为深化城镇住房制度改革的一个指导思想④。

国家之所以希望住宅业成为一个新的经济增长点，是因为以下几点，第一，从房地产业本身的特点来看，该产业关联度高，涉及与影响着建材、钢铁、纺织、家电、家具、装饰、运输、金融保险、房屋中介、物业管理等几十个行业⑤，对上下游产业都具有极

---

① 1998 年《国务院政府工作报告》提出了当年国民经济宏观调控的主要目标：经济增长速度 8%，商品零售价格涨幅控制在 3% 以内。

② 在 1998 年之前的几年里，我国实行的是适度从紧的财政政策和货币政策，1997 年年底召开的中央经济工作会议还提出，1998 年的经济工作"要继续贯彻稳中求进的方针"，所谓"稳"，就是"继续实行适度从紧的财政货币政策，抑制通货膨胀"。参见：新华社 . 1997 年中央经济工作会议 [EB/OL]. [2008-12-05]. http：//www. gov. cn/test/2008-12/05/content_1168840. htm.

③ 中房 . 万事渐备，只欠东风——逐步回升的住房市场面对 1998 [J]. 北京房地产，1998(3)：22-23.

④ 本刊讯 . 全国房改工作会议传出重要信息——下半年起停止实物分房 [J].中国房地产，1998(7)：4-5.

⑤ 谢伏瞻，李培育，刘士余 . 住宅产业：发展战略与对策 [M]. 北京：中国发展出版社，2000：7.

强的拉动能力①。还有人指出，住房建设对国民生产总值具有显著影响，住房建设每增长 10 个百分点，就能带动国民生产总值增长 1 个百分点②。第二，从人们满足自身消费需求的顺序来看，住房消费易成为新的消费热点，人们总是首先满足吃、穿、用、住等基本生活需求，随着短缺经济时代的结束，人们的吃、穿、用需求已得到较好的满足，接下来则是要满足住的需求，在住的需求未得到较好满足时，汽车、旅游等是很难成为消费热点的③。第三，从外部环境来看，改革开放以后我国经济快速发展，城镇化水平不断提高，居民储蓄存款规模日益扩大，这些都在客观上为房地产业的发展提供了良好的条件④。第四，房地产业具有劳动力密集而且技术含量较低这一特点，因而可以大量吸收由于出口萎缩而下岗的人员，对于促进就业可以发挥出重要作用⑤。

　　然而，在 1998 年之时，住房消费市场并未被有效启动，房地产业对经济的拉动作用还远未发挥出来，尽管人们住的需求并没有得到较好满足，但不少职工仍是在等待着单位来解决自己的住房问题，在市场上购买商品住房的积极性并不高。这样在亚洲金融危机的背景下，国家对房地产业的期待与这一产业实际发挥的作用之间

----

　　① 有关专家计算，当住房投资增加的是 100 元，产生的增加值是 29.8 元多，住房建设既对上游产业有拉动，又对下游产业有带动。理论上讲有诱发系数与带动系数，所谓诱发系数是指住房建设对建材、化工、冶金、木材、机电、纺织等产业的拉动，诱发系数 1996 年为 1.93，就是说住房建设投资完成 1 亿元，实际拉动 1.93 亿元；住房建成后会又带动装修、家具、家电等产业，带动系数为 1.34。参见：顾云昌. 中国城镇住房改革及其对房地产业的影响[J]. 中国房地产导报，1998(19)：7-9.

　　② 孟晓苏，梁运斌. 住房建设成为国民经济新增长点的政策研究[J]. 城市发展研究，1998(6)：19-23.

　　③ 孙明泉，刘方棫，杨圣明，尹世杰. 住房消费：国民经济新的增长点[N]. 光明日报，1996-9-26(5).

　　④ 孙国瑞. 培育住房消费是今后我国经济发展的一项战略选择——住宅建设成为国民经济新增长点的条件日益成熟[J]. 新视野，1998(3)：51-53.

　　⑤ 赵燕菁. 1998 年房改："中国奇迹"的制度因素[J]. 瞭望，2008(49)：17-20.

便呈现出明显的反差，这种反差（即房地产业对经济增长的拉动力不足的问题）促使政府进一步深化住房制度改革，切断单位与住房供给之间的联系，从而释放人们的购房需求，并将房地产业真正培育成一个新的经济增长点①。

可见，房地产业对经济增长拉动力不足的问题之所以在1998年凸显出来，与当时亚洲金融危机给我国经济形势所造成的不利影响有着密切的关联。而房地产业对经济增长拉动力不足这一问题的凸显又直接促成了停止住房实物分配政策的出台。因此，经济形势的变化在1998年我国住房政策的变迁中发挥了显著作用，只不过这种作用是通过问题及其严重性的变化得以实现的。

（三）对于2008年转变住房市场调控政策的作用

在进入2008年之前，我国经济已连续5年以高于10%的速度增长（见图5-6），经济增长存在着由偏快转向过热的风险。因此，2007年12月初召开的中央经济工作会议将2008年的宏观调控首要任务确定为"防止经济增长由偏快转为过热，防止价格由结构性上涨演变为明显通货膨胀"，并提出2008年要实行"稳健的财政政策和从紧的货币政策"②，其中稳健的财政政策延续了2004年以来的做法，从紧的货币政策则相对于之前稳健的货币政策有了明显转变。

然而，在这以后，我国的宏观经济形势发生了令人始料不及的逆转。2007年肇始于美国的次贷危机终于在2008年演变成一场席卷全球的金融危机，全球实体经济受到严重冲击，很多国家都陷入了经济衰退，经济增速明显下降、失业率迅速增加，国际经济环境

---

① 这里面事实上就强调了制度革新在推动经济增长中的重要作用，参见：赵燕菁.1998年房改："中国奇迹"的制度因素[J].瞭望，2008(49)：17-20。正如新制度经济学所认为的那样，除了自然资源禀赋、人力资本积累以及技术进步之外，制度革新也是推动经济增长的一个重要因素。

② 新华社.2007年中央经济工作会议[EB/OL].[2008-12-05]. http://www. gov. cn/test/2008-12/05/content_1168978. htm.

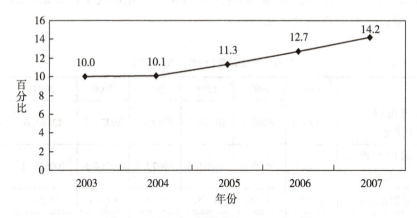

图 5-6 中国 GDP 增长率(2003—2007 年)

资料来源：中华人民共和国国家统计局. 中国统计年鉴 2010[Z]. 北京：中国统计出版社，2010：41.

严重恶化。全球经济的不景气对我国这样一个外贸依存度①已经超过 60%(见表 5-5)的国家有着相当大的影响，长期以来，我国以出口劳动密集型产品为主，而美国等国家由于其特定的产业政策，其消费的劳动密集型产品远远多于其生产的劳动密集型产品，因而成为劳动密集型产品的主要进口国，这些国家的经济衰退很快传导到我国，使我国产生了外需不足的突出问题，国内许多外向型的出口企业出现了经营困难。海关总署统计显示，2008 年前 10 个月，我国出口增速比去年同期回落了 4.6 个百分点，其中对欧盟、美国出口增速分别回落 6.2 个百分点和 4.1 个百分点②。2008 年 11 月，我国的出口增速变为了 −2.2%③。在这种背景下，我国的经济增长

---

① 外贸依存度=(进出口总额/GDP)×100%。参见：邓力平. 国际经济与贸易[M]. 北京：科学出版社，2000：9.

② 车玉明，江国成，刘铮.2008 年中国经济发展回眸：在困难和挑战中奋勇前行 [EB/OL]. [2008-12-02]. http://news.xinhuanet.com/fortune/2008-12/02/content_10446516.htm.

③ 柴青山. 通缩当前，2009 年保八任务艰巨[J]. 新华文摘，2009(5)：46-47.

面临着很大的压力，国内一些重要产业的产销量出现了较大幅度的
下降，房地产业就是如此。

表 5-5   中国外贸依存度(1997—2007 年)

年份	1996	1997	1998	1999	2000	2001
进出口总额(亿元)	24133.8	26967.2	26849.7	29896.2	39273.2	42183.6
国内生产总值(亿元)	71176.6	78973.0	84402.3	89677.1	99214.6	109655.2
外贸依存度	33.9%	34.1%	31.8%	33.3%	39.6%	38.5%
年份	2002	2003	2004	2005	2006	2007
进出口总额(亿元)	51378.2	70483.5	95539.1	116921.8	140971.4	166740.2
国内生产总值(亿元)	120332.7	135822.8	159878.3	183217.4	211923.5	249529.9
外贸依存度	42.7%	51.2%	59.8%	63.8%	66.5%	66.8%

资料来源：中华人民共和国国家统计局.中国统计年鉴2008[Z].北京：中
国统计出版社，2008：37，708.

因此，2007 年年底以后我国房地产经济的下滑主要是由宏观
经济形势的变化而引起的，宏观经济形势的变化使住房领域产生了
新的问题。而避免房地产经济由过热转为过冷，不仅仅是出于促进
房地产市场健康发展的需要，而且是出于扩大内需、保持经济平稳
较快发展的需要。这样为了有效应对新出现的房地产经济不景气的
问题，我国对住房市场的宏观调控政策进行了及时转向，采取了一
系列刺激住房消费(主要是指普通商品住房的消费)和扩大住房需
求(主要指自住性需求)的措施。这些措施也反映出我国整个宏观
经济政策的调整方向，2008 年 11 月 5 日，国务院常务会议宣布对
宏观经济政策进行重大调整，财政政策从"稳健"转为"积极"，货
币政策从"从紧"转为"适度宽松"，并确定了进一步扩大内需、促

进经济增长的 10 项措施①，这也是后来为人所熟知的 4 万亿投资计划；11 月 12 日，国务院常务会议又研究了扩大内需、促进经济平稳较快增长的 4 项实施措施②。

　　由此可见，与 1998 年我国的住房政策变迁情形类似，经济形势的变化在 2008 年的住房政策变迁中也产生了重要作用。并且这种作用也是通过问题及其严重性的变化这一因素来实现的。不过，经济形势的变化在 1998 年所引发的住房问题与在 2008 年所引发的住房问题存在着一定的不同。在 1998 年，我国的市场化住房制度还没有真正建立起来，住房市场和房地产经济的发展水平都比较有限，因此亚洲金融危机使我国住房领域所暴露出的问题主要还不是房地产经济景气程度的降低，而是房地产业对经济增长的拉动乏力。解决这一问题可以通过住房实物分配的停止和住房制度由二元向一元的转变。到了 2008 年，我国一元的市场化住房制度早已建立、房地产业也早已成为我国国民经济的支柱产业，全球金融危机给我国住房领域所造成的问题就不再表现为房地产业的经济增长拉动能力没有得到释放，而是表现为房地产经济景气程度的显著下降。相应地，我国也不可能再用停止住房实物分配和确立市场化的住房制度等办法来解决此时的问题，而是更多地要靠宏观调控措施，要靠国家在住房领域投资的扩大（比如加大保障性住房的建设力度）。所以说，尽管 1998 年与 2008 年两次住房政策变迁的外部诱因（因金融危机而造成的经济形势的变化）具有很大的共性，但外部诱因所引起的具体问题并不同，所引起的政策变迁内容也不同。

　　通过以上结合 3 次具体政策变迁情形的分析，我们可以确定经济形势的变化是改革开放以来我国住房政策变迁中的一个重要动力因素，并且这一因素的作用是间接的。

---

　　① 国务院办公厅. 国务院常务会议部署扩大内需促进经济增长的措施［EB/OL］.［2008-11-09］. http：//www. gov. cn/ldhd/2008-11/09/content_1143689. htm.
　　② 国务院办公厅. 温家宝主持常务会议研究扩大内需的四项实施措施［EB/OL］.［2008-11-12］. http：//www. gov. cn/ldhd/2008-11/12/content_1147121. htm.

二、政治形势的变化

政治形势的变化主要是指政府的政治理念、施政方针以及国家政治稳定程度的变化。前面我们指出执政者的更迭是政治形势发生变化的一个重要方面，其原因就在于执政者的更迭很可能带来政治理念与施政方针的变化。在这一部分中，我们主要结合改革开放之初我国开始实施住房制度改革与 1991 年我国重新将住房制度改革提上议事日程这两种政策变迁情形，来具体分析政治形势的变化这一因素的作用及作用方式。

(一)对于改革开放之初我国开始实施住房制度改革的作用

1978 年对于我国来讲是具有里程碑意义的一年，在这一年中，党的十一届三中全会召开，我国的政治形势发生了重大变化，这种变化主要表现在以下方面：

(1)党和国家的工作中心从阶级斗争转移到了经济建设上来。在新中国成立后到 1976 年，政治挂帅、以阶级斗争为纲、频繁发起政治运动或群众运动等是我国政治生活中的典型特征，这种特征在"文化大革命"期间又被强化到了一个新的地步。胡鞍钢做过一个初步统计，在 1949 年到 1976 年的 20 多年间，中国开展各种大大小小的政治运动多达 67 次，平均每年 2.5 次①。以上状况随着十一届三中全会的召开发生了明显变化。十一届三中全会提出，"现在就应当适应国内外形势的发展，及时地、果断地结束全国范围内的大规模的揭批林彪、'四人帮'的群众运动，把全党工作的着重点和全国人民的注意力转移到社会主义现代化建设上来"②。工作中心的转移使得国家不再将注意力集中在阶级斗争之上，而是对经济效益、经济发展和现代化建设给予了更加充分的关注。(2)高度集中的计划经济体制开始被打破。党的十一届三中全会在果断

① 叶敏. 从政治运动到运动式治理——改革前后的动员政治及其理论解读 [J]. 华中科技大学学报(社会科学版)，2013(2)：75-81.

② 中共中央文献研究室. 三中全会以来重要文献选编(上)[M]. 北京：人民出版社，1982：4.

停止使用"以阶级斗争为纲"的口号，把党和国家工作中心转移到经济建设上来的同时，也作出了实行改革开放的历史性决策①。十一届三中全会指出，"实现四个现代化，要求大幅度地提高生产力，也就必然要求多方面地改变同生产力发展不适应的生产关系和上层建筑，改变一切不适应的管理方式、活动方式和思想方式"②，并倡导"在自力更生的基础上积极发展同世界各国平等互利的经济合作，努力采用世界先进技术和先进设备"③。实行改革开放的决策使国家不再将社会主义等同于高度集中的计划经济，不再认为社会主义制度等于建设社会主义的具体做法④，也不再将商品化因素视为与社会主义完全相排斥、相对立的事物；相反，为了发展经济，国家更加注重发挥经济规律和价值规律的作用⑤。

以上变化既是政治理念的变化，又是施政方针的变化。这些变化不仅开启了改革开放的新时代，而且对住房领域产生了极其深刻的影响。首先，工作中心的转移使政府将更多的注意力放在了经济建设和经济发展上，而住房资金不能实现投入产出的良性循环等明显是制约经济效益与经济发展的问题，相应地，这些问题就受到了政策制定者更高程度的重视。其次，高度集中的计划经济体制的打破使得政策制定者能够运用新的办法（商品化的办法）来解决既有的住房问题，相应地，政策制定者对既有的住房问题也给予了更多的关注，对于这些问题的解决也具有了更多的信心；而在高度集

① 胡锦涛.在纪念党的十一届三中全会召开30周年大会上的讲话[N].人民日报海外版，2008-12-19(002).
② 中共中央文献研究室.三中全会以来重要文献选编(上)[M].北京：人民出版社，1982：4.
③ 中共中央文献研究室.三中全会以来重要文献选编(上)[M].北京：人民出版社，1982：6.
④ 邓小平文选(1975—1982)[M].北京：人民出版社，1983：214.
⑤ 十一届三中全会指出，"应该坚决实行按经济规律办事，重视价值规律的作用，注意把思想政治工作和经济手段结合起来，充分调动干部和劳动者的生产积极性"。参见：中共中央文献研究室.三中全会以来重要文献选编(上)[M].北京：人民出版社，1982：6-7.

中的计划经济体制丝毫没有松动的情况下，由于住房制度与更为宏观的制度环境具有内在的逻辑一致性①，职工所居住的房屋只能由国家投资建造，只能被视为一种福利品，住房资金的投入产出根本没有实现良性循环的可能，于是政策制定者也只能对住房资金不能实现投入产出的良性循环等问题"习以为常"了，即便是对这些问题给予了关注，也必然成为徒劳。

因此，在改革开放之初，由于党和国家工作中心的转移以及高度集中的计划经济体制的松动，政策制定者提高了对既有住房问题的重视程度，同时也拥有了采用商品化解决方法的条件（新的政治形势使商品化的方法可被允许），从而开始了对福利化住房制度的改革。这说明政治形势的变化对于改革开放之初我国开始实施住房制度的改革具有重要作用，政治理念等的革新为我国的住房制度改革打开了一扇"机会之窗"，政治理念不革新，包括住房制度改革在内的一系列改革都无法启动，这也是当年邓小平同志支持关于实践是检验真理的唯一标准问题的讨论和极力强调"解放思想"②的一个重要原因。另外，在改革开放之初我国开始实施住房制度改革这一政策变迁情形中，政治形势的变化又主要是通过政策制定者关注度的提高来发挥作用的，同时，政治形势的变化使原来不可能的方案成为可能，因而这一外部因素的作用也是通过方案可行性的增强得以实现的。

---

① 陈淮. 地产·中国：引导我国房地产业健康发展研究[M]. 北京：企业管理出版社，2008：65.

② 1978年12月13日，邓小平同志在中共中央工作会议闭幕会上有一个重要讲话，这个讲话即为著名的《解放思想，实事求是，团结一致向前看》，它事实上也成为随即召开的党的十一届三中全会的主题报告。在这个报告中，邓小平强调"解放思想是当前的一个重大政治问题"，分析了"思想不解放"的种种危害，诸如"思想一僵化，条条、框框就多起来了"、"思想一僵化，随风倒的现象就多起来了"、"思想一僵化，不从实际出发的本本主义也就严重起来了"，并指出"一个党，一个国家，一个民族，如果一切从本本出发，思想僵化，迷信盛行，那它就不能前进，它的生机就停止了，就要亡党亡国"。参见：邓小平文选（第2卷）[M]. 北京：人民出版社，1994：140-153.

多源流理论认为政策变迁离不开适宜的政治环境，如果缺乏适宜的政治环境，政策变迁就很难发生。我们刚才的分析印证了多源流理论的这一观点①，只不过多源流理论强调的是政治环境对于政策源流、问题源流与政治源流三者进行结合的影响，而我们在这里强调的是政治形势的变化（或者说适宜的政治环境）对于政策制定者的关注度与方案的可行性的影响。

（二）对于 1991 年我国重新将住房制度改革提上议事日程的作用

在 1989 年的政治风波发生之前，我国的改革开放已经进行了 10 来年的时间，在这 10 来年中，我国的经济建设取得了显著的成就，国内发展的形势是良好的②。政治风波的发生对我国正常的经济建设与改革开放局面造成了很大冲击，这使邓小平等党和国家领导人将更多的注意力放在了政治形势的稳定上来③。政治风波平息后，小平同志在进行回顾和总结时讲到，"十年最大的失误是教育"④，"四个坚持⑤、思想政治工作、反对资产阶级自由化、反对精神污染，我们不是没有讲，而是缺乏一贯性，没有行动，甚至讲得都很少"⑥，"要整好我们的党，实现我们的战略目标，不惩治腐败，特别是党内的高层的腐败现象，确实有失败的危险"⑦。之后，我国加大了反对资产阶级自由化的力度，加大了精神文明建设和思

---

① 还有一些学者讲到了政治环境对于住房政策变迁的重要意义。参见：Zhang, X. Q. Privatization and the Chinese Housing Model[J]. International Planning Studies, 2000, 5(2)：191-204；Renaud, B. The Real Estate Economy and the Design of Russian Housing Reform, Part I [J]. Urban Studies, 1995, 32(8)：1247-1264.

② 刘吉. 中国共产党七十年(1921—1991)[M]. 上海：上海人民出版社，1991：820.

③ 需要注意的是，政策制定者更加关注政治形势的稳定并不意味着党和国家的工作中心从经济建设上面转移出来，也不意味着党的十一届三中全会所确定的改革开放政策发生了改变。

④ 邓小平文选(第3卷)[M]. 北京：人民出版社，1993：306.

⑤ 指坚持四项基本原则，即坚持社会主义道路，坚持人民民主专政，坚持中国共产党的领导，坚持马克思列宁主义、毛泽东思想。

⑥ 邓小平文选(第3卷)[M]. 北京：人民出版社，1993：305.

⑦ 邓小平文选(第3卷)[M]. 北京：人民出版社，1993：313.

想政治工作的力度，加大了反腐败的力度，致力于营造一个安定团结的政治局面，从而为改革开放事业的顺利推进提供有利条件。比如，当时新任中共中央总书记江泽民同志（1989 年 6 月当选）在一次由报社总编参加的研讨会（1989 年 11 月）上以当年春天发生的政治风波为例，敦促主编们吸取教训，讲到以"爱国主义、社会主义、集体主义以及自力更生和艰苦奋斗的精神"教育人民是他们的责任，并讲道，在任何国家都没有绝对的新闻自由①；在来年 5 月 3 日举行的纪念五四运动 71 周年大会上，他又讲道，"各级党委要把坚持四项基本原则、反对资产阶级自由化的教育，作为思想政治工作的重要任务认真抓好"②，并强调"要在坚持四项基本原则的前提下，努力发展学术自由和创作自由"③。

　　到了 1991 年，我国的政治局势不仅已经稳定下来，而且稳定的政治局势也得到了巩固，在这种情况下，政策制定者能够将更多的注意力用于改革事业和经济建设，相应地，对包括住房制度改革在内的许多改革议题也给予了更大程度的关注。同时，由于当时国家对经济的治理整顿已取得明显效果以及通货膨胀的局面已得到有效控制，政策制定者也有条件对住房制度改革予以更多的关注。因此，1991 年政治形势与经济形势的变化都促使了政府更加重视房改问题，也对政府重新将住房制度改革提上议事日程起到了十分重要的作用。

　　通过结合以上两种住房政策变迁情形对政治形势的变化这一因素作用的分析，我们可以确定政治形势的变化是改革开放以来我国住房政策变迁中一个重要的动力因素，并且这一因素的作用是间接的，在改革开放之初我国开始实施住房制度改革与 1991 年我国重新将住房制度改革提上议事日程这两种政策变迁情形中，政治形势的变化主要是通过政策制定者关注度的提高这一因素而发挥作

　　① ［美］罗伯特·劳伦斯·库恩. 他改变了中国：江泽民传［M］. 上海：上海译文出版社，2005：164.
　　② 江泽民文选（第 1 卷）［M］. 北京：人民出版社，2006：131.
　　③ 江泽民文选（第 1 卷）［M］. 北京：人民出版社，2006：131.

用的。

三、社会形势的变化

社会形势具体是指社会发展与社会建设的状况，相应地，社会形势的变化便涉及社会发展状况的变化，比如社会问题的大量涌现或者明显减少；也涉及社会建设状况的变化，比如社会建设的力度逐步加大或者有所减小。下面我们主要结合 2007 年我国大力加强住房保障这一政策变迁情形，来具体分析社会形势的变化这一因素的作用及作用方式。

改革开放以后，我国的经济体制改革不断取得重大突破，经济建设不断取得新的成就，但在这个过程当中，一是市场力量在一些领域过度扩张，以致冲破了必要的社会安全网，使得弱势群体缺乏应有的社会性保护；二是一些地方政府坚持"经济绩效至上"的政绩观，片面地追求经济增长的速度，将以经济建设为中心不适当地理解为以 GDP 的增长为中心，为了眼前所谓的"经济发展"不惜牺牲社会的长远发展。以上这些致使许多的社会问题日益凸显出来，这些问题诸如环境保护的问题、收入分配差距拉大的问题、基本公共服务不均等的问题，等等。

各种社会问题的日益凸显使得相应的社会矛盾和社会风险逐渐积累，也使我国政府对这些问题给予了更多的关注，由此我国出现了一个正如波兰尼（Karl Polanyi）所讲的"保护性的反向运动"①。2003 年，党的十六届三中全会提出了科学发展观，具体要求统筹城乡发展、统筹区域发展、统筹经济社会发展、统筹人与自然和谐发展、统筹国内发展和对外开放，与此相应，会议要求各级党委和政府树立正确的政绩观。2004 年，党的十六届四中全会首次提出

---

① 波兰尼认为 19 世纪以来人类社会经历了双向运动（double movement），一种运动是市场力量的不断扩张，最终市场切断与社会的联系并且经济关系凌驾于社会关系之上，另一种运动则是"保护性的反向运动"，市场重新"嵌入"社会，国家通过保护性立法与其他干预手段更好地承担起社会保障等完全自发的市场力量难以企及的责任。参见：[匈牙利]卡尔·波兰尼. 大转型：我们时代的政治与经济起源[M]. 杭州：浙江人民出版社，2007：112-115.

了"构建社会主义和谐社会"这一完整概念；2005 年，党的十六届
五中全会又进一步明确了构建社会主义和谐社会的要求；2006 年，
党的十六届六中全会则专门研究了构建社会主义和谐社会的若干重
大问题，并审议通过了《中共中央关于构建社会主义和谐社会若干
重大问题的决定》，这次全会强调：

> 坚持以科学发展观统领经济社会发展全局，按照民主法
> 治、公平正义、诚信友爱、充满活力、安定有序、人与自然和
> 谐相处的总要求，以解决人民群众最关心、最直接、最现实的
> 利益问题为重点，着力发展社会事业、促进社会公平正义、建
> 设和谐文化、完善社会管理、增强社会创造活力，走共同富裕
> 道路，推动社会建设与经济建设、政治建设、文化建设协调
> 发展。①

此外，改革开放以来我国经济建设的成就和物质财富的积累也
使我国政府具有了逐步解决各种社会问题的条件与能力。在这种情
况下，我国社会建设的力度被明显加大了，一系列着力于解决社会
问题的社会政策渐次出台②，如 2003 年我国开始筹建新型农村合
作医疗体系③，2006 年我国全面取消农业税④，2007 年我国全面

---

① 中国共产党第十六届中央委员会第六次全体会议公报［EB/OL］．［2006-
10-11］．http：//news. xinhuanet. com/politics/2006-10/11/content_5190605. htm.
② 王绍光. 大转型：1980 年代以来中国的双向运动［J］．中国社会科学，
2008（1）：129-148.
③ 2003 年 1 月，国务院同意并转发了卫生部、财政部和农业部《关于建立
新型农村合作医疗制度的意见》，正式在全国"试点推广新型合作医疗制度"。参
见：朱旭峰. 中国社会政策变迁中的专家参与模式研究［J］．社会学研究，2011
（2）：1-27.
④ 2005 年 12 月举行的十届全国人大常委会第十九次会议决定自 2006 年 1
月 1 日起废止《中华人民共和国农业税条例》，这标志着我国农民依法告别缴纳了
2600 年的"皇粮国税"——农业税。参见：告别农业税，农民怎么说［N］．人民日
报，2006-01-08（5）.

推进农村低保①，并开始推行城市全民医保②。

　　住房保障问题是一个重要的社会问题③，解决低收入群体的住房困难、满足他们的基本住房需求，是社会建设的一个重要方面。在我国社会建设的力度不断加大的背景下，住房保障问题也逐步受到了我国政府更高程度的重视，而政府对住房保障问题重视程度的提高又直接引起了 2007 年我国住房政策的变迁。可以判断，2007年我国对住房保障的加强是与社会建设的力度不断加大这一宏观背景分不开的，是与社会形势的变化密切相关的。

　　需要指出的是，早在 2003 年社会建设就在我国引起了较高程度的重视，在随后的几年里，我国的社会建设力度也在不断加大，但在 2003 年到 2006 年间，我国住房政策的重点却一直在于调控住房市场，住房保障并没有被放在一个与住房市场相并重的地位。这是不是意味着社会形势的变化与政府对住房保障问题关注度的提高不存在什么联系？我们认为不是这样。首先，如果不存在社会建设的力度不断加大这一宏观背景，那么住房保障的问题很可能在2007 年甚至以后仍被住房经济问题或住房市场问题所遮蔽，因为政府并没有对社会问题的解决给予充分的重视，相应地，也很难对

----

　　①　2006 年，河南省开始全面建立农村最低生活保障制度，第二年国务院发布《关于在全国建立农村最低生活保障制度的通知》，这标志着农村低保制度进入全面推进的新阶段。参见：印子. 治理消解行政：对国家政策执行偏差的一种解释——基于豫南 G 镇低保政策的实践分析[J]. 南京农业大学学报(社会科学版)，2014(3)：80-91.

　　②　国务院常务会议于 2007 年 4 月决定，当年在有条件的省份选择一两个市，进行建立以大病统筹为主的城镇居民基本医疗保险制度的试点，凡未纳入城镇职工基本医疗保险制度覆盖范围的中小学生、少年儿童和其他非从业城镇居民都可参加城镇居民基本医疗保险。参见：王绍光. 大转型：1980 年代以来中国的双向运动[J]. 中国社会科学，2008(1)：129-148.

　　③　用于解决社会问题的社会政策包括五大方面的经典内容：社会保障(解决贫穷问题)、医疗(解决疾病问题)、住房(解决居住问题)、教育和培训(解决无知和失业问题)，以及个人社会服务。由此可见住房保障问题在社会问题中的重要性。参见：岳经纶. 和谐社会与政府职能转变：社会政策的视角[J]. 武汉大学学报(哲学社会科学版)，2007(4)：416-422.

住房保障问题引起高度的关注，于是社会建设便只能从属于经济建设，住房保障问题的解决便只能从属于住房经济问题的解决。其次，2003 到 2006 年间政府之所以没有将住房保障提高到一个更加重要的地位，有一个很重要的原因是过高的房价以及过热的房地产投资等问题吸引了政府很大一部分注意力；同时也是因为在一元的市场化住房制度确立后，政策制定者对如何处理政府与市场之间的关系还存在着认识上的不完善①。这些原因的存在使得社会形势的变化这一因素的作用在一定时间内被掩盖了，不过，这种被掩盖的作用还是在 2007 年的时候明显释放了出来。

因此，2003 年以后我国社会建设力度的不断加大对于政府将住房保障放在一个与住房市场相并重的地位起到了重要作用，这种作用又主要是通过政策制定者关注度的提高得以实现的②。

通过以上分析，我们可以确定社会形势的变化是改革开放以来我国住房政策变迁中一个重要的动力因素，并且这一因素的作用是间接的。

四、其他政策领域的影响

在众多的政策领域中，住房政策只是其中的一个，其他的政策领域还有许多，比如工资制度改革政策、财政体制改革政策、国有企业改革政策、所有制结构改革政策等。在这一部分中，我们主要来分析工资制度改革对于 1998 年停止住房实物分配政策出台的作用，以及财政体制改革对于 2003 年调控住房市场政策出台的作用，由此来检验其他政策领域的影响是否为改革开放以来我国住房政策变迁中一个重要的动力因素。

---

① 李剑阁. 中国房改：现状与前景[M]. 北京：中国发展出版社，2007：7.

② 当然，"解决方案可行性的增强"这一因素在 2007 年的住房政策变迁中也具有不可忽视的作用，这种作用的发挥则是由于改革开放后我国经济实力的增强和物质财富的积累。

（一）工资制度改革对于 1998 年停止住房实物分配政策出台的作用

计划经济时期我国实行的是低工资政策，职工依靠自身所获得的货币工资是无法实现劳动力的再生产的，因此在货币工资之外，国家还要向职工发放较为广泛的福利品（住房就是其中重要的一项，并且是最为重要的一项福利品），这些福利品就构成了事实上的实物工资或社会工资，货币工资与实物工资共同维持着计划经济体制下劳动力的再生产。不少学者指出低工资是与福利制相适应的①，原因就在于不实行福利制，或者说不向职工发放实物工资，劳动力的再生产就不能得到维持。而国家之所以要实行低工资制，一个很重要的目的就是在限制消费的基础上最大限度地去积累生产资金。

1978 年后，我国开始了住房制度改革，这一改革的矛头直接指向了住房的福利品性质和住房的福利性分配制度，或者说房改要致力于实现住房的商品化，而不再将住房作为一种实物工资向职工发放。可以想象，在职工的货币工资保持不变的条件下，住房这种实物工资的取消必然使劳动力的再生产无法维持，因此要推进住房制度改革，就必须同时实现工资政策的转变和进行工资制度的改革，没有工资制度的改革，住房制度改革就不能得以顺利推进。前两次房改试点的结果便在一定意义上说明了这一点，尽管前两次房改试点效果的不理想是由多种原因造成的，比如低租金。

当然，我国的住房制度改革并不是一步到位的，住房商品化的目标也不是一下子就实现的，而是经历了一个渐进的过程。比如，就公房租金的提高来看，市场租金（商品租金）包括维修费、管理费、折旧费、投资利息、房产税、土地使用费、保险费和利润 8 项因素，其中前 5 项因素构成了成本租金，我国的房改政策设定的租

---

① 参见：潘仰生．住房制度改革的症结和出路[J]．商业经济与管理（杭州商学院学报），1991，（5）：38-40；张中俊．中国城镇住房制度改革的实践和探索[J]．中国房地产金融，1994(1)：3-13.

金提高轨迹是：首先将租金提高到至少包括维修费和管理费的水平①，然后逐步过渡到成本租金水平，最后达到市场租金的水平。再比如，就公房出售的价格来看，公房的出售价格从低到高可以分为标准价、成本价和市场价3个水平，我国的房改政策首先是规定按照标准价出售公房，并将标准价定位在了包括住房本身的建筑造价以及征地和拆迁补偿费两项因素的水平②；然后提高了标准价的水平③，并要求售房价格逐步从标准价过渡到成本价④。

　　渐进的房改过程并不要求工资制度作出激进式的改革，但却需要工资制度作出大体同步的改革，实现住房制度改革与劳动工资改革的联动⑤。公房租金和公房出售价格提高了，职工的工资也需相应有所提高，否则，仅有公房租金和公房售价的提高而没有职工工资的提高，那么提高公房租金与售价的措施必然会由于受到低工资的制约而缺乏可行性。正如有些学者所讲，"工资必须提到一定程度后，才能实现住房的商品化"⑥。所以说，理论上的住房制度改革大概是这样一个过程：公房租金与售价不断提高，同时职工的工资也在不断提高，从而职工有能力支付不断提高的房租与房价；当公房租金与售价提高到了市场化的水平时，职工的工资也相应提高到了一个与住房的市场租金与市场价格相适应的水平，此时单位就

---

① 见1991年的《国务院办公厅转发国务院住房制度改革领导小组关于全面推进城镇住房制度改革意见的通知》(国办发〔1991〕73号)。

② 见1988年的《国务院关于印发在全国城镇分期分批推行住房制度改革实施方案的通知》(国发〔1988〕11号)以及1991年的《国务院办公厅转发国务院住房制度改革领导小组关于全面推进城镇住房制度改革意见的通知》(国办发〔1991〕73号)。

③ 1994年的《国务院关于深化城镇住房制度改革的决定》规定，标准价按负担价和抵交价之和测定。详见第四章第三节。

④ 见1994年的《国务院关于深化城镇住房制度改革的决定》(国发〔1994〕43号)。

⑤ 陈钊，陆铭. 论住房分配货币化改革与劳动工资改革的联动[J]. 经济纵横，2000(3)：39-43.

⑥ 周小川. 关于住房改革的几点经济分析[J]. 经济社会体制比较，1991(3)：1-6.

无需再向职工提供住房，职工已有能力通过市场来满足住房需求。

不过，现实中的房改过程要复杂得多，这里我们可以通过以下几点来说明房改过程的复杂性，第一，住房制度改革并不是仅仅凭借提高公房的租金与售价以及增加职工的工资就可以完成的，在改革单位内福利化住房制度的同时，还需要在单位外部培育住房市场，否则国家与单位在住房供给上的职责就没有让渡的对象。事实上，在改革福利化住房制度的同时来培育住房市场这一点也体现出了我国住房制度改革的渐进性，福利化的住房制度与市场化的住房制度是逐步实现衔接的。第二，一些地方在房改中对于参加工作较早的职工和新参加工作的职工实行了不同的办法，即"新人新办法，老人老办法"，比如允许老职工继续享受一段福利政策尾巴①，这主要是考虑到了老职工长期在低工资制下过紧日子支援国家建设所作的贡献②。第三，在有些单位，职工的工资虽然提高了，但公房租金与售价并没有提高多少。改变这种状况则要靠国家停止住房实物分配政策的出台，以杜绝有的单位钻住房制度市场化改革不彻底的空子。

然而，不论现实中的住房制度改革是怎样的复杂，工资制度改革以及低工资状况的改变对于住房制度改革的推进都是十分必要的，这种必要性在1998年显得更为突出，因为1998年我国停止住房实物分配的政策直接是为了促成住房制度在长期量变基础上的质变，即为了实现福利化住房制度向市场化住房制度的完全转变。这种转变又意味着住房这种实物工资的完全取消，而在改革开放之初以至以后较长的时间内，住房这种实物工资的完全取消显然是不可能的，其中一个不可忽视的原因就在于当时职工的工资水平还不适应住房制度完全市场化的要求，相应地，停止住房实物分配这种政策也不具有较强的可行性。

---

① 邹东涛.住房建设：新的经济增长点[J].管理世界，1998（6）：110-115.

② 刘喻.近期关于住房制度改革的研究和探讨[J].中共山西省委党校学报，1992（1）：23-26.

到了 1998 年，我国的工资制度相对于计划经济时期的低工资制已经发生了重大转变①。1978 年，我国重新恢复了按劳分配原则，恢复了计件工资和奖励制度，并开始提高过低的工资标准。1985 年，我国对工资制度进行了改革开放后的第一次全面改革，企业的工资总额开始同经济效益挂钩，市场机制也开始被引入企业分配领域；国家机关和事业单位则开始实行以职务工资为主的结构工资制。1985 年新工资制的实行较大幅度地提高了职工的可支配收入，初步理顺了工资关系，并为逐步完善工资制度打下了基础。1993 年，我国对工资制度实行了改革开放以来的第二次全面改革，国家机关实行了以职务和级别为主的职级工资制，事业单位则实行了与不同行业特点相适应的分类工资制度，并与国家机关的工资制度脱钩。在 1993 年的工资制度改革中，正常增加工资的机制开始建立。随着工资制度改革的进行，我国单位职工的工资不断得到提高（见表 5-6），职工工资中包含了一定的住房消费因素，由此提高了职工对住房制度改革的适应能力，而这又增强了停止住房实物分配政策的可行性。事实上，住房实物分配的停止客观上也要求工资制度作出相应调整，使工资中包含有住房消费资金，变原来的二次分配为初次分配，因为将住房福利货币化并入工资是实现住房制度从二元向一元转变的一个前提②。当然，1998 年停止住房实物分配之后，为了提高职工在住房消费上的支付能力，不仅离不开工资制度的改革，而且需要住房公积金政策、个人住房贷款政策、住房补贴政策等的支持③。

---

① 参见：张明龙. 工资制度改革的回顾与展望[J]. 唯实，2000(5)：30-33；康士勇. 工资改革的演进与继续改革的政策选择——纪念我国工资改革 20 年[J]. 北京市计划劳动管理干部学院学报，1999(7)：24-27.

② 辜胜阻，李正友，张佩玮，贺军. 改革住房双轨制，启动住宅市场[J]. 经济纵横，1998(7)：8-12.

③ 这些政策都属于住房政策的组成部分，1998 年的"房改通知"在这些政策上均作出了明确规定。

表 5-6　改革开放后我国单位职工工资的增长情况（1978—1998 年）

年份	国有单位		城镇集体单位		城市居民消费价格指数（上年=100）
	平均工资（元）	平均工资指数（上年=100）	平均工资（元）	平均工资指数（上年=100）	
1978	644	107.0	506	105.9	100.7
1979	705	109.5	542	107.1	101.9
1980	803	113.9	623	114.9	107.5
1981	812	101.1	642	103.0	102.5
1982	836	103.0	671	104.5	102.0
1983	865	103.5	698	104.0	102.0
1984	1034	119.5	811	116.2	102.7
1985	1213	117.3	967	119.2	111.9
1986	1414	116.6	1092	112.9	107.0
1987	1546	109.3	1207	110.5	108.8
1988	1853	119.9	1426	118.1	120.7
1989	2055	110.9	1557	109.2	116.3
1990	2284	111.1	1681	108.0	101.3
1991	2477	108.5	1866	111.0	105.1
1992	2878	116.2	2109	113.0	108.6
1993	3532	122.7	2592	122.9	116.1
1994	4979	135.8	3245	125.2	125.0
1995	5625	117.3	3931	121.1	116.8
1996	6280	111.6	4302	109.4	108.8
1997	6747	107.4	4512	104.9	103.1
1998	7668	106.1	5331	102.5	99.4

资料来源：中华人民共和国国家统计局. 中国统计年鉴 1990[Z]. 北京：中国统计出版社，1990：140；中华人民共和国国家统计局. 中国统计年鉴 2000[Z]. 北京：中国统计出版社，2000：289；中华人民共和国国家统计局. 中国统计年鉴 2008[Z]. 北京：中国统计出版社，2008：148.

经过以上分析可知，工资制度改革对于 1998 年停止住房实物分配政策的出台具有重要作用，这种作用是通过方案可行性的增强得以实现的。需要指出的是，工资制度的改革与职工工资的增长在 1998 年之前的住房政策变迁情形中也起到了作用，因为工资的增长使个人能够分担一定的住房投资责任①，也使提高公房租金与售价这些措施更加具有可行性。

（二）财政体制改革对于 2003 年调控住房市场政策出台的作用

计划经济时期，我国实行的是财政统收统支体制，财权高度集中在中央政府。改革开放以后，我国首先实行了放权让利改革，然后又在 20 世纪 80 年代逐步建立了财政包干体制②，地方政府的财权与财力都大为增加，但中央财政收入占全国财政收入的比重却基本上是一路下滑(见图 5-7)。为了进一步界定和优化各级政府之间的责权利关系，我国于 1994 年实行了分税制改革，其主要内容是"三分一返"，即在划分事权的基础上，划分中央与地方的财政支出范围；按税种划分收入，明确中央与地方的收入范围；分设中央和地方两套税务机构；建立中央对地方的税收返还制度；建立过渡期转移支付制度③。分税制改革后，中央政府的财政实力得到增强④，同时地方政府的

①　Shaw, V. N. Urban Housing Reform in China[J]. Habitat International, 2000, 21(2)：199-212.

②　1980 年全国开始推行"划分收支，分级包干"的财政承包制，这是走向分权财政的开始。此后，1985—1988 年又实行"划分税种、核定收支、分级包干"，1988—1993 年则进一步实行"全面包干"。参见：何艳玲，汪广龙，陈时国. 中国城市政府支出政治分析[J]. 中国社会科学，2014(7)：87-106.

③　刘尚希，邢丽. 中国财政改革 30 年：历史与逻辑的勾画[J]. 中央财经大学学报，2008(3)：1-9.

④　在分税制运行的第一年(1994 年)，中央财政收入占全国财政收入的比重达到了 55.7%，比上一年高出 33.7 个百分点，之后除 1996—1998 年之外(这三年中央财政收入占全国财政收入的比重分别为 49.4%、48.9%和 49.5%)，中央财政收入占全国财政收入的比重一直在 50%以上。参见：中华人民共和国国家统计局. 中国统计年鉴 2000[Z]. 北京：中国统计出版社，2000：267；中华人民共和国国家统计局. 中国统计年鉴 2008[Z]. 北京：中国统计出版社，2008：263.

财权也更为清晰，地方政府理财的积极性得到进一步的调动。

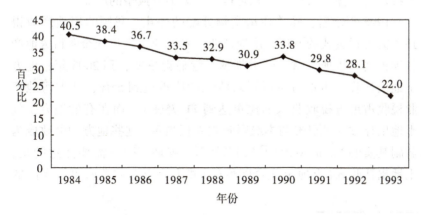

图 5-7　中央财政收入占全国财政收入的比重（1984—1993 年）

　　资料来源：中华人民共和国国家统计局. 中国统计年鉴 2000［Z］. 北京：中国统计出版社，2000：267.

　　改革开放后我国的财政体制改革使地方政府拥有了自身的"产权"①，由此强化了地方政府的利益主体意识，也增强了地方政府发展本地经济和组织地方财政收入的自觉性与压力感，计划经济时期的"一灶吃饭"是一去不复返了②。为了更快地发展本地经济和组织地方财政收入，以便在同级政府之间的竞争中获

---

　　①　冯兴元. 地方政府竞争：理论范式、分析框架与实证研究［M］. 南京：译林出版社，2010：87.

　　②　地方政府培植财源的迫切感还来源于事权与财力的不对等，分税制改革使地方财政收入在全国财政收入中的比重由 1993 年的接近 80% 迅速下降到 1994 年的不足 45%，此后长期维持在这样一个水平，但中央和地方的支出划分却没有发生与收入划分相一致的变化〔参见：周飞舟. 分税制十年：制度及其影响［J］. 中国社会科学，2006(6)：100-115〕，甚至出现了事权重心的下移〔参见：贾康. 我国分税制改革思路及政策安排：回顾与前瞻［J］. 金融发展评论，2010(11)：14-19〕。

得相对优势①，不少地方政府对有利于地方财政增收的产业给予了特别的关注，房地产业就是这样一个十分典型的产业②。

1998年之后，随着住房实物分配的停止，我国的房地产业得到了突飞猛进式的发展。房地产业的发展使土地出让金③和房地产各项税费对于地方财政的贡献越来越显得重要，到2003年，地方土地出让收入占地方本级财政收入的比重达到55%，地方房地产业税收占地方税收收入的比重达到11.75%④，而在有的地方，仅土地出让收入就已经与本级财政收入相当⑤，这些地方的财政成为名副其实的"土地财政"⑥(或称"第二财政"⑦)。需要注意的是，土地出让收入(土地出让合同价款)并不等于地方政府可以支配的

① 参见：王永钦，张晏，章元，陈钊，陆铭. 中国的大国发展道路——论分权式改革的得失[J]. 经济研究，2007(1)：4-16；周黎安. 中国地方官员的晋升锦标赛模式研究[J]. 经济研究，2007(7)：36-50.

② 分税制改革明确地将耕地占用税、土地增值税和城镇土地使用税(这些均为资源税)等列为地方收入，这使房地产业收入成为地方财政重要的甚至是主要的来源之一(房地产税收体系中还存在其他的税种，诸如营业税、财产税、所得税等，其中有不少也属于地方税)。同时，地方政府除房地产业以外的收入增长相对缓慢，这又加强了地方政府对房地产业收入的依赖。参见：谢志岿，曹景钧. 房地产调控：从行政控制到利益协调——目标替代的非正式规则与房地产调控模式转型[J]. 公共行政评论，2012(3)：86-111.

③ 1998年8月修订后公布的《中华人民共和国土地管理法》第五十五条规定，"新增建设用地的土地有偿使用费，百分之三十上缴中央财政，百分之七十留给有关地方人民政府，都专项用于耕地开发"。2004年8月我国对《中华人民共和国土地管理法》又作了一次修订，仍维持了上述规定。

④ 谢志岿，曹景钧. 房地产调控：从行政控制到利益协调——目标替代的非正式规则与房地产调控模式转型[J]. 公共行政评论，2012(3)：86-111.

⑤ "国民经济运行重大问题研究"课题组. 加大供给，方可平抑房价[J]. 中国经济报告，2007(4)：28-31.

⑥ 王军. 住房"双轨"艰难铺设[J]. 瞭望新闻周刊，2007(36)：25-29.

⑦ 于然. 突破民生困局，共建和谐社会美景[J]. 中国改革，2007(10)：26-29；周飞舟. 生财有道：土地开发和转让中的政府和农民[J]. 社会学研究，2007(1)：49-82；曾康霖，吕晖蓉. 住房价格上涨原因剖析[N]. 人民日报，2011-4-29(007).

土地出让收益，因为土地出让收入中还要拿出一部分用来支付征地拆迁费用、前期的土地开发成本等，但即便如此，扣除了这些费用和成本后的可支配土地出让收益在当时仍占土地出让合同价款的一个很可观的比重①。

　　由于房地产业能够给地方政府带来巨额的财政收入，地方政府在促进房地产市场的繁荣发展上表现出很大的积极性，有些地方政府甚至与房地产商一起为房价的上涨推波助澜②，而对难以带来财政收益的经济适用住房③与廉租

　　①　有学者在 2014 年年底发表文章指出，这种状况在 2011 年以后发生了变化，地方政府可以自主支配的土地收益占比在快速下降，一是因为征地拆迁费用和前期土地开发成本有了急剧上升；二是因为中央对土地出让收益的用途作出了更为明确而严格的规定，强制性要求提取一定比例的土地出让收益用于教育、农田水利、保障性安居工程等的支出。参见：邵挺．别了，土地财政[J]．中国发展观察，2014(12)：39-41.

　　②　住房价格总体上由 3 个部分构成，其一是投资成本，其二是应交税金，其三是净利润。投资成本是相对不变的(除非偷工减料)，房价的调整主要表现为应交税金和净利润的变化，一般来讲，房价的降低不仅会引起开发商净利润的降低，而且同时会引起地方政府所得税金的减少；房价的上涨则会实现开发商与地方政府的"双赢"。参见：成思危．中国住房制度改革与社会经济发展[J]．经济界，2007(4)：4-10；叶檀．警惕"人为制造"的短缺[J]．人民论坛，2007(8B)：23-25.

　　③　建设部、国务院住房制度改革领导小组和财政部于 1994 年颁布的《城镇经济适用住房建设管理办法》(建房〔1994〕761 号)规定，"经济适用住房建设用地的供应原则上实行划拨方式"。2004 年由建设部、国家发展和改革委员会、国土资源部和中国人民银行颁布的《经济适用住房管理办法》规定，"经济适用住房建设用地，要按照土地利用总体规划和城市总体规划要求，合理布局，实行行政划拨方式供应"。2007 年建设部、国家发展和改革委员会、监察部、财政部、国土资源部、中国人民银行和国家税务总局 7 部门联合发布了新的《经济适用住房管理办法》，2004 年的《经济适用住房管理办法》被废止，新的《经济适用住房管理办法》仍旧规定，"经济适用住房建设用地以划拨方式供应"。

住房①的建设却不甚热心②。下面的访谈记录反映了一些地方政府对于保障性住房建设的态度③：

> 保障性住房的建设用地是行政划拨的，不可能靠土地的出让收入来筹集项目的建设资金，涉及征地拆迁的，还要额外拿出一部分钱来；另外，上级给予的补贴远远不够支付建房成本，而本地政府受制于紧张的财力，却又拿不出所需的建房

---

①　1999 年建设部发布的《城市廉租住房管理办法》规定，"对开发建设和购买的廉租住房，县级以上人民政府应当在土地、规划、计划、税费等方面给予政策扶持"。2003 年末建设部、财政部、民政部、国土资源部和国家税务总局发布了《城镇最低收入家庭廉租住房管理办法》(于 2004 年 3 月 1 日起施行，1999 年的《城镇廉租住房管理办法》同时废止)，该办法规定，"政府新建的廉租住房建设用地实行行政划拨方式供应；各级地方人民政府应当在行政事业性收费等方面给予政策优惠；对地方人民政府房地产行政主管部门购买旧住房作为廉租住房，以及实物配租的廉租住房租金收入按照规定给予税收优惠"。2007 年由建设部等 9 部门联合发布的《廉租住房保障办法》(于 2007 年 12 月 1 日起施行，2003 年发布的《城镇最低收入家庭廉租住房管理办法》同时废止)进一步加大了政府在廉租住房保障方面的责任。

②　一些地方政府为了降低成本，将保障性住房建在位置偏远的地块，这些地块存在着配套设施不完善、交通不便等问题，致使人们的居住成本大为提高，明显降低了人们申请入住的愿望。地方政府的这种思路很容易导致"社会分层空间化"问题，从居住空间的分化可以看出社会分层的状况(或者说社会阶层的分化现象可以通过城市居住空间布局得到反映)，高收入群体居住在地价高昂、公共服务设施完善的地段，低收入群体则居住在位置偏远、公共服务设施缺失的区域。参见：何艳玲，汪广龙，陈时国. 中国城市政府支出政治分析[J]. 中国社会科学，2014(7)：87-106；李斌. 分化的住房政策：一项对住房改革的评估性研究[M]. 北京：社会科学文献出版社，2009：276。

③　即便是在 2007 年住房保障在我国住房政策中的地位得到了明显提升之后，地方政府的这种态度仍旧存在。对于地方政府的这种态度，上级主管部门也有深切的感触，中部某省住房和城乡建设厅 M 处长讲道，"下一级政府的年度保障性住房建设任务明确之后，需要省里组织力量反复进行督促检查，但即便是这样，效果也不尽如人意，有的地方甚至用其他的住房建设项目来应付和搪塞上级的督查"(根据 2015 年 12 月 18 日对 M 处长的访谈记录整理而来)。

资金。①

此外，除了经济适用住房和廉租住房建设用地采取行政划拨的方式供应，还有大量城市用地是无偿或低价供应的，比如政府机关的办公用地，再比如地方政府为吸引外来投资而向企业以低地价甚至零地价提供的土地，这样一方面使商品房用地的供应数量受到挤压，另一方面也使地方政府有动力通过提高商品房用地的价格来补偿大量低价格供地的成本损失②，从而造成商品房用地价格不断上涨，由此又引起房价连锁式的反应。因此，2003 年我国商品住房价格过高和房地产投资过热问题的出现（这直接引起了我国调控住房市场政策的出台）与地方政府的行为不无关系，而地方政府的行为又与财政体制改革等所设置的特定激励方式有着密切的联系。

可见，财政体制的改革对 2003 年我国住房市场调控政策的出台产生了重要影响，这种影响作用是通过问题及其严重性的变化得以实现的。

以上我们分析了工资制度改革对于 1998 年停止住房实物分配政策出台的作用以及财政体制改革对于 2003 年调控住房市场政策出台的作用，通过分析，我们可以确定其他政策领域的影响是改革开放以来我国住房政策变迁中一个重要的动力因素，并且这一因素的作用是间接的。

到现在为止，我们已经对政策变迁动力分析框架中各种外部动力因素的作用及作用方式予以了检验，可以确定经济形势的变化、政治形势的变化、社会形势的变化和其他政策领域的影响这 4 种外部因素都在改革开放以来我国住房政策的变迁中起到了重要的促动作用，并且它们的作用都是间接的，结合上一节的检验结果，我们可知，第三章所提出的政策变迁动力分析框架中的 9 种因素均是改革开放以来我国住房政策变迁的重要推动力量，其中问题及其严重

---

① 2010 年 5 月 26 日对中部某省 H 县副县长 G 先生的访谈。

② 金碚. 房地产乱象：社会巨变的阵痛[J]. 政治经济学评论，2010(3)：81-91.

性的变化、政策制定者关注度的提高和解决方案可行性的增强这 3
种因素的作用是直接的，其余 6 种因素的作用是间接的。因此，第
三章的政策变迁动力分析框架总体上得到了验证。

第三节　对政策变迁动力分析框架的进一步检验

在政策变迁动力分析框架中的 9 种因素之外，是否还存在着其
他的因素在推动着改革开放以来我国住房政策的变迁？为了进一步
回答这一问题，也为了对政策变迁动力分析框架作出进一步的检
验，我们将本章所分析过的 8 种具体的住房政策变迁情形与 9 种政
策变迁动力因素之间的对应关系用表 5-7 反映出来。

表 5-7 反映出了在某一具体的住房政策变迁情形中，9 种动力
因素中的哪些起到了主要作用，起到了主要作用的因素对于这一住
房政策变迁情形的发生显然是必要条件，但它们是否也为充分条件
呢？或者说在它们之外是否还存在其他发挥了主要作用的因素？由
表 5-7 可以看出，第 5 种住房政策变迁情形（即 2003 年我国出台住
房市场调控政策）主要是由问题及其严重性的变化和其他政策领域
的影响这两个动力因素所引起的，我们在前文中已经分析，这里问
题及其严重性的变化一方面是指新问题的产生（表现为住房价格过
高和房地产投资过热），另一方面是指原问题的消减（表现为市场
化住房制度的确立和房地产业成为国民经济的支柱产业），而其他
政策领域的影响（我们主要分析了财政体制改革的影响）主要是作
用于新问题的产生，而不是作用于原问题的消减。因此，其他政策
领域的影响这一因素还不足以对问题及其严重性的变化作出充分解
释，其他政策领域的影响和问题及其严重性的变化也不足以解释
2003 年的住房政策变迁情形。

那么，是什么因素使市场化的住房制度得以确立，使房地产业
成为了国民经济的支柱产业呢？我们在上一章的分析表明，市场化
的住房制度是在改革开放后我国的住房政策经历了朝着同一方向的
3 个变迁阶段之后才得以确立的。这说明了我国市场化的住房制度
之所以能够确立，有一个十分重要的原因在于以前 3 个阶段住房政

策效果(这里指正面的、积极的和有助于实现既定目标的政策效果)的积累。由此我们可知，既往正面和积极的政策效果的积累(以下简称"正面政策效果的积累")在2003年的住房政策变迁中发挥了重要作用，是推动2003年的住房政策变迁得以发生的一个主要因素。事实上，正面政策效果的积累对于改革开放后我国其他的大幅度住房政策变迁(表5-7中的第2、第4和第7种住房政策变迁情形)也发挥了重要作用①，因为改革开放后我国下一个阶段的住房政策演进是建立在上一个阶段以至上几个阶段的住房政策变迁基础上的(上一章通过分析已得出这一点认识)。不过，正面政策效果的积累对于住房政策变迁的影响作用是间接的，2003年的住房政策变迁情形就说明了这一点。在明确了正面政策效果的积累这一因素对于改革开放以来我国住房政策变迁的作用及其方式之后，我们可以将第三章所提出的政策变迁动力分析框架予以进一步完善(政策变迁动力因素增加到了10个，如图5-8所示)，另外也可将以上8种具体的住房政策变迁情形各自背后的因果机制和逻辑线索简要梳理如下：

　　改革开放之初我国开始住房制度改革：政治形势的变化→政策制定者关注度的提高→住房政策变迁

　　1988年我国出台统一的房改政策："负面政策效果的反馈+目标群体观念的变化+正面政策效果的积累"→解决方案可行性的增强→住房政策变迁

　　1991年我国重新将房改提上议事日程："经济形势的变

---

　　①　比如，在1998年之前，全国大部分地方已建立住房公积金制度，公积金归集额达到800亿元，增加了职工工资中住房资金的含量；租金改革与公房出售工作在逐步推进；住房建设面积大幅增长，房改后共兴建住房28.6亿平方米，相当于改革前30年的5倍；安居工程实施后解决了65万户的住房问题；居民住房观念逐步发生变化，住房消费占家庭消费比重不断加大；住房金融体系初步形成，各地已陆续开展了个人购房抵押贷款。这些都为1998年我国停止住房实物分配政策的出台创造了积极的条件。参见：梁彦生，于彤彦.住房分配货币化——1998年房改的重头戏[J].党政干部学刊，1998(6)：27-29.

表 5-7　政策变迁动力因素与各种住房政策变迁情形之间的关系

住房政策变迁情形	内部动力因素					外部动力因素			
	直接作用		间接作用			间接作用			
	问题及其严重性的变化	政策制定者关注度的提高	解决方案可行性的增强	负面政策效果的反馈	目标群体观念的变化	经济形势的变化	政治形势的变化	社会形势的变化	其他政策领域的影响
1. 改革开放之初我国开始住房制度改革		√					√		
2. 1988年我国出台统一的房改政策			√	√	√				
3. 1991年我国重新将房改提上议事日程		√	√			√	√		
4. 1998年我国出台停止住房实物分配政策	√		√			√			√
5. 2003年我国出台住房市场调控政策	√					√			√
6. 2003~2006年住房市场调控措施的变化			√	√					
7. 2007年我国大力加强住房保障		√						√	
8. 2008年我国转变住房市场调控政策	√					√			

注："√"意味着某一政策变迁动力因素在相应的住房政策变迁情形中发挥了重要或者显著的作用。需要注意的是，一种因素在某一具体的住房政策变迁情形中不起着主要作用并不意味着不起着任何作用。

化+政治形势的变化"→政策制定者关注度的提高→住房政策变迁

1998 年我国出台停止住房实物分配政策："经济形势的变化+其他政策领域的影响+正面政策效果的积累"→"问题及其严重性的变化+解决方案可行性的增强"→住房政策变迁

2003 年我国出台住房市场调控政策："其他政策领域的影响+正面政策效果的积累"→问题及其严重性的变化→住房政策变迁

2003—2006 年住房市场调控措施的变化：负面政策效果的反馈→解决方案可行性的增强→住房政策变迁

2007 年我国大力加强住房保障："社会形势的变化+正面政策效果的积累"→政策制定者关注度的提高→住房政策变迁

2008 年我国转变住房市场调控政策：经济形势的变化→问题及其严重性的变化→住房政策变迁

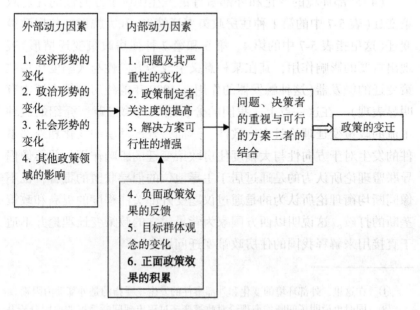

图 5-8　修正后的政策变迁动力分析框架

　　结合表 5-7 和图 5-8，最后我们进一步得出以下总结性的认识：

　　(1)在改革开放以来我国住房政策的变迁中，起到了重要推动作用的因素是多种多样的，其中既有住房政策领域之内的因素，又有住房政策领域之外的因素。

　　(2)问题及其严重性的变化、政策制定者关注度的提高和解决方案可行性的增强这 3 种动力因素对于住房政策变迁的影响作用是直接的，图 5-8 中的其余 7 种动力因素对于住房政策变迁的影响作用则是间接的，它们要通过问题及其严重性的变化、政策制定者关注度的提高和解决方案可行性的增强这 3 种因素来对住房政策的变迁发挥影响作用。但是，作用方式的间接性并不意味着影响作用是不重要的。

　　(3)在不同的住房政策变迁情形中，发挥主要影响作用的动力因素也是不同的，对于一种具体的住房政策变迁情形发生的原因，需要我们结合实际作具体的分析。

　　(4)外部环境的变化和外部事件的发生①对于方向性的住房政策变迁(表 5-7 中的第 1 种住房政策变迁情形)和大幅度的住房政策变迁(这里指表 5-7 中的第 4、第 5 和第 7 种住房政策变迁情形)表现出重要的影响作用，其在某种意义上成为方向性与大幅度住房政策变迁的触发器(这种触发器的作用在 1998 年的住房政策变迁中有明显表现)。在这一点上，我们的分析结果与第二章所介绍的三种主流的政策变迁理论具有一致性。然而，外部环境的变化和外部事件的发生对于方向性与大幅度住房政策变迁的影响作用，并不像倡导联盟理论所认为的是通过居于主导地位的倡导联盟的更替，也不像间断均衡理论所认为的是通过议题受外部关注程度的提高和政策垄断的打破。这说明以西方国家为背景建立的政策变迁理论并不适于直接用来解释我国的住房政策变迁问题②。

---

　　①　在这里，外部环境的变化和外部事件的发生主要指的是外部动力因素。

　　②　同时也说明了间断均衡理论对政策变迁过程出现间断情况的原因分析并不适于解释改革开放以来我国住房政策变迁的轨迹(这回答了上一章末尾所提出的问题)。

本 章 小 结

　　问题及其严重性的变化、政策制定者关注度的提高和解决方案可行性的增强这 3 种内部因素对于改革开放以来我国住房政策的变迁具有直接的推动作用，第三章所提出的政策变迁动力分析框架中的其余 6 种因素对于改革开放以来我国住房政策的变迁具有间接的推动作用。除了以上 9 种动力因素之外，正面政策效果的积累也是改革开放以来我国住房政策变迁中一个重要的动力因素，这一因素的作用是间接的。因此，推动改革开放以来我国住房政策变迁的主要因素最终被确认为 10 个。这些动力因素在不同的住房政策变迁情形中所发挥的作用是不同的。另外，外部动力因素对于方向性与大幅度住房政策变迁的影响作用是显著的，但这些因素的作用途径与方式并不同于倡导联盟理论等对政策变迁的解释逻辑。

结　语

    自邓小平同志 1978 年发表关于解决住房问题的谈话以来，我国住房政策的变迁已经过 30 多年的历程。

    30 多年中，我国住房政策的变迁可划分为 5 个时期或阶段。第一个时期为 1978—1988 年，这一时期住房政策的目标主要在于探索改革福利化住房制度的方案与措施；第二个时期为 1988—1998 年，这一时期住房政策的目标主要在于在全国范围内推进住房制度改革(表现为二元住房制度在全国的形成)；第三个时期为 1998—2003 年，这一时期住房政策的目标主要在于停止住房的实物分配(表现为住房制度由二元向一元的转变和一元的市场化住房制度的确立)；第四个时期为 2003—2007 年，这个时期住房政策的目标主要在于促进住房市场的健康发展(通过对住房市场的调控)；第五个时期为 2007 年到现在，这一时期住房政策的目标主要在于促进住房市场的健康发展(通过对住房市场的调控)与促进低收入群体基本住房需求的满足(通过对住房保障的加强)。

    虽然以上 5 个时期的住房政策具有不同的目标，但这 5 个时期的住房政策在变迁的方向上都是一致的，即都遵循了市场化的方向。这种市场化的方向与计划经济时期我国住房政策所依循的福利化方向是相对的，因此相对于计划经济时期我国实行的福利化住房政策，改革开放后我国的住房政策发生了方向上的转变，也就是说改革开放后的住房政策相对于改革开放前的住房政策发生了方向性的变迁。

而对于改革开放后我国住房政策变迁的不同时期，由于不同时期的住房政策具有不同的目标，因此后一时期的住房政策相对于前一时期的住房政策发生了大幅度的变迁。不过，在同一时期的内部，由于住房政策既没有发生方向性的变迁又没有发生目标上的变化，而至多是发生了工具性的调整，因此同一时期内的住房政策变迁是小幅度的。

方向性的政策变迁与大幅度的政策变迁都会引起政策变迁轨迹的断裂，小幅度的政策变迁则不会打破政策变迁轨迹的连续性，这样改革开放以来我国住房政策变迁的轨迹便具有了间断均衡的特征。第一次间断发生在 1978 年，这种间断是由于改革开放后我国住房政策的变迁相对于计划经济时期被扭转到了市场化的方向上来；第二次到第四次间断分别发生在 1988 年、1998 年、2003 年和 2007 年，这些间断是由于政策目标的变化及相应的大幅度住房政策变迁的发生。

对改革开放以来我国住房政策变迁动力的分析即对推动改革开放以来我国住房政策变迁的相关因素（政策变迁动力因素）的分析，改革开放以来我国住房政策变迁的动力因素可以分为内部动力因素与外部动力因素两类。

内部动力因素包括问题及其严重性的变化、政策制定者关注度的提高、解决方案可行性的增强、负面政策效果的反馈、目标群体观念的变化和正面政策效果的积累 6 种，其中问题及其严重性的变化、政策制定者关注度的提高和解决方案可行性的增强对于改革开放以来我国住房政策变迁的影响作用是直接的，改革开放以来我国住房政策的变迁正是在这 3 种因素中的一种或多种的直接作用下而发生的。负面政策效果的反馈、目标群体观念的变化和正面政策效果的积累这 3 种内部动力因素对改革开放以来我国住房政策变迁的作用是间接的，这种作用要以其他 3 种内部动力因素作为中介。

外部动力因素包括经济形势的变化、政治形势的变化、社会形势的变化以及其他政策领域的影响4种，这些因素对于改革开放以来我国住房政策变迁的影响作用是间接的，它们的作用也要以问题及其严重性的变化、政策制定者关注度的提高和解决方案可行性的增强这3种内部动力因素作为中介。

尽管总体来讲10种内部与外部的动力因素对改革开放以来我国住房政策的变迁都具有重要作用，但在不同的住房政策变迁情形中，发挥主要作用的因素却是不同的，对于一种具体的住房政策变迁情形发生的原因，我们还需要加以具体分析。此外，虽然倡导联盟理论、多源流理论和间断均衡理论这三种主流政策变迁理论中所包含的政策变迁动力因素有很多都被证明是重要的，但这些理论对于政策变迁的解释逻辑并不适合直接用于分析改革开放以来我国住房政策变迁的原因和动力。

最后，本书的研究还存在明显的局限和不足，第一，尽管本书以实现理论与经验之间的连接作为研究导向，努力使研究紧密结合改革开放以来我国住房政策领域的经验事实以及改革开放以来我国政治、经济、社会等环境的实际变化情况，我们也力图对改革开放以来我国住房政策变迁的轨迹予以尽可能客观的描述，并对改革开放以来我国住房政策变迁中的各种动力因素及其作用方式予以尽可能准确的分析，但本书对有关问题的分析仍旧是框架式和粗线条的，对住房政策变迁中更为细致的问题还缺乏详尽分析，本书所关注到的经验现象也远非现实中的全部。第二，本书采用的一手经验材料还明显欠缺，所形成的理论分析框架也尚未在其他的政策领域得到检验，因此该理论框架的适用性程度还有待进一步确认。第三，本书的研究总体上展现出一个从理论（规范研究）到经验（实证研究）然后再到理论（理论检验）的脉络和进路，这和黄宗智教授所倡导的"到最基本的事实中去寻求最重要的概念，再回到事实中去检验"①的认识程序与研究过程是不同的，也与贺雪峰教授所主张

---

① 黄宗智. 长江三角洲的小农家庭与乡村发展[M]. 北京：法律出版社，2013：中文版序.

的"在大量调查基础上进行理论建构"①不相一致，因为本书是从现有的理论(并且是在国外的土壤和背景中形成的理论)切入来进行理论构建的，而不是直接扎根于中国实际并从经验证据出发来进行理论构建的，这就有可能使所构建的理论与中国的实际结合得不够紧密，从而在一定程度影响了理论研究的"本土化"②与"中国化"。以上这些都表明本书的研究远不是完美的，至多是在学术研究的道路上迈出了一小步，我们在本书中的努力仍是尝试性的，还存在更多的未知领域有待我们去探索。

① 贺雪峰. 饱和经验法——华中乡土派对经验研究方法的认识[J]. 社会学评论，2014(1)：4-12.

② 关于对理论研究"本土化"的强调，参见：马骏. 中国公共行政学研究的反思：面对问题的勇气[J]. 中山大学学报(社会科学版)，2006(3)：73-76；马骏. 公共行政学的想象力[J]. 中国社会科学评价，2015(1)：17-35；黄宗智. 连接经验与理论：建立中国的现代学术[J]. 开放时代，2007(4)：5-25；郭重庆. 中国管理学者该登场了[J]. 管理学报，2011(12)：1733-1736，1747.

参考文献

一、中文参考文献

(一) 著作

1. [美]保罗·A. 萨巴蒂尔. 政策过程理论[M]. 上海：三联书店，2004.

2. [美]罗伯特·K. 殷. 案例研究：设计与方法[M]. 重庆：重庆大学出版社，2010.

3. [美]罗伯特·劳伦斯·库恩. 他改变了中国：江泽民传[M]. 上海：上海译文出版社，2005.

4. [美]约翰·W. 金登. 议程、备选方案与公共政策(第2版)[M]. 北京：中国人民大学出版社，2004.

5. [匈牙利]卡尔·波兰尼. 大转型：我们时代的政治与经济起源[M]. 杭州：浙江人民出版社，2007.

6. [英]米切尔·黑尧. 现代国家的政策过程[M]. 北京：中国青年出版社，2004.

7. 白钢，史卫民. 中国公共政策分析(2006年卷)[M]. 北京：

中国社会科学出版社，2006.

8. 陈淮．地产·中国：引导我国房地产业健康发展研究[M].
北京：企业管理出版社，2008.

9. 陈杰．城市居民住房解决方案——理论与国际经验[M]．上
海：上海财经大学出版社，2009.

10. 陈钰．北京市公共租赁住房融资模式研究[M].北京：经
济科学出版社，2013.

11. 邓力平．国际经济与贸易[M].北京：科学出版社，2000.

12. 邓小平文选（1975—1982）[M].北京：人民出版社，1983.

13. 邓小平文选（第2卷）[M].北京：人民出版社，1994.

14. 邓小平文选（第3卷）[M].北京：人民出版社，1993.

15. 冯俊．住房与住房政策[M].北京：中国建筑工业出版
社，2009.

16. 冯兴元．地方政府竞争：理论范式、分析框架与实证研究
[M].南京：译林出版社，2010.

17. 郭建波．世界住房干预：理论与实践[M].北京：中国电
力出版社，2007.

18. 国务院住房制度改革领导小组办公室．安得广厦千万
间——住房制度改革分类经验汇编[M].北京：改革出版社，1992.

19. 国务院住房制度改革领导小组办公室．住房制度改革方案
与细则选编[M].北京：中国国际广播出版社，1992.

20. 黄宗智．长江三角洲的小农家庭与乡村发展[M].北京：
法律出版社，2013.

21. 贾康，刘军民．中国住房制度改革问题研究：经济社会转
轨中"居者有其屋"的求解[M].上海：上海人民出版社，2006.

22. 建设部课题组．多层次住房保障体系研究[M].北京：中
国建筑工业出版社，2007.

23. 江泽民文选（第1卷）[M].北京：人民出版社，2006.

24. 康天锦，王美贤．城镇住房制度改革百题问答[M].北京：
经济日报出版社，1988.

25. 李斌．分化的住房政策：一项对住房改革的评估性研究

[M]．北京：社会科学文献出版社，2009．

26．李剑阁．中国房改：现状与前景[M]．北京：中国发展出版社，2007．

27．李剑力．探索性创新、开发性创新与企业绩效关系研究[M]．北京：经济管理出版社，2010．

28．林晨，田学祥．走向住房商品化——中国住房制度改革的思路与实践[M]．北京：农村读物出版社，1988．

29．林毅夫．论经济学方法[M]．北京：北京大学出版社，2005．

30．刘洪玉，张红．房地产业与社会经济[M]．北京：清华大学出版社，2006．

31．刘吉．中国共产党七十年（1921—1991）[M]．上海：上海人民出版社，1991．

32．刘建军．单位中国：社会调控体系重构中的个人、组织与国家[M]．天津：天津人民出版社，2000．

33．刘颖．中国廉租住房制度创新的经济学分析[M]．上海：上海人民出版社，2007．

34．孟晓苏．中国房地产业发展的理论与政策研究[M]．北京：经济管理出版社，2002．

35．佘宇．我国经济适用住房政策的效果评估与发展前景研究[M]．北京：中国发展出版社，2012．

36．王石．大道当然：我与万科（2000—2013）[M]．北京：中信出版社，2014．

37．王石．道路与梦想：我与万科的风雨征程（1983—1999）[M]．北京：中信出版社，2014．

38．王晓瑜，郭松海，张宗坪．住房社会保障理论与实务[M]．北京：中国经济出版社，2006．

39．文林峰．城镇住房保障[M]．北京：中国发展出版社，2007．

40．谢伏瞻，李培育，刘士余．住宅产业：发展战略与对策[M]．北京：中国发展出版社，2000．

41. 熊方军，马永开. 中国房地产市场非均衡性与分类宏观调控[M]. 北京：科学出版社，2009.

42. 徐滇庆. 房价与泡沫经济[M]. 北京：机械工业出版社，2006.

43. 杨小梅. 中国公租房可持续运营研究——以重庆为例[M]. 成都：西南财经大学出版社，2011.

44. 易宪容. 房地产与金融市场[M]. 北京：社会科学文献出版社，2007.

45. 张京，侯浙珉，金燕. 房改：无限需求的终止[M]. 北京：中国财政经济出版社，1992.

46. 张群. 居有其屋——中国住房权历史研究[M]. 北京：社会科学文献出版社，2009.

47. 中共中央文献研究室. 三中全会以来重要文献选编（上）[M]. 北京：人民出版社，1982.

48. 中共中央宣传部理论局. 辩证看，务实办：理论热点面对面·2012[M]. 北京：学习出版社，人民出版社，2012.

49. 住房和城乡建设部政策研究中心. 求索公共租赁住房之路[M]. 北京：中国建筑工业出版社，2011.

50. 朱洪文. 应用统计[M]. 北京：高等教育出版社，2004.

51. 朱剑红，王国净. 住房·住房[M]. 沈阳：辽宁人民出版社，1988.

52. 朱亚鹏. 住房制度改革：政策创新与住房公平[M]. 广州：中山大学出版社，2007.

（二）期刊文章

1. [日]福本智之. 从日本的经验看中国住房市场发展阶段与风险[J]. 清华金融评论，2015（3）.

2. "国民经济运行重大问题研究"课题组. 加大供给，方可平抑房价[J]. 中国经济报告，2007（4）.

3. 白暴力，欧恒. 我国商品住房价格持续上涨的市场机制[J]. 教学与研究，2007（9）.

4. 白津夫. 供需联动稳定房价[J]. 瞭望新闻周刊，2007（42）.

5. 柏必成. 从内容附加到功能附加：附加性政策执行何以可能——基于两个典型案例的研究[J]. 行政科学论坛, 2015(2).

6. 包宗华. 2007 房地产调控何处着力[J]. 瞭望新闻周刊, 2007(1).

7. 包宗华. 房价调控政府何为[J]. 瞭望新闻周刊, 2007(14).

8. 毕亮亮. "多源流框架"对中国政策过程的解释力——以江浙跨行政区水污染防治合作的政策过程为例[J]. 公共管理学报, 2007(2).

9. 毕铭. "住房保障与住房市场"专题论坛综述[J]. 上海房地, 2008(6).

10. 柴青山. 通缩当前, 2009 年保八任务艰巨[J]. 新华文摘, 2009(5).

11. 陈淮. 发展住房保障制度是缓解住房矛盾的关键[J]. 经济与管理研究, 2006(3).

12. 陈杰. 二〇〇七年中国房地产业发展回顾与展望[J]. 西部论丛, 2008(1).

13. 陈庆云, 鄞益奋. 西方公共政策研究的新进展[J]. 国家行政学院学报, 2005(2).

14. 陈学飞, 茶世俊. 理论导向的教育政策经验研究探析[J]. 北京大学教育评论, 2007(4).

15. 陈钊, 陆铭. 论住房分配货币化改革与劳动工资改革的联动[J]. 经济纵横, 2000(3).

16. 成思危. 中国住房制度改革与社会经济发展[J]. 经济界, 2007(4).

17. 程永宏. 改革以来全国总体基尼系数的演变及其城乡分解[J]. 中国社会科学, 2007(4).

18. 邓华. 近十五年我国住房政策及供应体系演变研究[J]. 中国房地产, 2014(10).

19. 方可. 中国城市住房改革：回顾与展望[J]. 时代建筑, 2004(5).

20. 冯长春. 中国经济适用住房政策评析与建议[J]. 城市规

划,1999(8).

21. 冯俊. 当前城镇住房矛盾与对策[J]. 管理世界,2014(5).

22. 辜胜阻,李正友,张佩玮,贺军. 改革住房双轨制,启动住宅市场[J]. 经济纵横,1998(7).

23. 顾云昌. 中国城镇住房改革及其对房地产业的影响[J]. 中国房地产导报,1998(19).

24. 郭重庆. 中国管理学者该登场了[J]. 管理学报,2011(12).

25. 韩冰洁. 让住房建设成为新的经济增长点[J]. 瞭望新闻周刊,1998(14).

26. 何小钢,蓝光喜. 住房制度变迁、市场扭曲与高房价[J]. 湖北经济学院学报,2006(5).

27. 何艳玲. 问题与方法:近十年来中国行政学研究评估(1995—2005)[J]. 政治学研究,2007(1).

28. 何艳玲,汪广龙,陈时国. 中国城市政府支出政治分析[J]. 中国社会科学,2014(7).

29. 贺雪峰. 饱和经验法——华中乡土派对经验研究方法的认识[J]. 社会学评论,2014(1).

30. 侯捷. 积极推进房改,促进住宅发展[J]. 中国房地信息,1994(1).

31. 侯浙珉. 我国城镇住房市场化开始加速[J]. 瞭望新闻周刊,2000(29).

32. 胡金星. 我国经济适用住房政策反思与转型思考[J]. 中国房地产,2010(3).

33. 胡宁生. 中国社会转型中战略变迁的公共政策学解释——西方公共政策非线性过程理论的中国应用[J]. 江海学刊,2006(1).

34. 胡少雄. 宏观调控政策对化解当前经济发展矛盾的局限性[J]. 开放导报,2007(4).

35. 黄范章. 房地产业"乱象"的体制根源[J]. 中国改革,2007(10).

36. 黄海洲，汪超，王慧．中国城镇化中住房制度的理论分析框架和相关政策建议[J]．国际经济评论，2015(2)．

37. 黄金初．调控新政对房地产市场的影响[J]．郑州大学学报(哲学社会科学版)，2007(4)．

38. 黄宗智．连接经验与理论：建立中国的现代学术[J]．开放时代，2007(4)．

39. 贾康．我国分税制改革思路及政策安排：回顾与前瞻[J]．金融发展评论，2010(11)．

40. 金碚．房地产乱象：社会巨变的阵痛[J]．政治经济学评论，2010(3)．

41. 金三林．我国房价收入比的社会差距与住房政策的调整方向[J]．经济要参，2007(17)．

42. 康士勇．工资改革的演进与继续改革的政策选择——纪念我国工资改革 20 年[J]．北京市计划劳动管理干部学院学报，1999(7)．

43. 李克强．大规模实施保障性安居工程，逐步完善住房政策的供应体系[J]．求是，2011(8)．

44. 李培．中国住房制度改革的政策评析[J]．公共管理学报，2008(3)．

45. 李伟．在世界格局变动中把握中国经济新常态[J]．求是，2015(18)．

46. 梁彦生，于彤彦．住房分配货币化——1998 年房改的重头戏[J]．党政干部学刊，1998(6)．

47. 廖富洲．房产税改革：争论与前景[J]．学习论坛，2013(9)．

48. 林小英．中国教育政策过程中的策略空间：一个对政策变迁的解释框架[J]．北京大学教育评论，2006(4)．

49. 刘会洪，王文涛．房地产业的政策博弈与制度变迁[J]．改革与开放，2007(4)．

50. 刘林平．反事实、控制变量和文本——对定性研究的反思[J]．云南大学学报(社会科学版)，2014(1)．

51. 刘尚希，邢丽．中国财政改革 30 年：历史与逻辑的勾画[J]．中央财经大学学报，2008(3)．

52. 刘喻．近期关于住房制度改革的研究和探讨[J]．中共山西省委党校学报，1992(1)．

53. 卢淑华．住房问题与社会学研究——北京市区居民的住房与房改心态[J]．北京大学学报(哲学社会科学版)，1997(6)．

54. 吕德文．谈谈经验质感[J]．社会学评论，2014(1)．

55. 马建堂，熊贤良．我国城镇住房制度改革的思路和对策[J]．改革，1994(5)．

56. 马骏．公共行政学的想象力[J]．中国社会科学评价，2015(1)．

57. 马骏．中国公共行政学研究的反思：面对问题的勇气[J]．中山大学学报(社会科学版)，2006(3)．

58. 马骏，侯一麟．中国省级预算中的非正式制度：一个交易费用理论框架[J]．经济研究，2004(10)．

59. 孟晓苏，梁运斌．住房建设成为国民经济新增长点的政策研究[J]．城市发展研究，1998(6)．

60. 苗天青．我国城镇住房体制改革的困境与出路[J]．山西师大学报(社会科学版)，1996(1)．

61. 倪鹏飞．中国住房：制度缺陷、行为冲动与市场失衡[J]．价格理论与实践，2015(4)．

62. 潘仰生．住房制度改革的症结和出路[J]．商业经济与管理(杭州商学院学报)，1991(5)．

63. 任卫东，段丽娟．北京房价缘何井喷[J]．瞭望新闻周刊，2007(3)．

64. 尚教蔚．保障性住房是解困的主渠道[J]．中国房地信息，2007(9)．

65. 邵挺．别了，土地财政[J]．中国发展观察，2014(12)．

66. 石英．质性社会学论纲[J]．人文杂志，2015(6)．

67. 宋春华．跨世纪中国住宅发展的政策选择[J]．管理世界，1999(5)．

68. 孙国瑞. 培育住房消费是今后我国经济发展的一项战略选择——住宅建设成为国民经济新增长点的条件日益成熟[J]. 新视野, 1998(3).

69. 唐敏. 房价宏观调控细化[J]. 瞭望新闻周刊, 2007(42).

70. 唐敏. 住房消费：房价过高是屏障[J]. 瞭望新闻周刊, 2000(5).

71. 天宇, 华云. 房价：考量政府执政[J]. 记者观察, 2007(16).

72. 田吉龙. 加快城镇住房制度改革, 使住宅业真正成为新的经济增长点[J]. 中国软科学, 1998(2).

73. 仝德, 刘青. 我国中低收入家庭住房保障政策评价——以北京为例[J]. 中国房地产, 2008(6).

74. 王春华. 高房价背后住房体制的透视[J]. 中国房地产金融, 2008(6).

75. 王沪宁. 改革中的心理因素——以上海住房改革为例[J]. 同济大学学报(人文社会科学版), 1991(2).

76. 王晶, 莫自元. 住房——普遍短缺及解决之道[J]. 城市问题, 2001(1).

77. 王军. 住房"双轨"艰难铺设[J]. 瞭望新闻周刊, 2007(36).

78. 王绍光. 大转型：1980 年代以来中国的双向运动[J]. 中国社会科学, 2008(1).

79. 王绍光. 中国公共政策议程设置的模式[J]. 中国社会科学, 2006(5).

80. 王小广. 房地产业过热难降[J]. 瞭望新闻周刊, 2007(3).

81. 王永钦, 张晏, 章元, 陈钊, 陆铭. 中国的大国发展道路——论分权式改革的得失[J]. 经济研究, 2007(1).

82. 王育琨. 改革以来我国住房体制的变化[J]. 经济学家, 1992(5).

83. 魏万青. 制度变迁与中国城市居民住房不平等的演化特征[J]. 江汉论坛, 2014(5).

84. 文魁. 中国住房分配工资化改革的机理分析[J]. 管理世界, 2000(1).

85. 吴晓林, 郭慧玲. 中国公共行政学研究的最新进展与展望——以《公共管理学报》为例的考察(2004—2013)[J]. 公共管理与政策评论, 2014(4).

86. 肖玉梅, 陈兴福, 李茂荣. 成人教育边缘化现象及对策探讨——多源流分析模型的启示[J]. 南昌大学学报(人文社会科学版), 2006(2).

87. 谢志岿, 曹景钧. 房地产调控: 从行政控制到利益协调——目标替代的非正式规则与房地产调控模式转型[J]. 公共行政评论, 2012(3).

88. 徐雷. 对城镇居民住房制度改革的经济学思考[J]. 东岳论丛, 1998(2).

89. 杨重光. 住房建设为新的经济增长点需要解决的几个认识问题[J]. 理论前沿, 1998(12).

90. 杨红旭. 改革开放 30 年, 住房保障在曲折中发展[J]. 上海房地, 2008(6).

91. 杨奎松. 从供给制到职务等级工资制——新中国建立前后党政人员收入分配制度的演变[J]. 历史研究, 2007(4).

92. 杨丽萍. "国发 24 号文"是再一次房改——访全国工商联房地产商会会长聂梅生[J]. 新华月报, 2007(10 上).

93. 杨鲁. 中国住房制度改革实践中的问题和政策设计[J]. 管理世界, 1991(6).

94. 叶敏. 从政治运动到运动式治理——改革前后的动员政治及其理论解读[J]. 华中科技大学学报(社会科学版), 2013(2).

95. 叶如棠. 中国住房的现状与发展[J]. 中国建设, 1987(7).

96. 叶檀. 警惕"人为制造"的短缺[J]. 人民论坛, 2007(8B).

97. 易斌. 住房需求抑制还是土地供给调节: 房地产调控政策比较研究[J]. 财经研究, 2015(2).

98. 易宪容. 房地产"新政"的理论基础及政策效应分析[J]. 江苏社会科学, 2009(2).

99. 印子．治理消解行政：对国家政策执行偏差的一种解释——基于豫南 G 镇低保政策的实践分析[J]．南京农业大学学报（社会科学版），2014(3)．

100. 于然．突破民生困局，共建和谐社会美景[J]．中国改革，2007(10)．

101. 俞正声．深化城镇住房制度改革　加快住房建设[J]．中国房地产，1999(3)．

102. 郁文达．房地产周期和金融政策[J]．中国房地产金融，2003(9)．

103. 岳经纶．和谐社会与政府职能转变：社会政策的视角[J]．武汉大学学报(哲学社会科学版)，2007(4)．

104. 曾昭奋．安居蓝旗营的三个家庭[J]．读书，2007(6)．

105. 张汉如．关于我国住房制度改革的几个问题[J]．河南财经学院学报，1992(4)．

106. 张明龙．工资制度改革的回顾与展望[J]．唯实，2000(5)．

107. 张鹏，高波．我国住房政策的几个重要问题探讨[J]．现代经济探讨，2013(8)．

108. 张泉，张昕．保障性住房政策演进：一个比较视角[J]．重庆社会科学，2015(6)．

109. 张中俊，姚运德．我国住房制度改革思路的探索[J]．中国经济体制改革，1987(9)．

110. 张中俊．加快住房货币分配机制转换，培育住房建设新的经济增长点——深化城镇住房制度改革的思路和政策建议(上)[J]．中国房地产，1998(5)．

111. 张中俊．中国城镇住房制度改革的实践和探索[J]．中国房地产金融，1994(1)．

112. 赵宝英．城镇居民对房改的七种心态[J]．价格月刊，1998(10)．

113. 赵燕菁．1998 年房改："中国奇迹"的制度因素[J]．瞭望，2008(49)．

114. 中房. 万事渐备,只欠东风——逐步回升的住房市场面对 1998[J]. 北京房地产,1998(3).

115. 中国社会科学院财贸所"中国住房制度改革研究"课题组. 关于深化城镇住房制度改革的总体设想(下)[J]. 财贸经济,1998(1).

116. 周超,颜学勇. 从强制收容到无偿救助——基于多源流理论的政策分析[J]. 中山大学学报(社会科学版),2005(6).

117. 周大鸣,廖子怡. 变迁中的个人与社会关系——以辽宁鞍钢职工家庭住房为例[J]. 学习与探索,2015(7).

118. 周飞舟. 分税制十年:制度及其影响[J]. 中国社会科学,2006(6).

119. 周飞舟. 生财有道:土地开发和转让中的政府和农民[J]. 社会学研究,2007(1).

120. 周黎安. 中国地方官员的晋升锦标赛模式研究[J]. 经济研究,2007(7).

121. 周小川. 关于住房改革的几点经济分析[J]. 经济社会体制比较,1991(3).

122. 朱旭峰. 中国社会政策变迁中的专家参与模式研究[J]. 社会学研究,2011(2).

123. 朱亚鹏. 公共政策研究的政策网络分析视角[J]. 中山大学学报(社会科学版),2006(3).

124. 朱亚鹏. 中国住房领域的问题与出路:政策网络的视角[J]. 武汉大学学报(哲学社会科学版),2008(3).

125. 踪家峰,李宁. 为什么奔向北上广?——城市宜居性、住房价格与工资水平的视角分析[J]. 吉林大学社会科学学报,2015(5).

126. 邹东涛. 住房建设:新的经济增长点[J]. 管理世界,1998(6).

(三)报纸文章

1. 包宗华. 结构失衡导致城镇住房供应"紧缺"[N]. 中国建设报,2015-12-9(001).

2. 陈淦璋．调高贷款上限，提高贷款比例，减少前置条件——省直单位住房公积金贷款新政解读[N]．湖南日报，2015-5-8(003)．

3. 杜晓．新一轮住房制度改革彰显公平[N]．法制日报，2015-12-23(007)．

4. 邓小平．关于建筑业和住宅问题的谈话：必须把建筑业放在重要位置，城镇居民个人可以买房盖房[N]．人民日报，1984-5-15(1)．

5. 方烨．国房景气指数连续 12 个月回落[N]．经济参考报，2008-12-15(06)．

6. 高尚全．把城镇住房制度改革摆到一个重要地位上来——国家体改委副主任高尚全就住房制度改革问题答本报记者问[N]．建设报，1987-8-28．

7. 侯建国．人人享有适当的住房[N]．中国国土资源报，2008-6-3(003)．

8. 胡锦涛．在纪念党的十一届三中全会召开 30 周年大会上的讲话[N]．人民日报海外版，2008-12-19(002)．

9. 纪睿坤．楼市调控方向定调：支持自住性、改善性住房需求[N]．21 世纪经济报道，2015-3-17(005)．

10. 林文俏．货币分房：解决住房问题的希望[N]．人民日报，1998-3-11(10)．

11. 陆娅楠．地产商遭遇"哈姆雷特选择题"[N]．人民日报，2015-11-16(019)．

12. 马振华．武汉全面取消商品住房限购[N]．长江日报，2014-9-24(006)．

13. 孟坚．牛去熊来，高房价时代渐行渐远[N]．中国证券报，2008-12-13(A13)．

14. 明海英．从学习者到学者的蜕变——记华中科技大学中国乡村治理研究中心副教授吕德文[N]．中国社会科学报，2015-4-3(A02)．

15. 齐琳．楼市博弈中小开发商"难过"，圈地局面已经终结

[N].北京商报,2008-06-24.

16. 秦虹.对未来住房市场发展的思考[N].中国建设报,2014-1-29(001).

17. 人民日报评论员.把住房制度改革摆到重要位置[N].人民日报,1987-8-3.

18. 孙明泉,刘方棫,杨圣明,尹世杰.住房消费:国民经济新的增长点[N].光明日报,1996-9-26(5).

19. 谭勇.漯河持续出台住房公积金新政促进住房消费[N].河南日报,2015-7-27(004).

20. 唐邦宪.秦虹:谈不上"救市",是回归常态[N].中国妇女报,2015-4-8(B01).

21. 童可.上海易居房地产研究院发布研究报告指出:2010年全国楼市有望触底反弹[N].证券时报,2008-11-21(B05).

22. 王德颖,冯华军.从莫干山到巴山轮——新时期中青年经济学家智库的破冰之旅[N].学习时报,2013-12-30(6).

23. 王炜.房价多少是"合理"[N].人民日报,2012-3-22(17).

24. 王子鹏,王伟民,王敬宾,张杰,刘晓云,曾冬梅.住房保障司低调起步[N].中国房地产报,2008-1-7(A01).

25. 新华社.社科院报告:住房政策应转向[N].上海证券报,2015-12-4(F02).

26. 新华社.温家宝主持召开国务院常务会议,研究部署促进房地产市场健康发展的政策措施[N].人民日报,2008-12-18(1-2).

27. 许宝健.大学智库要影响有影响力的人[N].中国经济时报,2014-10-8(005).

28. 徐挺立.从实物分房到住房分配货币化,从居者忧其屋走向居者优其屋——改革开放30年房地产业成为中国国民经济的支柱产业[N].中华建筑报,2008-10-21(008).

29. 徐永青,毛铁.住房改革面面观[N].建设报,1988-1-20(1-2).

30. 颜芳.建和谐城市,首先要建好经适房[N].新华日报,2008-11-5(A05).

31. 曾康霖，吕晖蓉．住房价格上涨原因剖析［N］．人民日报，2011-4-29(007)．

32. 张杰．设立住房保障司是房改新里程碑［N］．中国房地产报，2008-1-7(A02)．

33. 张小平．楼市限购松动，分类调控或是政策首选［N］．中国经济导报，2014-5-6(B01)．

34. 张妍．我省调整住房公积金政策［N］．吉林日报，2015-6-24(001)．

35. 张元端．住房制度改革进入保障阶段［N］．中国建设报，2007-12-26(002)．

36. 朱光磊．让社会科学更好支撑智库建设［N］．人民日报，2015-10-27(007)．

(四)政策文件

1. 财政部．廉租住房保障资金管理办法(财政部财综〔2007〕64号)［Z］，2007-10-30.

2. 财政部，国家税务总局．关于调整房地产交易环节税收政策的通知(财税〔2008〕137号)［Z］，2008-10-22.

3. 财政部，国家税务总局．关于调整个人住房转让营业税政策的通知(财税〔2015〕39号)［Z］，2015-3-30.

4. 广东省人大常委会．深圳经济特区土地管理条例［Z］，1987-12-29.

5. 国家发展改革委，建设部．关于印发城镇廉租住房租金管理办法的通知(发改价格〔2005〕405号)［Z］，2005-3-14.

6. 国家税务总局．关于个人住房转让所得征收个人所得税有关问题的通知(国税发〔2006〕108号)［Z］，2006-7-18.

7. 国家税务总局．关于加强住房营业税征收管理有关问题的通知(国税发〔2006〕74号)［Z］，2006-5-30.

8. 国土资源部，监察部．关于继续开展经营性土地使用权招标拍卖挂牌出让情况执法监察工作的通知(国土资发〔2004〕71号)［Z］，2004-3-18.

9. 国土资源部，住房和城乡建设部．关于优化2015年住房及

用地供应结构促进房地产市场平稳健康发展的通知（国土资发
〔2015〕37号）〔Z〕，2015-3-25.

10. 国务院. 不动产登记暂行条例（国务院令第656号）〔Z〕，
2014-11-12.

11. 国务院. 城市私有房屋管理条例（国发〔1983〕194号）〔Z〕，
1983-12-17.

12. 国务院. 关于促进房地产市场持续健康发展的通知（国发
〔2003〕18号）〔Z〕，2003-8-12.

13. 国务院. 关于发展房地产业若干问题的通知（国发〔1992〕
61号）〔Z〕，1992-11-4.

14. 国务院. 关于继续积极稳妥地进行城镇住房制度改革的通
知（国发〔1991〕30号）〔Z〕，1991-6-7.

15. 国务院. 关于解决城市低收入家庭住房困难的若干意见
（国发〔2007〕24号）〔Z〕，2007-8-7.

16. 国务院. 关于进一步深化城镇住房制度改革加快住房建设
的通知（国发〔1998〕23号）〔Z〕，1998-7-3.

17. 国务院. 关于深化城镇住房制度改革的决定（国发〔1994〕
43号）〔Z〕，1994-7-18.

18. 国务院. 关于印发在全国城镇分期分批推行住房制度改革
实施方案的通知（国发〔1988〕11号）〔Z〕，1988-2-25.

19. 国务院. 中华人民共和国房产税暂行条例（国发〔1986〕90
号）〔Z〕，1986-9-15.

20. 国务院. 住房公积金管理条例（国务院令第262号）〔Z〕，
1999-3-17.

21. 国务院. 住房公积金管理条例（国务院令第350号）〔Z〕，
2002-3-24.

22. 国务院办公厅. 关于保障性安居工程建设和管理的指导意
见（国办发〔2011〕45号）〔Z〕，2011-9-28.

23. 国务院办公厅. 关于促进房地产市场健康发展的若干意见
（国办发〔2008〕131号）〔Z〕，2008-12-20.

24. 国务院办公厅. 关于切实稳定住房价格的通知（国办发明

电〔2005〕8号）〔Z〕，2005-3-26.

25. 国务院办公厅. 关于深入开展土地市场治理整顿严格土地管理的紧急通知（国办发明电〔2004〕71号）〔Z〕，2004-4-29.

26. 国务院办公厅. 关于转发国务院住房制度改革领导小组国家安居工程实施方案的通知（国办发〔1995〕6号）〔Z〕，1995-2-6.

27. 国务院办公厅. 国务院办公厅转发国务院住房制度改革领导小组关于全面推进城镇住房制度改革意见的通知（国办发〔1991〕73号）〔Z〕，1991-11-23.

28. 国务院办公厅. 国务院办公厅转发建设部等部门关于调整住房供应结构稳定住房价格意见的通知（国办发〔2006〕37号）〔Z〕，2006-5-24.

29. 国务院办公厅. 国务院办公厅转发建设部等部门关于做好稳定住房价格工作意见的通知（国办发〔2005〕26号）〔Z〕，2005-5-9.

30. 建设部，财政部，民政部，国土资源部，国家税务总局. 城镇最低收入家庭廉租住房管理办法〔Z〕，2003-12-31.

31. 建设部，国家发展改革委，国家工商行政管理总局. 关于进一步整顿规范房地产交易秩序的通知（建住房〔2006〕166号）〔Z〕，2006-7-6.

32. 建设部，国家发展改革委，国土资源部，中国人民银行. 经济适用住房管理办法（建住房〔2004〕77号）〔Z〕，2004-4-13.

33. 建设部，国家发展改革委，监察部，财政部，国土资源部，中国人民银行，国家税务总局. 经济适用住房管理办法（建住房〔2007〕258号）〔Z〕，2007-11-19.

34. 建设部，国家发展改革委，监察部，民政部，财政部，国土资源部，中国人民银行，国家税务总局，国家统计局. 廉租住房保障办法（建设部令第162号）〔Z〕，2007-11-8.

35. 建设部，国务院住房制度改革领导小组，财政部. 关于印发城镇经济适用住房建设管理办法的通知（建房〔1994〕761号）〔Z〕，1994-12-15.

36. 建设部，国务院住房制度改革领导小组. 关于加强出售公有住房价格管理的通知(建房字〔1988〕373号)〔Z〕, 1988-12-5.

37. 建设部. 城镇廉租住房管理办法(建设部令第70号)〔Z〕, 1999-4-22.

38. 建设部. 关于进一步搞好公有住房出售工作有关问题的通知(建房改〔1999〕第43号文)〔Z〕, 1999-2-10.

39. 建设部. 关于落实新建住房结构比例要求的若干意见(建住房〔2006〕165号)〔Z〕, 2006-7-6.

40. 建设部. 关于进一步规范经济适用住房建设和销售行为的通知(建住房〔2000〕196号)〔Z〕, 2000-9-11.

41. 建设部. 关于进一步推进现有公有住房改革的通知(建住房〔1999〕209号)〔Z〕, 1999-8-13.

42. 建设部. 关于已购公有住房和经济适用住房上市出售若干问题的说明〔Z〕, 1999-7-27.

43. 建设部. 关于印发城镇廉租住房工作规范化管理实施办法的通知(建住房〔2006〕204号)〔Z〕, 2006-8-19.

44. 建设部. 关于制止贱价出售公有住房的紧急通知(建房字〔1988〕70号)〔Z〕, 1988-6-8.

45. 建设部. 已购公有住房和经济适用住房上市出售管理暂行办法(建设部令第69号)〔Z〕, 1999-4-22.

46. 中共中央, 国务院. 关于当前城市工作若干问题的指示〔Z〕, 1962-10-6.

47. 中共中央, 国务院. 国家新型城镇化规划(2014—2020年)〔Z〕, 2014-3-16.

48. 中国人民银行. 关于进一步加强房地产信贷业务管理的通知(银发〔2003〕121号)〔Z〕, 2003-6-5.

49. 中国人民银行, 中国银行业监督管理委员会. 关于加强商业性房地产信贷管理的通知(银发〔2007〕359号)〔Z〕, 2007-9-27.

50. 中国人民银行, 中国银行业监督管理委员会. 关于进一步做好住房金融服务工作的通知(银发〔2014〕287号)〔Z〕, 2014-9-26.

51. 中国人民银行, 住房和城乡建设部, 中国银行业监督管理委员会. 关于个人住房贷款政策有关问题的通知(银发〔2015〕98号)〔Z〕, 2015-3-30.

52. 中国银行业监督管理委员会. 商业银行房地产贷款风险管理指引(银监发〔2004〕57号)〔Z〕, 2004-8-30.

53. 中华人民共和国城市房地产管理法〔Z〕, 2007-8-30.

54. 住房和城乡建设部. 公共租赁住房管理办法(住房和城乡建设部令第11号)〔Z〕, 2012-5-28.

55. 住房和城乡建设部, 财政部, 国家发展和改革委员会. 关于公共租赁住房和廉租住房并轨运行的通知(建保〔2013〕178号)〔Z〕, 2013-12-2.

(五)统计年鉴

1. 国家统计局. 中国统计年鉴1988〔Z〕. 北京：中国统计出版社, 1988.

2. 国家统计局. 中国统计年鉴1990〔Z〕. 北京：中国统计出版社, 1990.

3. 国家统计局. 中国统计年鉴1995〔Z〕. 北京：中国统计出版社, 1995.

4. 国家统计局. 中国统计年鉴1999〔Z〕. 北京：中国统计出版社, 1999.

5. 国家统计局. 中国统计年鉴2000〔Z〕. 北京：中国统计出版社, 2000.

6. 国家统计局. 中国统计年鉴2008〔Z〕. 北京：中国统计出版社, 2008.

7. 国家统计局. 中国统计年鉴2010〔Z〕. 北京：中国统计出版社, 2010.

8. 国家统计局. 中国统计年鉴2013〔Z〕. 北京：中国统计出版社, 2013.

(六)网络文献

1. 车玉明, 江国成, 刘铮. 2008年中国经济发展回眸：在困难和挑战中奋勇前行〔EB/OL〕. 〔2008-12-02〕. http：//news. xinhuanet. com/fortune/2008-12/02/content_10446516. htm.

2. 国务院办公厅. 国务院常务会议部署扩大内需促进经济增长的措施［EB/OL］.［2008-11-09］. http：//www. gov. cn/ldhd/2008-11/09/content_1143689. htm.

3. 国务院办公厅. 温家宝主持常务会议研究扩大内需的四项实施措施［EB/OL］.［2008-11-12］. http：//www. gov. cn/ldhd/2008-11/12/content_1147121. htm.

4. 林海峰. 忧居到有居，老房改"回首"解困三部曲［EB/OL］.［2008-11-07］. http：//news. xinhuanet. com/house/2008-11/07/content_10320102. htm.

5. 齐琳. 吴奶奶的"住房记忆"，人们曾为了分房而结婚［EB/OL］.［2008-11-07］. http：//news. xinhuanet. com/house/2008-11/07/content_10319870. htm.

6. 天则经济研究所. 建立我国住房保障制度的政策研究［EB/OL］.［2011-10-19］. http：//www. unirule. org. cn/xiazai/2011/2011103101. pdf.

7. 习近平. 把住房保障和供应体系建设办成一项德政工程［EB/OL］.［2013-10-30］. http：//news. xinhuanet. com/politics/2013-10/30/c_117937412. htm.

8. 卜凡中. 房子那些事儿［EB/OL］.［2010-05-19］. http：//zqb. cyol. com/content/2010-05/19/content_3238271. htm.

9. 新华社. 1997 年中央经济工作会议［EB/OL］.［2008-12-05］. http：//www. gov. cn/test/2008-12/05/content_1168840. htm.

10. 新华社. 2007 年中央经济工作会议［EB/OL］.［2008-12-05］. http：//www. gov. cn/test/2008-12/05/content_1168978. htm.

二、英文参考文献

（一）著作

1. ［美］托马斯·R. 戴伊. 理解公共政策(第 11 版)(影印版)［M］. 北京：北京大学出版社，2006.

2. ［美］詹姆斯·P. 莱斯特，［美］小约瑟夫·斯图尔特. 公共政策导论(第 2 版)(英文版)［M］. 北京：中国人民大学出版社，2003.

　　3. Baumgartner, F. R. , Jones, B. D. Agendas and Instability in American Politics[M]. Chicago: University of Chicago Press, 1993.

　　4. Birkland, T. A. After Disaster: Agenda Setting, Public Policy, and Focusing Events [M]. Washington, DC. : Georgetown University Press, 1997.

　　5. Heclo, H. Modern Social Policies in Britain and Sweden[M]. New Haven: Yale University Press, 1974.

　　6. Hood, C. Explaining Economic Policy Reversals [M]. Buckingham, UK: The Open University Press, 1994.

　　7. Howlett, M. , Ramesh, M. Study Public Policy: Policy Cycles and Subsystems[M]. Oxford: Oxford University Press, 1995.

　　8. Janis, I. Groupthink [M]. Boston, MA: Houghton Mifflin, 1983.

　　9. Jones, B. D. Politics and the Architecture of Choice: Bounded Rationality and Governance [M]. Chicago: University of Chicago Press, 2001.

　　10. Kingdon, J. W. Agendas, Alternatives, and Public Policies (Second Edition)[M]. New York, NY: Harper Collins, 1995.

　　11. Lasswell, H. D. The Decision Process [M]. College Park: University of Maryland Press, 1956.

　　12. Pierson, P. Placing Politics in Time [M]. Princeton: Princeton University Press, 2004.

　　13. Sabatier, P. A. , Jenkins-Smith, H. C. Policy Change and Learning: An Advocacy Coalition Approach [M]. Boulder, CO: Westview Press, 1993.

　　14. Simon, H. A. Models of Thought[M]. New Haven, CT: Yale University Press, 1979.

　　15. Simon, H. A. Administrative Behavior [M]. New York: Macmillan, 1947.

(二)论文

1. Baumgartner, F. R., Foucault, M., Fançois, A. Punctuated Equilibrium in French Budgeting Processes[J]. Journal of European Public Policy, 2006, 13(7).

2. Bennett, C. J., Howlett, M. The Lessons of Learning: Reconciling Theories of Policy Learning and Policy Change[J]. Policy Sciences, 2004, 25.

3. Birkland, T. A., Thomas, A. The World Changed Today: Agenda-Setting and Policy Change in the Wake of the September 11 Terrorist Attacks[J]. Review of Policy Research, 2004, 21(2).

4. Dudley, G. New Theories and Policy Process Discontinuities [J]. Journal of European Public Policy, 2000, 7(1).

5. Fiol, C. M., Lyles, M. A. Organizational Learning [J]. Academic Management Review, 1985, 10.

6. Gu, E. X. The State Socialist Welfare System and the Political Economy[J]. The Review of Policy Research, 2002, 19(2).

7. Heclo, H. Issue Networks and the Executive Establishment [M]//King, A. The New American Political System. Washington: American Enterprise Institute for Public Policy, 1978.

8. Jenkins-Smith, H. C. Analytical Debates and Policy Learning: Analysis and Change in the Federal Bureaucracy[J]. Policy Sciences, 1988, 21.

9. John, P. Is There Life After Policy Streams, Advocacy Coalitions, and Punctuations: Using Evolutionary Theory to Explain Policy Change[J]. The Policy Studies Journal, 2003, 31(4).

10. Jones, B. D., Baumgartner, F. R. Policy Punctuations: U. S. Budget Authority[J]. Journal of Politics, 1998, 60.

11. Jones, B. D., Baumgartner, F. R. Representation and Agenda Setting[J]. The Policy Studies Journal, 2004, 32(1).

12. Jones, B. D., Larsen, H., Sulkin, T. Policy Punctuations in American Political Institutions[J]. American Political Science Review,

2003, 97(1).

13. Joo, J. Dynamics of Social Policy Change: A Korean Case Study from a Comparative Perspective[J]. Governance: An International Journal of Policy and Administration, 1999, 12(1).

14. Jordan, M. M. Punctuations and Agendas: A New Look at Local Government Budget Expenditures[J]. Journal of Policy Analysis and Management, 2003, 22(3).

15. Kamieniecki, S. Testing Alternative Theories of Agenda Setting: Forest Policy Change in British Columbia, Canada[J]. Policy Studies Journal, 2000, 28(1).

16. Kübler, D. Understanding Policy Change with the Advocacy Coalition Framework: An Application to Swiss Drug Policy[J]. Journal of European Public Policy, 2001, 8(4).

17. Layzer, J. Fish Stories: Science, Advocacy, and Policy Change in New England Fishery Management [J]. Policy Studies Journal, 2006, 34(1).

18. Lee, J. From Welfare Housing to Home Ownership: The Dilemma of China's Housing Reform[J]. Housing Studies, 2000, 15(1).

19. Lowry, W. Potential Focusing Projects and Policy Change[J]. The Policy Studies Journal, 2006, 34(3).

20. Mak, S. W. K., Choy, L. H. T., Ho, W. K. O. Privatization, Housing Conditions and Affordability in the People's Republic of China [J]. Habitat International, 2007, 31.

21. McGuinn, P. Swing Issues and Policy Regimes: Federal Education Policy and the Politics of Policy Change[J]. The Journal of Policy History, 2006, 18(2).

22. Michaels, S. , Goucher, N. P. , McCarthy, D. Policy Windows, Policy Change, and Organizational Learning: Watersheds in the Evolution of Watershed Management[J]. Environment Management, 2006, 38.

23. Mintrom, M. , Vergari, S. Advocacy Coalition, Policy Entrepreneurs, and Policy Change[J]. Policy Studies Journal, 1996, 24(3).

24. Naughton, B. Danwei: The Economic Foundations of a Unique Institution[M]//Lü, X. B. , Perry, E. J. Danwei: The Changing Chinese Workplace in Historical and Comparative Perspective. Armonk, New York: M. E. Sharpe, 1997.

25. Powell, W. W. Neither market nor hierarchy: Network forms of organization [M]//Staw, B. , Cummings, L. L. Research in Organizational Behavior. JA I Press, 1990.

26. Renaud, B. The Real Estate Economy and the Design of Russian Housing Reform, Part I [J]. Urban Studies, 1995, 32(8).

27. Robinson, S. E. , Caver, F. R. Punctuated Equilibrium and Congressional Budgeting[J]. Political Research Quarterly, 2006, 59 (1).

28. Sabatier, P. A. The Acquisition and Utilization of Technical Information by Administrative Agencies [J]. Administrative Science Quarterly, 1978, 23.

29. Sabatier, P. A. An Advocacy Coalition Framework of Policy Change and the Role of Policy-Oriented Learning Therein[J]. Policy Sciences, 1988, 21(2-3).

30. Sabatier, P. A. The Advocacy Coalition Framework: Revisions and Relevance to Europe[J]. Journal of European Public Policy, 1998, 5(1).

31. Sabatier, P. A. From Policy Implementation to Policy Change: A Personal Odyssey[M]//Gornitzka, A. , et al. Reform and Change in Higher Education. Netherlands, 2005.

32. Sabatier, P. A. , Hunter, S. , McLaughlin, S. The Devil Shift: Perceptions and Misperceptions of Opponents [J]. Western Political Quarterly, 1987, 40.

33. Sabatier, P. A. , Jenkins-Smith, H. C. The Advocacy Coalition

Framework: An Assessment [M]//Sabatier, P. A. Theories of the Policy Process. Boulder: Westview Press, 1999.

34. Shanahan, E. A. , McBeth, M. K. , Hathaway, P. L. , Arnell, R. J. Conduit or Contributor? The Role of Media in Policy Change Theory[J]. Policy Sciences, 2008, 41.

35. Shaw, V. N. Urban Housing Reform in China [J]. Habitat International, 2000, 21(2).

36. Walgrave, S. , Varone, F. Punctuated Equilibrium and Agenda-Setting: Bringing Parties Back in: Policy Change after the Dutroux Crisis in Belgium[J]. Governance: An International Journal of Policy, Administration, and Institutions, 2008, 21(3).

37. Wang, Y. P. , Murie, A. The Process of Commercialisation of Urban Housing in China[J]. Urban Studies, 1996, 33(6).

38. Wu, F. L. Changes in the Structure of Public Housing Provision in Urban China[J]. Urban Studies, 1996, 33(9).

39. Zafonte, M. , Sabatier, P. A. Shared Beliefs and Imposed Interdependencies as Determinants of Ally Networks in Overlapping Subsystems[J]. Journal of Theoretical Politics, 1998, 10(4).

40. Zhang, X. Q. Chinese Housing Policy 1949—1978: the Development of a Welfare System [J]. Planning Perspectives, 1997, 12.

41. Zhang, X. Q. Privatization and the Chinese Housing Model [J]. International Planning Studies, 2000, 5(2).

42. Zhang, X. Q. Redefining State and Market: Urban Housing Reform in China[J]. Housing, Theory and Society, 2001, 18.

43. Zhang, X. Q. Institutional Transformation and Marketisation: the Changing Patterns of Housing Investment in Urban China [J]. Habitat International, 2006, 30.

44. Zhao, Y. S. , Bourassa, S. C. China's Urban Housing Reform: Recent Achievements and New Inequities[J]. Housing Studies, 2003, 18(5).

45. Zhou, N., Logan, J. R. Market Transition and the Commodification of Housing in Urban China[J]. International Journal of Urban and Regional Research, 1996, 20(4).

46. Zhou, Y. Heterogeneity and Dynamics in China's Emerging Urban Housing Market: Two Sides of a Success Story from the Late 1990s [J]. Habitat International, 2006, 30.

后　记

　　本书是在我的博士学位论文基础上修改而成的。最先引起我对住房问题关注的，是2003年以后的几年里我国房地产开发的不断升温、住房价格的持续上涨，以及许多人面对高房价的无奈与怅然。因此，我对住房政策的研究是从2003年以后我国针对房价过高等问题所颁布的一系列住房市场调控政策着手的。

　　我在对住房政策展开研究之前，就已经形成这样一种观点，即开始对某一政策领域的研究之时，首先要采取一种历史的视角和历史的方法。之所以会形成这样一种观点，一是因为历史的视角和方法有助于我们把握一个政策领域内的基本情况和基本事实，二是因为历史的视角和方法有助于我们理解一个政策领域内先后政策之间的因果联系，三是因为从历史的角度对政策进行分析本身就是公共政策研究的一个薄弱环节。基于这样一种观点和认识，我将研究的触角向前延伸到从1978年到2003年我国的住房政策以及计划经济时期我国的住房制度，并向后延伸到从2007年我国颁布《国务院关于解决城市低收入家庭住房困难的若干意见》到博士论文写作之时的住房政策。

当然，在对住房政策进行研究的同时，我还需要学习和领悟当前主要的政策变迁理论，明确其他学者是如何对政策变迁进行描述和解释的，为研究求取理论上的借鉴。

在研究的过程中，我查看了能够获取的中英文研究资料，对其中的一些重要文献进行了反复阅读并作了读书笔记，慢慢地，我建立起了自己的资料库，并对我国的住房政策和当前主要的政策变迁理论形成了自己的认识，而这种认识经历了一个从模糊到比较清晰、从碎片化到比较条理化的过程，最后便产生了当初的一篇博士学位论文。

博士学位论文完成后，我针对其中涉及的有关理论问题与现实问题，先后在《公共管理学报》、《学习论坛》和《郑州轻工业学院学报(社会科学版)》上发表了多篇论文(其中2篇被人大复印资料转载，1篇被《高等学校文科学术文摘》摘要)，并且在河南省委党校在职研究生的课堂上对博士学位论文中的相关内容进行了讲解。在这一过程中，我对博士学位论文也进行了不断的修改和完善，诸如研究方法的进一步明晰、研究进路的进一步梳理、经验材料的进一步完善、文字表达的进一步推敲，等等。

经过在公共管理专业领域多年的学习和研究，我对一篇学术论文和一部学术著作的评判已逐步形成明确的标准，对于那些方法科学、设计合理、研究规范、论证严密的文章，我的确为之欣喜，也深感爱不释手。而对于我围绕我国住房政策变迁所写下的这些文字，还远未达到让我为之欣喜的程度，这种写作也只能被看作是我学术研究过程中的一次练习、一个步骤、一个阶段，我深知自己的研究方法尚有待于进一步优化，自己的研究水平也需要不断争取提高。

回顾我在学术研究道路上的成长历程，需要感谢的人有很多。

首先要感谢我的导师丁煌教授，不论是在我跟随丁老师先后攻读硕士学位和博士学位的6年时间里，还是在我参加工作以后的时间里，丁老师一直在给予我无私的指导、关心与呵护。平时很少向老师开口说声"谢谢"，但这种谢意却在我心中日益增长蔓延，我愿将我最诚挚的祝福献给我的导师！

感谢在武汉大学读书时为我传道授业解惑的老师们：李和中教授、胡象明教授、彭宇文教授、吴湘玲教授、陈广胜教授、刘家真教授、陈世香教授……

感谢美国印第安纳大学的何达基（Alfred Ho）教授于 2008 年夏季到武汉大学讲学期间在学术研究上给予我的指点！

感谢刘俊生、孙柏瑛、刘筱红等教授在对我的博士论文评审中提出的宝贵意见！

感谢崔光胜、罗文、王亚伟、刁婕等编辑老师给予的指导和鼓励！

感谢各位受访人士的大力支持（出于匿名化的学术惯例，对于受访人士的姓名这里不再——列出）！

感谢武汉大学政治与公共管理学院的博士生同学们：定明捷、杨代福、叶汉雄、柳青、陈颢、郭春甫、顾光海、王临平、汪波、孙浩、潘心纲、李丙红、王晋军、劳埃德（加纳）、扬赛（越南）……

感谢河南省委党校为我提供的教学科研平台，感谢胡隆辉、郭学德、梁周敏、尹书博等校领导给予的指导和帮助！感谢公共管理教研部和决策咨询部的各位同事：李民昌、李剑力、王爱英、樊怀洪、李国友、谢德民、董立人、马平轩、卢向国、贾博、涂小雨、赵晨、王志立、丁琼、赵璐、秦长江、李作鹏、宋国涛、程冬梅、原世海、李民……

感谢在学术上同我交流、给我指点的好友：薛瑞汉、叶红心、刘晖、祁海军、刘方、代志明、陈政序……

感谢我的父亲和母亲，无论我的成长是顺利还是不顺利，他们都毫无怨言、不求回报地为我付出；感谢我的妻子和孩子，她们的支持让我能够沉下心来做些研究。

最后，感谢武汉大学出版社韩秋婷老师为本书付出的辛勤劳动，对于本书内容中的不完善和不准确之处由作者负责，同时恳请各位学界前辈、学界同行和本书的读者提出宝贵意见，以帮助我在学术研究的道路上继续前行。

柏必成

2016 年 7 月 1 日